NOTIZEN AUS DER PATHOLOGIE

Knut Kleesiek

NOTIZEN AUS DER PATHOLOGIE

Das imperial-suizidale Syndrom der Deutschen

EDITION SONDERWEGE
MANUSCRIPTUM

INHALT

I.
VORBEMERKUNGEN UND BEGRIFFE

Keine Literatur kann in puncto
Zynismus das wirkliche Leben übertreffen.
Anton Tschechow

Nicht das Individuum steht im Mittelpunkt dieser Notizen, sondern die Population als kollektive Einheit. Somit unterscheidet sich die hier eingenommene Perspektive von jener der meisten Betrachtungen in der Politik und der Journalistik sowie in den Kultur- und Gesellschaftswissenschaften. Gegenstand der Aufmerksamkeit in der politisch-medialen Öffentlichkeit sind vorwiegend das Individuum, seine Ziele, seine beabsichtigte Gestaltung politischer Kollektive, seine Erklärungen und Deutungen des Geschehens. So entstehen aus dem Blickwinkel politischer Personen die unterschiedlichsten politischen Geschichten, abhängig von der weltanschaulichen Gesinnung des Erzählers und vergleichbar mit Berichten über Krankheiten, welche die Symptome aufzählen, ohne die zugrundeliegenden physiologischen oder pathologischen Mechanismen zu erkennen.

Den Fokus der politischen Beobachtung auf menschliche Kollektive in ihrer Gesamtheit zu richten, diese als Quelle politischer Phänomene sichtbar zu machen und ihre inneren Abläufe zu analysieren bereitet zum Teil unüberwindbare methodische Schwierigkeiten. Denn in den Kultur- und Gesellschaftswissenschaften sind die Regeln der axiomatischen Wissenschaften nicht verfügbar und analytische Interpretationen im Gewande dieser Wissenschaften zeigen ein hohes Maß an ideologischer Subjektivität.

Als Gesamtgebilde kann sich ein menschliches Kollektiv weder selbst äußern, noch hat es ein einheitliches Bewußtsein, um in Selbstreflexion seine politische Position wahrzunehmen. Beschreibungen menschlicher Kollektive erfolgen daher immer in Stellvertretung durch Individuen, die den Standpunkt einer Mehrheit oder Minderheit repräsentieren und sich innerhalb oder außerhalb des Kollektivs befinden. Individuen innerhalb eines menschlichen Kollektivs verehren dieses nicht selten wie eine göttliche Instanz, die unanzweifelbar ist und – anders als das Individuum – keine Schuld auf sich laden kann. Diese immanent-religiöse Bindung des Individuums an ein Kollektiv gilt nur für das eigene, hingegen nicht für andere Kollektive, die daher politisch umerzogen oder in ihrer Zusammensetzung verändert werden dürfen.

In dem Bemühen, ein von Vorurteilen befreites Urteil über ein Kollektiv zu fällen, ist es also notwendig, neutrale Merkmale zu suchen und zu verwenden, wie sie durch die Regeln der exakten Wissenschaft beschrieben werden. Dies ist auch deswegen sinnvoll, weil viele politisch-ideologische Phänomene biologische Mechanismen als tiefere Ursache haben. So ermöglichen Kenngrößen der biologischen Demographie einer Nation Rückschlüsse auf politische Abläufe. Sie sind objektiv erfaßbar, werden aber in der Regel von nicht-axiomatischen Wissenschaften mißachtet, und ihre Ermittlung wird häufig aggressiv abgelehnt.

Jedoch hat die Bemerkung von Arnold J. Toynbee: »Civilisations die from suicide, not by murder« einen biologischen Kern, der mit naturgesetzlichen Größen beschrieben werden kann. Daher werden im folgenden gesellschaftliche Prozesse, die innerhalb eines Kollektivs eine meßbare Veränderung dieses Kerns und ein gefährliches Risiko für vitale Funktionen nach sich ziehen, als pathologische Mechanismen definiert und analysiert.

Was ist pathologisch? Leben als vitales Gleichgewicht pathologischer und physiologischer Systeme

Die Pathologie beschreibt innerhalb der biologischen Wissenschaften eine Abweichung von dem, was als normal und physiologisch definiert ist, und bildet durch Diagnose und Erforschung von Ursachen und Abläufen pathologischer Prozesse die grundlegende Struktur der medizinischen Wissenschaft. Das Fach basiert auf den Methoden der modernen Naturwissenschaft und hat sich parallel zu ihr entwickelt. Der Leser eines wissenschaftlichen Textes der Pathologie erfährt nur die Mechanismen dieses Fachgebietes, was jedoch meist eine Kenntnis physiologischer Mechanismen voraussetzt. Die Pathologie will nicht gefallen, sondern sucht auf der Grundlage ihrer Regeln nach Wahrheit und Wirklichkeit. Somit bildet sie einen Gegenpol zu ideologischen und parteipolitischen Programmen, die primär Zustimmung zu ihren subjektiven Überzeugungen einfordern.

Gegenstand der Pathologie in biologischen Systemen sind Zellen, Gewebe und Organismus, die einen hohen Grad physikalisch-chemischer Ordnung und somit nach thermodynamischer Definition eine niedrige Entropie besitzen. Die dazu notwendige Energie wird aus chemischer Bindung im Stoffwechsel freigesetzt. Die Aufrechterhaltung der hohen molekularen Ordnung ist in dem physikalisch offenen System des Lebens zeitlich begrenzt, nämlich dadurch, daß in biologischen Organismen pathologische Abläufe von zunächst Teilfunktionen die Entropie des Gesamtsystems erhöhen. Dies geschieht fortschreitend im menschlichen Organismus, beginnend mit der Verschmelzung von Ei- und Samenzelle, bleibt aber in jüngeren Lebensjahren meist unbemerkt. So haben Untersuchungen von Soldaten, die in den fünfziger Jahren im Koreakrieg gefallen sind, schon bei jungen Menschen deutliche makroskopische arteriosklerotische Veränderungen gezeigt.

Mit höherem Alter nimmt die Zahl veränderter pathologischer Teilfunktionen zu. Eine Ausdehnung pathologischer Vorgänge auf Funktionen, die für den Gesamtorganismus vital sind, hat schließlich den Tod zur Folge, und der letzte pathologisch-vitale Ausfall wird als Todesursache auf dem Totenschein verzeichnet. Das menschliche Leben befindet sich also von Anfang an auf dem physikalischen Weg, zu Staub zu werden. Der Tod geht einher mit dem Verlust des hohen Ordnungsgrades molekularer Lebensprozesse und bedeutet die Wiederherstellung des thermodynamischen Gleichgewichtes mit der höheren Entropie der unbelebten Umgebung. »Denn aus Staub bist du geworden, und zum Staub wirst du zurückkehren« (1. Mose 3,19).

Das Leben von seiner Entstehung bis zum Tod wird also von dauerndem Zerfall begleitet, der vom Individuum in Form pathologischer Vorgänge wahrgenommen wird. Um diesen Zerfall zu verzögern, haben sich während der Evolution Mechanismen gebildet, die entstehende pathologische Veränderungen erkennen und reparieren und heute molekular beschrieben werden können. Das lebenserhaltende Ziel dieser Reparaturmechanismen ist die Herstellung eines Gleichgewichtes zwischen physiologischen und pathologischen Prozessen, solange dies möglich ist.

Das Physiologische und das Pathologische können nicht getrennt werden. Sie sind wie Licht und Schatten. Scheint das Licht aus der Perspektive des Beobachters auf das Pathologische, wie in diesen Notizen, dann tritt das Physiologische in den Hintergrund. Das Pathologische gehört also existentiell zum Geschehen des Lebens. Es ist normal und weder gut noch böse. Der Pathologe beschreibt diese Normalität des Pathologischen. Er hat keine Mission und keine Freunde.

Das Pathologische in der Gesellschaft

Gesellschaftliche Systeme mit Hilfe naturwissenschaftlicher Denkmodelle zu analysieren, um pathologische Veränderungen zu erkennen, bereitet vor allem deswegen Schwierigkeiten, weil die Objekte der Untersuchung, also menschliche Repräsentanten und Kollektive, zu einer Antwort fähig sind, die das ganze Spektrum der Emotionen des menschlichen Individuums umfaßt. Diese resonante Wirkung kann bei Untersuchungen biologischer Systeme mit Hilfe moderner naturwissenschaftlicher Methoden nicht auftreten. Wenn ein Pathologe ein

Gewebe betrachtet, um eine Tumorzelle zu identifizieren, dann ist die erkannte Zelle als Untersuchungsobjekt und Teil eines biologischen Systems nicht in der Lage zu widersprechen. Aber die Gesamtheit dieses biologisch-medizinischen Systems, der Mensch, ist durchaus zu einer Stellungnahme befähigt.

Bei gesellschaftlichen Systemen ist es umgekehrt: Nur das Individuum kann sich erklären, nicht dagegen die Gesamtheit, zum Beispiel eine Nation. Die Wahrnehmung solcher Kollektive erfolgt über interpretierende Darstellungen einzelner, die vorgeben, für andere zu sprechen. Dieser trivial erscheinende Zusammenhang ist aber eine wesentliche Ursache dafür, daß die Gesellschaftswissenschaften sich nicht zu exakten axiomatischen Wissenschaften entwickelt haben und oftmals nur penetrante Darstellungen weltanschaulicher Überzeugungen bieten. Der tiefere Grund liegt also in der subjektiven Unfähigkeit der wissenschaftlich Tätigen, sich als Befangene auf eine notwendige Definition von Axiomen als kleinste Bausteine und deren regelhafte wissenschaftliche Handhabung zu einigen. Das Fehlen von exakten Grundlagen in den Gesellschaftswissenschaften ist daher keineswegs die Folge einer objektiv unüberwindbaren methodischen Hürde, sondern Ausdruck der ideologischen Verbundenheit des Wissenschaftlers mit dem Gegenstand seiner Untersuchungen.

Außerhalb der Medizin ist daher die gesellschaftliche Verwendung des Begriffes ›pathologisch‹ häufig mit einem diffamierenden Unterton versehen. Wenn jedoch gesellschaftliche Mechanismen mit Hilfe von Maßstäben aus der naturwissenschaftlichen Pathologie untersucht werden sollen, sind folgende Tatsachen zu beachten:

1. Der Begriff ›pathologisch‹ wird in der politisch-medialen Gesellschaft vorwiegend normativ und nicht, wie in der exakten Wissenschaft, neutral-deskriptiv wahrgenommen. Er wird daher ideologisch diskutiert.
2. Auch die anerkannten wissenschaftlichen Beschreibungen gesellschaftlicher Systeme sind mehr oder weniger weltanschaulich geprägt und beruhen auf unterschiedlichen nicht-axiomatischen Voraussetzungen. Das Kennzeichnen von Vorgängen als pathologisch wird daher kritisch beurteilt und meist nur gebilligt, wenn es sich um solche auf seiten des ideologischen und politischen Gegners handelt und lediglich einzelne politische Akteure gemeint sind.
3. Die Bezeichnung von Zuständen oder Vorgängen als pathologisch erfolgt immer im Vergleich mit einer Referenz. Im gesellschaftlichen System bedeutet die Definition dieser Referenz eine normative Festlegung auf Grundlage kultureller, religiöser und historischer Vorgaben.

Eleganz der Darstellung oder Neuheit der Erkenntnis

Es ist eigentlich alles schon einmal gesagt worden. Wenn ein Naturwissenschaftler sich auf den Weg begibt, kulturelle und gesellschaftliche Abläufe zu beschreiben, und sich die Literatur dazu anschaut, dann kommt er zu dieser Erkenntnis. Die Narrative in diesen Wissenschaften werden nach einer Kraft ausgerichtet, die ihre geistige Quelle aus geschätzten Ideologien und Religionen bezieht – im Deutschland unserer Zeit aus der dominanten Religion des metaphysischen Materialismus. Die Zahl der Autoren ist gewaltig und die Grenze zwischen journalistischen und wissenschaftlichen Werken fließend. Meist handelt es sich um eine Beschreibung symptomatischer Phänomene des gesellschaftlichen Organismus. Selbst die Historiographie zeigt sich in der Regel wie eine Journalistik des Vergangenen, indem sie historische Ereignisse in anerkannter Diktion subjektiv darstellt und neue Fundstücke aus der Vergangenheit sensationell aufbereitet. Um diese Subjektivität zu verschleiern, werden in der empirischen Soziologie ›Studien‹ durchgeführt, in denen – häufig ergebnisorientiert – nicht-axiomatische Kenngrößen mit Hilfe mathematischer Regeln bearbeitet werden.

Große Bedeutung besitzt allerdings die Form der Darstellung. Das Streben nach Eleganz der Beschreibung des Bekannten und Gewünschten steht im Vordergrund. Aber nur sehr wenigen gelingt eine Präsentation, in der die Details, wie in einer künstlerischen Form, das Allgemeingültige der Wahrheit und Wirklichkeit erkennen lassen. Die Masse solcher Werke repräsentiert die platte zeitgeistkonforme Wiederholung.

In der axiomatischen Wissenschaft dagegen ist die Eleganz der Präsentation nachrangig und vielfach auch fragwürdig. »Das ist ja nur Lyrik«, kann das Urteil lauten, wenn die geforderte Neuheit nach den Regeln dieser Wissenschaft nicht erkennbar ist. Die Neuheit tritt als Qualitätskriterium an die erste Stelle. Zur Erlangung einer neuen Erkenntnis liegt hier in der Regel ein langer, beschwerlicher Weg, der in der experimentellen Forschung häufig erst nach vielen Fehlversuchen beschritten werden kann. Eleganz zeigen dann die Epigonen, die auf diesem Wege nachfolgen.

Welcher Umstand könnte also einen Naturwissenschaftler bewegen, mit seinen Denkmodellen zu Themen aus der Kultur- und Gesellschaftswissenschaft Stellung zu nehmen? Nun, es ist vor allem der besondere historische Moment, da er als Zeitzeuge miterlebt, daß die Nation, der er angehört, durch die Ansiedlung von Menschen aus fremden arabischen und afrikanischen Kulturräumen auf seinem eigenen Siedlungsgebiet in ein bis zwei Generationen zu einer Minderheit verdrängt wird. Die Analyse und Protokollierung der gesellschaftlichen Mechanismen, die es ermöglichen, daß eine nationale und internationale kulturmarxistische Elite mit Duldung der nativen deutschen Bevölkerung eine Neubesiedlung des Territoriums verwirklicht, ist eine vielversprechende Aufgabe. Dazu kommt das Erstaunen, daß die Mehrheit der deutschen Bevölkerung glaubt, die Neusiedler würden so, wie sie selbst sind. Für einen deutschen Zeitgenossen, der zu diesem historisch erstaunlichen Prozeß kritisch Stellung nimmt, ist sowohl geistige als auch gesellschaftliche Unabhängigkeit vorteilhaft. Denn das Offenkundige des nationalen Population Change darf nicht benannt werden, und die deutsche politisch-mediale Öffentlichkeit bestraft Zuwiderhandlungen mit Ausschluß aus ihrem Soziotop. Frei nach Bertolt Brecht leben wir in Zeiten, da ein Gespräch über Naturgesetze fast ein Verbrechen ist, weil es das Schweigen über so viele Untaten bricht.

An wen soll eine Analyse, welche die deutsche Gesellschaft in der ersten Hälfte des 21. Jahrhunderts zum Gegenstand hat, sich schlechterdings richten? Die politischen Akteure, die aus einem Gemenge von ideologisch-religiöser Überzeugung und politisch-ökonomischer Konspiration handeln, kommen kaum in Frage. Diese soziale Schicht ist selbst Objekt der Analyse, und es gilt wie in der medizinischen Wissenschaft, daß die Namen der Patienten, die für die Untersuchung einer Erkrankung herangezogen werden, anonym bleiben. Ein weiteres ansprechbares Kollektiv ist das native alternde Volk: Es spürt das sichtbare Geschehen und ahnt die kommenden Folgen. Allerdings ist hier ein Hinweis auf das Offenkundige nachgerade zwecklos, denn zum einen glaubt eine Mehrheit, nicht oder nicht mehr betroffen zu sein, zum anderen ist die deutsche Population trotz ihrer kognitiven Fähigkeiten, aber aufgrund eines angeborenen Mangels an politischer Zivilcourage dem Geschehen hilflos ausgeliefert, also wie im 20. Jahrhundert nicht in der Lage, ein hinreichendes Potential gesellschaftlichen Widerstands zu entwickeln, um den Ablauf des pathologischen Prozesses aufzuhalten.

Eine Beschreibung der gesellschaftlichen Abläufe im Deutschland unserer Zeit ohne ein ideologisch-teleologisches Bemühen stößt somit auf Schwierigkeiten. Regeln einer axiomatischen Wissenschaft sind nicht vorhanden. Ein Autor, der die Verkehrswege zeitgeistiger Ideologien nicht begehen und auf seiner Reise nicht nur anerkannte Erlebnisse erzählen will, muß sich bemühen,

Denkmodelle der exakten Wissenschaften zu benutzen. Dazu gehört als geringster Maßstab die Darstellung einer kohärenten wissenschaftlichen Grundlage, auf der er steht und die nach ihren Regeln das Auftreten verschiedener symptomatischer Phänomene erklären kann. Vorbildhaft ist hier die Logik physikalischer Gesetze, die auf der Erde und im Universum sowie in der Vergangenheit und der Zukunft gilt. Im wissenschaftlichen Dialog mag der Bedeutung solcher Regeln für eine Erklärung der Diversität gesellschaftlicher Phänomene widersprochen werden, aber allein das allgegenwärtige Fehlen einheitlicher Denkregeln in den Kultur- und Gesellschaftswissenschaften klittert gesellschaftliche Analysen zu ideologischen Geschichten.

Die ideologische Besetzung soziologischer Felder

Weltanschauungen, religiös oder ideologisch definiert, sind der tiefe Ursprung gesellschaftlichen und politischen Handelns. Sie sind gewissermaßen vergleichbar mit einer Kraft in der Physik. Für ein Verständnis auch gesellschaftlicher Vorgänge ist eine Analyse der ursächlichen Kraft die Voraussetzung. Das Alltägliche, daß ein Apfel vom Baum fällt, war seit Urzeiten jedermann geläufig. Die Entdeckung der bewegenden Schwerkraft erfolgte erst durch Isaac Newton, aber sie führte auch zu der entscheidenden Erkenntnis, daß diese Kraft nicht nur bei diesem Vorgang, sondern überall auf dem Planeten und im Weltall wirksam war und ist.

Kräfte zu erkennen, zu beschreiben und ihre Allgemeingültigkeit über ein spezifisches Geschehen hinaus zu verdeutlichen ist natürlich auch in den Gesellschafts- und Kulturwissenschaften ein Anliegen. Soziologische Felder werden auf der Basis beruflicher, ökonomischer oder religiöser Gemeinsamkeiten unterschieden, und es wird auch nach Regeln gesucht, die allen Feldern gemeinsam sind. Aber für die Aufstellung einer allgemeinen Feldtheorie sind hier Grenzen erkennbar, deren Existenz auf die tiefe Durchdringung dieser Wissenschaften mit ideologischen Weltbildern zurückzuführen ist. Tabugrenzen werden in der deutschen Gesellschaft, vor allem nach der politischen Vereinigung der beiden Teilstaaten, leicht überschritten: Wenn eine biologische Definition menschlicher Grenzen zugleich Gegenstand der Charakterisierung eines sozialen Feldes ist, wird sie schnell als Rassismus oder Sexismus abgelehnt. Somit ist das Bemühen, eine allgemeine Feldtheorie mit Anerkennung naturgesetzlicher Grundlagen zu porträtieren, in einer kulturmarxistischen Gesellschaft zum Scheitern verurteilt.

Ganz allgemein sind für eine Beschreibung soziologischer Felder auf der Grundlage religiöser Merkmale ideologische Regeln gesetzt, deren Verletzung von dem geschlossenen System dieser Wissenschaften nicht geduldet wird. So werden kritische Anmerkungen über die christliche Religion zustimmend anerkannt, solche über den Islam dagegen nicht. Überhaupt wird einer Kennzeichnung der ideologischen Prägung des eigenen politischen Arguments in der politisch-medialen Diskussion widersprochen, für die der Gegner wird sie aber benutzt. Die gesellschaftliche Bühne des vereinigten Deutschlands inszeniert den Eindruck, als sei ein postideologisches Zeitalter angebrochen, insbesondere als sei der Bolschewiki-Marxismus als politische Manifestation des metaphysischen Materialismus überwunden. Politische Ereignisse werden so zu isolierten Phänomenen, deren Ursachen als ›neu‹ verstanden werden – in einem nun ›postkommunistischen‹ Zeitalter. Dieses unhistorische Verständnis hat seinen Grund in der Infiltration der Trotzkischen Variante des Marxismus in die Institutionen der Gesellschaft, die verdeckt erfolgt. Sie hat den lauten Stalinismus nach dessen Scheitern als Motor dieser immanenten Religion abgelöst und das Weltbild vieler ideologischer Mitläufer geprägt – zumeist unbewußt. Besonders in der politisch-medialen Öffentlichkeit, aber auch in Schulen und Hochschulen ist der Prozeß des Entrismus der marxistischen Weltanschauung in seiner latenten Form weit fortgeschritten.

Fortsetzung europäischer Religionsgeschichte in der diesseitigen Welt

Eine große Hürde in der Entwicklung einer allgemeinen gesellschaftlichen Feldtheorie ist die offiziell propagierte und rechtlich verfaßte Unterscheidung zwischen politischer Ideologie und transzendenter Religion, die vor allem historische Ursachen hat. Ideologien haben sich in der europäischen Ideengeschichte des 19. Jahrhunderts aus einer zunächst erkenntnistheoretischen Lehre über Ideen und deren Wahrnehmung zu einem ideellen System politischer Kritik an den sozialen Lebensbedingungen der

Industriellen Revolution dieser Zeit entwickelt. Somit repräsentieren die politischen Ideologien eine *metaphysische* Antwort auf die westliche *physische* Aufklärung mit der Erfindung einer axiomatischen Naturwissenschaft und Technik. Überdies zeigt die Entstehungsgeschichte der politischen Ideologie ein ganz ähnliches historisches Programm wie die transzendenten Religionen. Wie alle Weltbildsysteme sind auch die politischen Ideologien jeweils Ausdruck der politisch-sozialen Umgebung ihrer Zeit, so wie der Islam ein Zeugnis der arabischen Welt der Beduinen war und ist oder die jüdisch-christliche Religion das der Geschichte Israels. Zudem entwerfen politische Ideologien nicht nur ein reines metaphysisches Weltbild, sondern sie geben darüber hinaus an ihre Jünger einen missionarischen Auftrag zur Veränderung und Gestaltung der menschlichen Gesellschaft.

Dennoch sind die Anhänger einer politischen Ideologie in der Regel nicht überzeugt, einer religiösen Gemeinschaft anzugehören. Dies ist in erster Linie die Folge eines verlorenen Glaubens an einen Gott, dessen Existenz sie unbewußt nur in der Transzendenz vermuten. Aber die Verdrängung des Transzendenten aus der realen Welt ist ein wesentliches Kennzeichen ihres *naturwissenschaftlichen* Weltbildes, dessen tiefe kognitive Struktur zwar die wenigsten Menschen verstehen, aber dessen Ausschließlichkeit im Realen die meisten verinnerlicht haben. So bezeichnen sich viele als Atheisten.

Allerdings ermöglicht die Funktionsweise des menschlichen Gehirns keinen Atheismus. Denn in der Phylogenese des Menschen haben sich in diesem Organ, in dem das Sein bewußt geworden ist, notwendige Funktionsprogramme gebildet, die für die biologische und soziale Existenz unentbehrlich sind. Dazu gehört eines, das als unabdingbares Betriebssystem bei der Menschwerdung entstanden und für das ethische, moralische und religiöse Bewußtsein eines Menschen maßgebend geworden ist. Befreien kann sich der Mensch davon nicht. Jedoch ist die Programmierung sehr individuell und tritt als Mosaik verschiedener Weltanschauungen ins Bewußtsein. So ist im Mosaik des Atheisten ein transzendenter Gott kaum vorhanden, aber die Stelle ist durch einen anderen besetzt.

Auch im weltanschaulichen Mosaik der meisten nativen Deutschen des 21. Jahrhunderts kann der christliche Gott allenfalls als Hintergrund wahrgenommen werden. Es dominieren die Ideen und Götter des *metaphysischen Materialismus*. Gleichwohl wird diese Weltanschauung von den Menschen nicht als eine Religion begriffen. Der christliche Glaube ist im Verständnis der Menschen als eine Religion des Jenseits existent, offenbart sich andersartig und wird meist nur noch als eine leere Hülle genutzt, die in sozialen und politischen Strukturen des gesellschaftlichen Lebens erhalten geblieben ist. Das weltanschauliche Denken vollzieht sich vorwiegend nach den Regeln des metaphysischen Materialismus und erscheint tief immanent-religiös, vergleichbar mit dem Denken der Menschen des europäischen Mittelalters, das sich alternativlos, unreflektiert und ausschließlich im christlichen Glauben vollzog und eine kritische Wahrnehmung und Wertung von außen nicht kannte.

Bei einer Betrachtung von außen stellt sich jedoch die Frage, ob der metaphysische Materialismus, der hier als politische Ideologie begriffen wird, Merkmale zeigt, die als Kennzeichen einer Religion gelten können. Physische Merkmale, etwa Gotteshäuser oder Rituale, die mit transzendenten Religionen verbunden sind, kommen nicht in Betracht, auch deswegen nicht, weil Ereignisse wie Massenaufmärsche oder Zusammenkünfte Gleichgesinnter, die ebenfalls Wesensmerkmale des Religiösen zeigen, nicht als solche bezeichnet werden. Um das Religiöse zu erfassen, ist es daher notwendig, die Denkstrukturen der Ideen sichtbar zu machen. Denn diese umranken im Kern eine Weissagung ihrer Propheten über die Zukunft der menschlichen Gesellschaft auf Basis der weltanschaulichen Plausibilität sozialer Mechanismen der Gegenwart. Die Denkregeln dieser Weissagung offenbaren eine metaphysische Schöpfung im Gewand einer wissenschaftlichen Erkenntnis, welche die axiomatische Naturwissenschaft der physischen Aufklärung nachahmt und daher von ihren Jüngern nicht als Scheinwissenschaft verstanden wird.

Die Entwicklung dieser Ideen ist die unvermeidliche metaphysische Antwort auf die Erfindung der europäischen Naturwissenschaft und Technik, die der Motor für einen gewaltigen zivilisatorischen Sprung der Menschheit war, aber auch den Keim für eine Umwandlung der sozialen Schichtung der Menschen bildete. So entstand eine Sozialstruktur, die sich gewissermaßen genetisch stabil und wenig veränderbar formiert hat, in der sich der ›Adel der Geburt‹ der vergangenen Feudalzeit zu einem ›Adel des Geistes‹ des Bürgertums veränderte und qualifizierte Menschen in höhere soziale Schichten aufstiegen, aber eine große Mehrheit der Menschen aufgrund eines angeborenen Mangels notwendiger kognitiver Fähigkeiten insbesondere in den axiomatischen Wissenschaften in untere soziale Schichten verdrängt wurde. Diese neue Sozialstruktur hat sich über die Jahrhunderte weitgehend gefestigt, und im Deutschland des 21. Jahrhunderts ist, nach den großen sozialen Verschiebungen des 19. und 20. Jahrhunderts, als ein anderer begehbarer Weg des sozialen Aufstiegs derjenige durch ein politisch-mediales Milieu verblieben, sichtbar auch an der Abwahl der kognitiv unzugänglichen axiomatischen Wissenschaften an den Universitäten sowie dem großen Andrang der Studenten in den Kultur- und Sozialwissenschaften.

Diese gesellschaftlichen Veränderungen infolge der physischen Aufklärung haben im Westen also günstige Bedingungen für die Entstehung einer politischen Religion geschaffen, die metaphysische Erklärungen bereithält und eine Erlösung für die weltliche Zukunft anbietet. Der nicht mehr veränderbare soziale Zustand Benachteiligter wird hier mit der Existenz überwindbarer sozialer Grenzen begründet, die nicht durch die Eigenschaften des Individuums bedingt seien, sondern durch mangelnde Gerechtigkeit in der Gesellschaft, und als missionarisches Ziel wird das Einreißen der Grenzen gesellschaftlicher Institutionen wie Nation, Familie, Sprache und Individuum gefordert. Mittlerweile ist das Postulat sozialer Entgrenzung zu einem metaphysischen Extrem pervertiert, indem auch das biologische Geschlecht als ein soziales, vom Individuum selbst wählbares Konstrukt definiert wird.

Die göttliche Instanz der neuen sozialen Religion befindet sich im Diesseits und wird gebildet vom gesellschaftlichen Kollektiv ihrer Zeit, beispielhaft in der sowjetischen Epoche von der Bolschewiki-Gesellschaft, in der deutschen Gegenwart von der ›Zivilgesellschaft‹. Menschliche Kollektive bestimmen die Glaubensregeln ihrer sozialen Gemeinde. Das Fundament dieser Regeln besteht aus Dogmen, die von der Gemeinde wie wissenschaftliche Wahrheiten anerkannt werden. Das zentrale Dogma gebietet als göttliches Ziel die soziale und biologische Entgrenzung des Individuums und die Schaffung einer universellen Gleichheit aller Menschen.

Die Charakterisierung des metaphysischen Materialismus als religiöse Idee erfolgt zum einen durch seine weltanschaulichen Denkregeln, zum anderen durch seine Propheten, an erster Stelle Karl Marx, die ihren Jüngern den missionarischen Auftrag erteilen, die Gesellschaft zu verändern. Obwohl die Merkmale einer Religion gewiß gegeben sind, ist die Anerkennung als solche ungewohnt und unverstanden. Dies ist zum einen darauf zurückzuführen, daß die religiösen Dogmen für wissenschaftliche Wahrheit gehalten und ihre Scheinwissenschaftlichkeit nicht als solche erkannt wird, zum anderen darauf, daß die religiöse Erweckung und Erlösung nicht im Transzendenten erfolgt, sondern durch einen innerweltlichen Gott und dessen missionarischen Auftrag in die diesseitige Existenz des Menschen verlegt ist. Ins Diesseits also konstituiert diese Religion den Ort des menschlichen Heils, erreichbar über die Beseitigung gesellschaftlicher

Hindernisse, zu deren Überwindung alle immanent-religiösen Mittel recht sind.

Es ist notwendig zu erläutern, weshalb die Ausbreitung der immanenten Religion des metaphysischen Materialismus in der westlichen Welt als ein pathologischer Prozeß für die betroffenen Gesellschaften gewertet wird. Denn grundsätzlich ist die Entwicklung von Religionen ein naturgegebener Teil menschlichen Denkens, und Religionen sind die Grundlage vieler Kulturen.

Biologie ist nicht alles, aber ohne Biologie ist alles nichts. Religiöse Ideen beeinflussen auch die Biologie und Ökonomie einer menschlichen Population, allerdings mit sehr unterschiedlicher Tragweite für ihre zukünftige Entwicklung: Ökonomische Prozesse sind reversibel, biologische in der Regel nicht. So kann der ökonomische Effekt des marxistischen Materialismus, etwa durch Planwirtschaft, soziale Umverteilung, Enteignung oder als Sühne geleistete Ablaßzahlungen, für das Leben der Bevölkerung sehr wohl mühevoll und elend sein, aber er ist überwindbar – anders als ein biologischer Effekt, der in der Regel endgültig ist.

Ein biologischer Effekt, insbesondere der auf die generative Phase der demographischen Entwicklung, ist von vitaler Bedeutung für den lebenden Organismus der Population und bestimmt entscheidend die Lebensdauer von Population und Religion. Infolgedessen ist eine hohe Geburtenrate Ausdruck und Kennzeichen der historisch langdauernden Existenz transzendenter Religionen wie Christentum und Islam. Dagegen nimmt der Kulturmarxismus als politische Manifestation des metaphysischen Materialismus eine niedrige Geburtenrate nicht nur in Kauf, sondern er bildet durch seine Politik der Entgrenzung gesellschaftlicher Strukturen die politische Grundlage, auf der dieses Ziel erreicht wird. Dadurch bedingte ökonomische Folgen sollen durch eine Auflösung der Nation und durch offene Grenzen mit dem Zweck der Neubesiedlung kompensiert werden.

Quelle dieser tiefgreifenden und irreversiblen demographischen Umgestaltung der Gesellschaft ist die immanent-religiöse Überzeugung, daß kulturferne und religionsfremde sowie ethnisch differente Menschen unter kulturmarxistischer Regie auf demselben Territorium nebeneinander leben und den hohen zivilisatorischen Stand erhalten können, nachdem sie sich durch missionarische Umerziehung so verändert haben, daß sie die Voraussetzung erfüllen, in die native Bevölkerung integriert zu werden. Nach dieser kulturmarxistischen Leitlinie wird auch in den internationalen Organisationen der United Nations und der Europäischen Union eine Politik des Resettlement betrieben, deren Ziel die globale Umsiedlung zivilisatorisch benachteiligter Menschen in wohlhabende westliche Gesellschaften ist – auch deswegen, weil sich eine zivilisatorische und humanitäre Vor-Ort-Hilfe in vielen der nicht entwickelten Gesellschaften als fast aussichtslos erweist. Die Bezeichnung dieser Politik als eine ›globale‹ führt allerdings in die Irre. Denn erfolgreich ist dieser Prozeß des Population Change nur in einigen Regionen der Welt, insbesondere in Europa, Arabien und Afrika.

Der kulturmarxistische Erfolg eines Population Change in Europa beruht vor allem auf der Abwesenheit einer verantwortungsethischen Politik kooperierender Eliten in den neubesiedelten Gebieten, so in Deutschland auf dem Ausfall einer natürlichen Verteidigung seines Territoriums und seiner Zivilisation, bedingt durch eine besondere Eigenschaft dieser Population, die aus der Geschichte des 20. Jahrhunderts bekannt ist. So kann dieses Volk, wie kaum ein anderes, mit Hilfe einer gleichgesinnten Agitation seiner politisch-medialen Öffentlichkeit in einen Zustand der irrationalen Massenerregung und des psychischen Infantilismus versetzt werden (extreme Beispiele sind Massenaufmärsche des braunen Sozialismus) – mit der Folge, daß im Jahre 2015 eine Mehrheit der Menschen den überwiegend männlichen Migranten, die einzeln und im generationsfähigen Alter die Grenze überschreiten, in einer ahnungslosen Empathie des Augenblicks entgegentritt und somit einer eindringenden Vorhut auf der Suche nach besseren zivilisatorischen Bedingungen Schutz und Hilfe anbietet. Die Wirksamkeit solcher Pathomechanismen setzt das Fehlen eines Überlebenswillens als psychiatrische Grunderkrankung der Population voraus (in den meisten asiatischen oder angelsächsischen Völkern wäre diese Voraussetzung nicht gegeben), aber sie macht auch die Malignität ihrer immanenten Religion deutlich und charakterisiert ihre biologisch-gesellschaftlichen Folgen als pathologisch.

Der metaphysische Materialismus: Idee, religiöse Entwicklung und politische Manifestation

In der deutschen Philosophie wird der Materialismus als eine erkenntnistheoretische Denkweise definiert, die als Ursache aller Phänomene unseres Daseins allein materielle Prozesse anerkennt. Diese Denkweise steht im Gegensatz zum Idealismus, der eine geistige Welt des Bewußtseins, der Gedanken und Gefühle von der physischen abgrenzt und eine realitätserzeugende Autorität im Transzendenten postuliert (Gott oder Weltgeist).

Das Erkennen und Beschreiben materieller Gesetzmäßigkeiten hat in der europäisch-christlichen Neuzeit durch die Erfindung der Regeln der axiomatischen Naturwissenschaft eine höhere kognitive Ebene erreicht (siehe unten). In der Menschheitsgeschichte zuvor sind das naturwissenschaftliche Verständnis der Naturphänomene und die Entwicklungen technischer Geräte nur langsam gewachsen und waren meist nicht Erfolg einer zielgerichteten Planung, sondern zufälliges Ergebnis einzelner Meisterleistungen. Erst in der axiomatischen Wissenschaft mit ihrer Entkopplung naturwissenschaftlicher Untersuchungen von der kulturellen und religiösen Subjektivität waren multiple Untersuchungen durch verschiedene Wissenschaftler, gleichzeitig oder aufeinanderfolgend, an gleichen Fragestellungen möglich. Damit wurde die Tür geöffnet für die stürmische Zunahme der naturwissenschaftlich-technischen Erkenntnisse in unserer Zeit. Der so fortschreitende Anstieg zivilisatorischer Qualität erlöste die Menschheit zunehmend aus ihrer sklavischen Abhängigkeit von der umgebenden Natur. Dieser Prozeß ist mittlerweile so weit vorangekommen, daß viele Menschen eine moderne technische Umwelt selbstverständlich erwarten, sie aber zugleich als etwas Unverstandenes und Beängstigendes begreifen und wieder ein Leben in einer romantisch verklärten Natur herbeisehnen.

Die *physische* Aufklärung, die in idealistischer Beschränkung auch als ›Physikalismus‹ bezeichnet wird, bildet jedoch den ursprünglichen Keim und geistigen Motor dessen, was in der *metaphysischen* Aufklärung allgemein als ein Fortschritt der Ideen verstanden wird. Ein Leben in geistiger Aufklärung ist gekennzeichnet durch allseits geläufige Merkmale wie Mut sowie durch das Streben nach geistig-politischer und religiöser Freiheit, individueller Unabhängigkeit und menschenwürdigem Wohlstand, unter Wahrung der Menschenrechte. All diese ›Errungenschaften‹ sind existentiell an die physische Aufklärung gebunden und ohne diese nicht zu haben. Die physische Aufklärung war und ist die wegweisende Voraussetzung. Den experimentellen Beweis liefern zahlreiche historische Ereignisse, bei denen kriegerische oder andere katastrophale Geschehen zu einem Verlust der physischen Aufklärung, also der zivilisatorischen Umwelt, führen und sich die urzeitliche genetische Disposition des Menschen in aller Brutalität Bahn bricht. Eine Reklamation Unbeteiligter über das Fehlen der Ideen der geistigen Aufklärung wirkt in solchen Fällen töricht.

Was ist metaphysischer Materialismus? Im Grunde handelt es sich hierbei um den seit dem 18. Jahrhundert bekannten Begriff des *Materialismus* oder auch *Naturalismus,* als Gegensatz zu Immaterialismus, Idealismus oder Spiritualismus. Dieser philosophische Begriff entstand in einer Zeit, als eine weitgehende Unkenntnis der Denkregeln einer modernen axiomatischen Naturwissenschaft noch historisch nachvollziehbar war – anders als im 21. Jahrhundert. Er bezeichnet also im Kern eine erkenntnistheoretische Wahrnehmung und zeitgebundene Deutung der äußeren dinglichen Phänomene in Natur und Technik, ohne sich der inneren materiellen Universalität aller Strukturen im menschlichen Dasein bewußt zu sein, oder im tatsächlichen Sinne, ohne die Bedingtheit atomarer und molekularer Prozesse für die Entstehung jeglicher Gedanken und Ideen in unserem Gehirn zu erkennen.

Im 21. Jahrhundert ist es geboten, diesen philosophischen Materialismus als einen metaphysischen kenntlich zu machen und ihn so vom physischen Materialismus zu unterscheiden. Das bestimmende Merkmal des metaphysischen Materialismus ist die Abwesenheit der gedanklichen Logik axiomatischer Wissenschaft. Seinen Kern bilden Thesen, die auf tradierter Metaphysik und immanent-religiösen Überzeugungen basieren, allerdings meist zeitgemäß verborgen hinter einer scheinwissenschaftlichen Nachahmung moderner Naturwissenschaft.

Die gesellschaftliche und politische Bedeutung des metaphysischen Materialismus beruht jedoch darauf, daß er sich keineswegs auf Welterklärung beschränkt, sondern darüber hinaus durch seine Propheten die gesellschaftliche Zukunft der Menschheit voraussagt und seinen Anhängern den missionarischen Auftrag erteilt, die Welt zu gestalten. Damit wird aus einer reinen Metaphysik eine immanente Religion.

Das zentrale Dogma ist die Schöpfung einer Welt diesseitiger Gerechtigkeit, erschaffen durch die Auflösung gesellschaftlicher und individueller, auch biologischer Grenzen und vollendet durch eine Gleichheit aller Menschen. Der Weg zum erlösenden Ziel einer universellen

Entgrenzung verläuft innerhalb eines vergöttlichten Kollektivs, das den Reiseplan im religiösen Konsens gebietet.

Ohne Bedeutung ist in dieser Religion das Individuum, das als gläubiger Mensch allein und in freier Entscheidung vor einem Gott steht und sich mit ihm verständigt und einigt, wie es die jüdisch-christliche Religion ermöglicht. Folglich achtet der metaphysische Materialismus nicht die Freiheit des einzelnen, und seine ›Gleichheit‹ bedeutet nicht primär ein Streben nach sozialer Humanität durch Gleichheit vor dem Gesetz oder eine Gleichheit der unveräußerlichen Menschenwürde, verbunden mit einem Anspruch auf ein freies, menschenwürdiges Leben für jedermann, sondern er versteht diese Form der Gleichheit allenfalls als ein Zwischenstadium, als ein Zuckerbrot westlicher Demokratien, aber nicht als das Ende seiner Mission. Sein wahrer Anspruch ist die entgrenzte Welt für alle. Sie wird nur errungen durch eine kollektive Herrschaft der Gleichheit über das Individuum.

Ungleichheit ist die Grundlage des Daseins. Die Errichtung einer Welt von Gleichen in einer Welt allgegenwärtiger Ungleichheit erfordert kollektive Gewalt und ist ein tief immanent-religiöses Ziel mit hoher Malignität. Denn Ungleichheit ist die unentbehrliche Voraussetzung für die Entstehung und Entwicklung jeglichen Lebens und Fortschritts. Genetische Mutationen oder neue wissenschaftliche, technische oder kulturelle Ideen bedeuten das Herstellen einer Ungleichheit. Gleichheit dagegen ist der Ausdruck materiellen und geistigen Stillstands. Das Kopieren eines Gemäldes erzeugt kein künstlerisches Werk von Bedeutung, auch wenn es kaum vom Original zu unterscheiden ist. Erst seine Ungleichheit mit dem Vorhandenen begründet die Originalität als Voraussetzung für künstlerische Qualität. Selbst die kognitive Matrix menschlichen Denkens wird durch eine Dialektik der Ungleichheit bestimmt. Denn ohne das Böse zu kennen, begreift der Mensch das Gute nicht.

Um in dieser Welt naturgesetzlicher Ungleichheit die Herrschaft der Gleichheit zu errichten, bedarf es großer gesellschaftlicher und politischer Macht. Die Geschichte des 20. Jahrhunderts ist leidvolles Zeugnis dieses immanent-religiösen Bemühens, das keineswegs in diesem Jahrhundert ihr Ende gefunden hat, sondern im 21. Jahrhundert mit anderen Instrumenten fortgesetzt wird. Nicht mehr der Vollzug durch rohe militärische Gewalt kennzeichnet jetzt den historischen Prozeß, sondern eine schleichende Destruktion als strategische Folge einer verdeckten Infiltration (›Entrismus‹) der Ideen dieser immanenten Religion in gesellschaftliche und ökonomische Strukturen.

Der Tod der Nation in Deutschland und anderen Teilen Europas ist jedoch letztlich ein biologischer. Er ist das Ende eines Geschehens autopathologischer Malignität, das über Gesellschaft und Nation hinaus auch die immanente Religion selbst betrifft. Diese erschließt zwar, wie andere Religionen auch, zu ihrem Vorteil große ökonomische Ressourcen auf Basis einer Ablaßreglung bei sündhaftem Verhalten, zum Beispiel durch eine Besteuerung der Verursacher des CO_2 in der Atmosphärenluft, um das globale Klima nicht herauszufordern, doch zu ihrem Nachteil hemmt sie dogmatisch die Geburt ihrer Nachkommen. Da aber ein Mensch den Glauben an eine

Religion in der Regel nach der Geburt über die Eltern erwirbt, verringert sich in Deutschland somit auch die Zahl der nativen Gläubigen, so daß diese immanente Religion historisch nur so lange in Erscheinung tritt, wie sie den Sterbeprozeß der deutschen Nation unterstützt und begleitet.

Gesellschaftlicher Parasitismus als effektive Strategie des Marxismus

In biologischen Systemen werden viele Lebensformen als nicht allein lebensfähig definiert. Sie benötigen eine Kooperation mit anderen Lebensformen. Dies geschieht symbiotisch oder auch parasitär als hochspezialisierte Sonderform innerhalb eines Wirtsorganismus.

Vergleichbare Phänomene sind auch in gesellschaftlichen Systemen des Menschen zu erkennen. Symbiotische gesellschaftliche Kooperationen sind ein notwendiger Teil des menschlichen Sozialsystems und Grundlage des humanitären Zusammenhalts. Parasitäre Kooperationen können dagegen den Untergang des betroffenen Wirtssystems zur Folge haben.

Nach dieser Definition sind immanente Religionen in der menschlichen Gesellschaft meist parasitär wirksam, das heißt, sie infiltrieren in bestehende lebensfähige Institutionen und überleben nur dort. Ein wirksames Instrument hierfür ist das Herstellen einer sozialen, ethnischen oder auch religiösen Gleichheit durch die Transformation der Gesellschaft von einer spezifischen Leistungsdiversität der Institutionen in eine leistungsunerhebliche Quotendiversität, in der die Zusammensetzung der Institutionen von politisch-ideologischen Forderungen bestimmt wird.

Immanente Religionen vermögen staatstragende Fundamente, die auf Dauer bestehen und eine Nation oder ein Imperium tragen, allenfalls für eine kurze historische Episode zu errichten. Ihr Eindringen als gesellschaftlicher Parasit in einen Wirtsorganismus erfolgt schleichend ohne offene Absichtserklärung. Beispielhaft zeigt diesen Prozeß die Geschichte des Bolschewiki-Marxismus: Als immanente Staatsreligion in der Sowjetunion ist er gescheitert – erst in Form eines gesellschaftlichen Parasitismus in der westlichen Welt erreicht er seine Blüte.

In einer Vielzahl von parteipolitischen Programmen werden die Ideen dieses metaphysischen Materialismus in tatsächliche Politik umgesetzt. Der Grad der Durchdringung mit dieser immanent-religiösen Gesinnung zeigt ein breites Spektrum, vorwiegend abhängig von dem enthaltenen Anteil eines säkularen Pragmatismus und sichtbar auch an den Bezeichnungen der Parteien als ›kommunistisch‹, ›sozialistisch‹, ›sozialdemokratisch‹ oder ›sozial‹. Vor allem die Schriften von Karl Marx bilden hier in religiös-pseudowissenschaftlicher Wahrnehmung des 19. Jahrhunderts die Grundlage und normative Richtschnur. Der Marxismus ist die zentrale politische Manifestation des metaphysischen Materialismus. Seine Ausbreitung erreicht im 21. Jahrhundert einen vorläufigen Höhepunkt, vor allem durch den latenten Entrismus in überstaatliche Organisationen (UN, EU, WHO usw.) und die Gestaltung einer Planwirtschaft des internationalen Geldwesens. Seine staatliche Existenz in Europa wird nach dem Untergang der Sowjetunion von der politisch-medialen Öffentlichkeit bestritten.

Noch im 20. Jahrhundert hat der Bolschewiki-Marxismus auf der Weltbühne eine Hauptrolle gespielt, seine Ideen in fast reiner Form laut verkündet und als immanente Staatsreligion eine Völkerunion gebildet, die als Sowjetunion um Rußland gruppiert war. Aber schon während der Regentschaft von Wladimir Iljitsch Lenin wurde durch das Auftreten von Hungersnöten die systembedingte Unfähigkeit des Marxismus deutlich, allein ein funktionsfähiges Staatswesen zu betreiben. So stellte sich schon in den zwanziger Jahren für die Nachfolger Josef Stalin und Leo Trotzki die Systemfrage über den weiteren Weg des Marxismus. Für beide war das Ziel die Weltherrschaft. Bekanntlich behielt Stalin im Kampf um den richtigen Weg die Oberhand, während Trotzki die Sowjetunion verlassen mußte und später in Mexiko ermordet wurde. Stalins Weg führte über die primäre Etablierung einer marxistischen Gesellschaft zunächst nur in einem Staat, also in der Sowjetunion, beispielhaft für andere. Trotzki dagegen propagierte eine permanente marxistische Revolution gleichzeitig in allen geeigneten Staaten, wissend, daß der Vergleich eines einzelnen marxistischen Staates mit den Staaten der westlichen Zivilisation nachteilig sein kann. Der Weg zur Macht sollte über eine verdeckte Infiltration in verschiedenartige gesellschaftliche und politische Institutionen erfolgen. Eine Rückschau im 21. Jahrhundert zeigt, daß der Verlauf der Geschichte Trotzki recht gegeben hat.

Die Stalinsche Variante des Bolschewiki-Marxismus bestand im 20. Jahrhundert etwa siebzig Jahre lang. Die Dauer seines Bestehens wurde durch den Zweiten Weltkrieg verlängert, weil dieses Ereignis die Gelegenheit bot, das Nationalgefühl des russischen Volkes zur Stützung des marxistischen Staates zu nutzen und somit in einem ›vaterländischen‹ Krieg zu bestehen. An diesem historischen Geschehen offenbart sich auch die parasitäre Natur des Marxismus, der zwar nationale Strukturen auflösen will, aber existentiell von intakten nationalen Institutionen und im Notfall vom Patriotismus des nationalen Wirtsorganismus abhängig ist.

Die volle Blüte auf dem Weg zur Weltherrschaft erreichte der Bolschewiki-Marxismus nach dem Zusammenbruch der Sowjetunion im 20. Jahrhundert und ihrem Aufbruch aus der staatlichen Religion in die parasitäre Teilhabe an der nationalen und internationalen Gesellschaft. Dieser zweite Teil des Weges wird allerdings nicht, wie in vergangenen Zeiten, von den Machtritualen einer politisch-medialen Öffentlichkeit begleitet, sondern wird verdeckt und von den meisten Menschen unerkannt beschritten. Daher wähnt sich der Zeitgeist westlicher Intellektueller in einem postkommunistischen Zeitalter und erklärt politische Phänomene als neu, empathisch und modern.

Die latente Infiltration des Bolschewiki-Marxismus in die staatlichen und wirtschaftlichen Institutionen erfolgt nicht gleichmäßig über die verschiedenen Bereiche der Gesellschaft verteilt. Hierfür ist eine Weichenstellung verantwortlich, die vor allem durch die Kriterien politisch-ideologischer Zielsetzungen und kognitiver Voraussetzungen für gesellschaftliche Funktionsbereiche gesteuert wird. Leichten Eingang finden die Ideen des Bolschewiki-Marxismus in die Sozialsysteme. Aber dies gilt auch für die Bildungssysteme. In den Universitäten sind zusätzlich die geringeren kognitiven Ansprüche in den Kultur- und Gesellschaftswissenschaften wegbereitend. Die Naturwissenschaften und die Technik sind als axiomatische Wissenschaften kaum betroffen. Die zu beobachtende Diversität der hier tätigen Wissenschaftler beruht auf der Grundlage einer erforderlichen kognitiven Leistung und nicht auf Quoten nach ideologischen Vorgaben, zum Beispiel Ethnie, Geschlecht oder politische Gesinnung. Die axiomatischen Wissenschaften selbst bleiben daher in ihrem Kern weitgehend unbeeinflußt vom metaphysischen Materialismus, aber ihre Anwendungen und Aussagen werden häufig kulturmarxistisch verändert und in scheinwissenschaftlicher Form für ideologische Ziele instrumentalisiert.

Die herausragende Bedeutung der modernen axiomatischen Wissenschaft liegt jedoch in ihrer Hauptrolle bei der Errichtung einer neuen Weltordnung (der ›Großen Transformation‹). Ohne die Verfügbarkeit der technologischen Kompetenz aus diesem Bereich wäre die globale Umgestaltung nach kulturmarxistischen Ideen nicht möglich. Auf der Basis von Technologien, deren digitale Tentakel fortschreitend das Leben der Menschen umklammern und vernetzen, haben sich Konzerne gebildet, die eine globale Monopolstellung vor allem in der Kommunikations- und Logistikindustrie erlangt haben. Die ökonomischen Interessen dieser Konzerne an einer staatlichen, gesellschaftlichen und biologischen

Entgrenzung der Menschen gehen synchron mit denen der kulturmarxistischen Bürokratien in Staat, Wirtschaft und Finanzen. So entstand eine symbiotische Allianz mit dem Ziel, die europäischen Nationalstaaten zugunsten international kompatibler Gesellschaften aufzulösen. Demokratische Grundrechte, die Bürger in nationalen Demokratien errungen haben, wurden in vielen kleinen Schritten abgebaut, und es wurde eine digitale Plattform geschaffen, auf der die Masse der Menschen zu kontrollierbaren Terminals transformiert wird.

Aus der Geschichte des 20. Jahrhunderts wissen wir, daß der Marxismus als Staatsreligion in der reinen Form des Stalinismus gescheitert ist. Erst im Zusammenwirken mit den Konzernen der Digitaltechnologie des 21. Jahrhunderts wurde der Marxismus in einen parasitär-effektiven Zustand versetzt, um so weltweit Herrschaft ausüben zu können. Die strukturelle Inszenierung der Corona-Krise ist ein anschauliches Zeugnis dieser Macht und zeigt, daß der Zweifaltigkeit aus Marx und Kapital die Zukunft gehört.

Deutsche Wiedervereinigung: Rechtlicher Beitritt zur BRD, ideeller Beitritt zur DDR

Für das Verständnis politisch-gesellschaftlicher Prozesse in Deutschland nach der Vereinigung im Jahre 1990 ist es unerläßlich, den eigentlichen, historisch bedeutsamen Unterschied zwischen den beiden Varianten des Bolschewiki-Marxismus zu erkennen. In der sowjetischen Vielvölkerunion war der Marxismus überall im öffentlichen und staatlichen Leben präsent, immer äußerst plakativ und organisatorisch bis ins Detail geplant und aktiv. Damit demonstrierte er als immanente Staatsreligion ein ähnliches Erscheinungsbild, wie es von christlichen Religionen in der Feudalzeit bekannt ist.

Im Gegensatz zur Stalinschen Modifikation des Marxismus bleibt aber die von Trotzki den meisten verborgen. Ihr strategisches Ziel ist das Eindringen in vorhandene lebensfähige Institutionen, um diese von innen zu verändern – schleichend und intransparent (latenter Entrismus). »Ihr werdet den Kommunismus nicht freiheraus annehmen, aber wir werden euch den Sozialismus immer wieder in kleinen Dosen füttern, bis ihr am Ende aufwacht und feststellt, daß ihr den Kommunismus bereits habt«, so Nikita Chruschtschow 1959). So werden in Deutschland nach der Vereinigung politische Parteien, die aus der Zeit des Stalinschen Marxismus bestehen geblieben sind, unauffällig umbenannt – aus der SED der DDR wird Die Linke der BRD –, und die mediale Kommunikation im staatlichen Fernsehen und in sympathisierenden Printmedien propagiert jetzt ein postkommunistisches Zeitalter.

Als im Jahre 1989 der ›Eiserne Vorhang‹ hochgezogen wurde, fanden sich die Ruinen des Stalinschen Marxismus für die gesamte Weltöffentlichkeit anschaulich sichtbar. Sofort nach der Erweiterung des Grundgesetzes aus Westdeutschland auf das neue Territorium und der Umbenennung des früheren Mitteldeutschlands in Ostdeutschland gab es einen erfolgreichen Wiederaufbau nach dem materiellen Zerfall, und die politischen Parteien und Bürokratien des Westens wurden auch im Osten installiert.

Bemerkenswert ist jedoch, daß es keine nennenswerten weltanschaulichen Konfrontationen zwischen den Gesellschaften der beiden deutschen Staaten gegeben hat, obwohl sie über vierzig Jahre in die sehr unterschiedlichen westlichen und marxistischen Gesellschaften eingebunden waren. Differenzen betrafen eigentlich nur die Effizienz ökonomischer oder bürokratisch-organisatorischer Prozesse. Auch die Fusion der beiden vorher feindlichen Armeen erfolgte fast reibungslos. Dieser Ablauf beruhte sicherlich auf der Zugehörigkeit zu einer gemeinsamen Nation, war aber darüber hinaus Ausdruck der geschichtlichen Erfahrung, daß der politische Charakter der Deutschen eine angeborene Prägung besitzt, die leicht sozialistisch formatierbar ist. Tatsächlich wurde auch die Politik des westdeutschen Staates schon vor der Vereinigung, obwohl von angelsächsischen Ländern kontrolliert, in vielen Bereichen sozialistisch geprägt. Der latente Entrismus des Marxismus begann bereits in den sechziger Jahren und hatte nach einem ›Langen Marsch‹ der ›Achtundsechziger‹-Generation zum Zeitpunkt der Vereinigung schon viele staatliche Institutionen erreicht. Allerdings ist der Fluß marxistischer Ideen in die Parteien und staatlichen Institutionen nach der Vereinigung der beiden Staaten durch den großen Zufluß aus der DDR weiter angeschwollen.

Wie das Wasser in der Natur nach den Gesetzen der Schwerkraft in tiefer gelegene Ebenen fließt, so breitet sich der metaphysische Materialismus in den gesellschaftlichen Milieus der Schein- und Sentenzwissenschaften rasch aus. Ein großes Reservoir dieser immanenten Religion entsteht in Schulen und Universitäten, von denen breite Abflüsse in Medien und Politik ziehen. Dort wachsen die nicht-axiomatischen Gesellschafts- und Kulturwissenschaften zu tumorösen Gebilden und metastasieren überall in die Gesellschaft. Die Masse der Studenten, deren kognitive Möglichkeiten für die MINT-Fachgebiete nicht genügen, reichert sich hier an und bildet eine sprudelnde Quelle für eine Zukunft sozialistischer Politik.

Marx und Kapital: Die maligne Allianz des metaphysischen Materialismus mit dem marxistischen Globalkapitalismus

Durch das Bündnis mit monopolistischen Konzernen wird die Malignität des Trotzkischen Marxismus wesentlich gesteigert, insbesondere seine Metastasierung in industrielle Institutionen. Beteiligt sind vor allem solche Unternehmen, die aufgrund moderner Technologie in der Digital-, Internet- und Kommunikationswirtschaft auf globaler Ebene tätig sind. Diese Industrien haben erkannt, daß eine sozialistische Planwirtschaft des Finanzwesens und die Auflösung nationaler Strukturen ihren Geschäften dienlich sind. So kann etwa eine Trennung von Handelsgebiet und Ort staatlicher Abgaben profitabel genutzt werden.

Der geschichtliche Vorgang macht auch deutlich, welche Mechanismen zur Entstehung eines marxistischen Monopolkapitalismus führen. Laut der Theorie des metaphysischen Materialismus von Karl Marx ist das Kapital, also die Geldwirtschaft, die treibende Kraft. Der Kern dieser These ist einfach und beruht auf einer Beobachtung aus der ökonomischen Praxis, die zeigt, daß zur Steigerung der Profitrate eines Unternehmens Investitionen in die Rationalisierung von Arbeitsabläufen erfolgen, um die Zahl der Arbeitsplätze zu minimieren. Kapitalinvestitionen in die Erweiterung der Unternehmen und die Schaffung zusätzlicher Arbeitsplätze geschehen demnach in erster Linie durch Marktverdrängung und Übernahme anderer Unternehmen, so daß große Aggregate entstehen, die eine Monopolstellung anstreben.

Eine solche Beschränkung des wirtschaftlichen Wachstums und der Bildung großer Konzerne auf einen marxistischen Kapitalfluß verstellt allerdings den Blick auf die eigentliche Ursache dieser Prozesse. So wird auch die entscheidende Bedeutung der physischen Aufklärung mit der Folge einer fortlaufenden Generierung neuer Technologien für die Entwicklung und Entstehung großer Unternehmen verkannt. Gewaltig sind daher die von der marxistischen Kapital-These geleiteten Investitionen, die in vielen globalen Regionen auf unfruchtbaren Boden fallen und dort kein wirtschaftliches Wachstum erzeugen, weil der kognitive Dünger einer modernen naturwissenschaftlichen Technologie nicht vorhanden ist.

Die Verkennung der Ursachen eines Monopolkapitalismus, wie er von Marx definiert wurde, liegt in den dogmatischen Denkregeln des Marxismus selbst. So ist die Erreichbarkeit einer sozialen und biologischen Gleichheit der Menschen die grundlegende Annahme aller Gesellschaftspolitik dieser immanenten Religion. Auf dem Wege zum erlösenden Ziel wird auch in der Ökonomie das maßgebliche Instrument der Entgrenzung gebraucht. Diese marxistische Entgrenzung duldet keine Ungleichheit von Individuen, die in einem marktwirtschaftlichen Wettbewerb aufgrund unterschiedlicher Möglichkeiten und Fähigkeiten entsteht. Vielmehr soll die Führung von Wirtschaftsunternehmen durch möglichst große Teilkollektive erfolgen, die in einem feudalsozialen Auftrag dem gesellschaftlichen Gesamtkollektiv dienen. Vorbildlich zu erkennen ist dieses Geschehen an der Kollektivierung landwirtschaftlicher Betriebe, die in marxistischen Staaten, etwa der DDR, unter Zwang erfolgte. Die Vergesellschaftung der freien Bauern führte hier zur Ausbildung agrarindustrieller Komplexe, die in dieser Form auch nach der Episode des Stalinschen Marxismus weiter privatrechtlich betrieben werden.

Psychoanalytisch gesehen ist die Idee der kapitalinduzierten Genese monopolkapitalistischer Strukturen eine marxistische Projektion auf eine Wirtschaft des Marktes, in der freie Bürger in einem Wettbewerb stehen. Dennoch hat der Begriff auch allgemein Eingang in die ökonomischen Wissenschaften gefunden. Doch der eigentliche Motor für die Entstehung großer industrieller Einheiten, die nach marxistischer Definition dem Monopolkapitalismus zugerechnet werden, ist primär der subjektivistische Drang eines bürokratisch-technischen Gefolges nach kontinuierlich wachsenden Kollektiven. Zwar erfolgt die Geburt eines aussichtsreichen wirtschaftlichen Unternehmens aus dem kognitiven Keim neuer Technologie (Steinäxte finden in der Neuzeit auch bei kapitalistischer Förderung keinen Markt). Beteiligt sind daher zu Beginn meist nur wenige, aber eine Produktionserweiterung erfordert viele Mitarbeiter, die sich als

Kollektive organisieren und so die Eintrittspforte für die Ideen des metaphysischen Materialismus stellen.

Die von Marx beschriebenen kapitalwirtschaftlichen Prozesse sind also sekundär und eine Folge ursozialistischen Antriebs. Im Kollektiv verliert das Mitglied aber progredient seine individuellen Freiheiten, die es in der Aufklärung als sein Eigentum im Kampf gegen die politische Macht errungen hat. Aus einem Eigentümer wird so ein Funktionswesen, dessen unternehmerische Entscheidungen von inneren und äußeren Kollektiven geleitet werden. Mit dem Verlust seiner Freiheit kommt dem Individuum auch seine Verantwortung für sie abhanden. Die Verantwortung wird von der religiösen Idee des Kollektivs übernommen, und über deren Exegese wird innerhalb einer klerikalen Nomenklatura bis aufs Blut gekämpft.

Diese Destruktion der menschlichen Individualität durch vergöttlichte Kollektive ist allen sozialistischen Gesellschaften gemeinsam, unabhängig von der politischen Farbe, ob Rot oder Braun. »Du bist nichts, dein Volk ist alles« war die Bedingung für das gesellschaftliche Leben des einzelnen im Nationalsozialismus. Damit wird auch ein Merkmal geistiger Verwandtschaft von Feudalismus und Sozialismus sichtbar: In beiden Ideologien wird der einzelne gezwungen, das Eigentum seiner Individualität an eine herrschende Klasse abzugeben – als Leibeigner an die Grundherrschaft, als Genosse an die Volksgemeinschaft oder die Kommunistische Partei.

Entsprechend stellen global tätige Unternehmen große Kollektive dar, deren Mitglieder gemäß einer Geschäftsidee ausgewählt und nach strengen ökonomischen und gesellschaftlichen Regeln ausgerichtet werden. Ihre gewinnbringende Kooperation mit marxistischen staatlichen Strukturen und internationalen Organisation macht deutlich, daß hier zusammenwächst, was zusammengehört.

Im 21. Jahrhundert offenbart die ökonomische Entwicklung in der maoistisch-marxistischen Gesellschaft Chinas musterhaft, welche Kriterien für die Entstehung und das Wachstum global tätiger Konzerne entscheidend sind. Die primäre und entscheidende Voraussetzung für die Bildung zahlreicher Keime ist in den ausgeprägten kognitiven Fähigkeiten der chinesischen Population gegeben. Der weitere Verlauf findet ganz offen unter der ökonomischen und politischen Lenkung der staatstragenden marxistischen Partei statt. Diese Offenheit der staatlich-marxistischen Führung unterscheidet die chinesische Ökonomie von derjenigen in Deutschland und der Europäischen Union. Im Europa des 21. Jahrhunderts ist es dem latenten Entrismus gelungen, die kulturmarxistische Steuerung der Wirtschaft vor der politisch-medialen Öffentlichkeit zu verbergen. Sehr gut sichtbar war die große Verwandtschaft der beiden ideologischen Systeme jedoch während der weltweiten Ausbreitung einer Variante des Coronavirus, als das kommunistische China den gesellschaftlichen Takt bei der Inszenierung und Bewältigung der Krise vorgab.

Den eigentlichen historischen Kontrast zwischen der deutschen und der chinesischen Gesellschaft bildet jedoch der Nationalstaat, dessen Rahmen vor dem Hintergrund einer großen Kultur in der chinesischen Gesellschaft auch unter marxistischer Macht (allerdings maoistischer Prägung) stabil erhalten bleibt, während er in der deutschen Gesellschaft vorsätzlich zerschlagen wird. Somit ist die marxistische Herrschaft in China nur eine Episode in der langen Geschichte dieses Landes, aber in Deutschland das Tatinstrument für den suizidalen Tod der Nation.

Das digitale Weltregime: Erfüllung des alten Traums der Bolschewiki-Nomenklatura

In der vordigitalen Zeit waren exekutive Maßnahmen des Staates der individuellen Überwachung und Kontrolle technisch weitgehend entzogen. So konnte der Staat zwar Geld in Verkehr bringen, aber er besaß kaum Informationen, wann und wo der einzelne Bürger es benutzte. Das änderte sich mit der Entwicklung der Digitaltechnologie. Mit der Bildung eines weltweiten digitalen Netzwerkes zwischen elektronischen Terminals beliebiger Zahl, die als zentral gesteuerte Rechner persönlich und intim an das Individuum angepaßt sind, ist es der politischen Macht nunmehr technisch möglich, am Leben jedes einzelnen Menschen teilzunehmen, sein soziales Verhalten und sein Bild von der Welt zu kennen und zu beeinflussen. Dieses Instrumentarium eröffnet somit der politischen Religion des metaphysischen Materialismus einen Weg, Menschen zu kollektivieren und gleichzuschalten, also die individuelle, soziale und biologische Entgrenzung der Menschen zu verstärken – nicht nur regional und national, sondern global bis zur Schaffung einer ersehnten One World. Nur mit Hilfe der Digitaltechnologie ist dieses Ziel erreichbar. Dazu bedarf es einer engen Kooperation des metaphysischen Materialismus mit der globalen Digitaltechnologie vor allem im Bereich der Kommunikationsindustrie, der – als gewissermaßen marxistische Gegenleistung – eine monopolkapitalistische Entfaltung gewährt wird.

In der Digitaltechnologie ist ein materielles Instrument entstanden, mit dessen Hilfe gesellschaftliche Systeme gleicher Weltanschauung gebildet werden – dadurch, daß bestimmte Frequenzen aus dem Resonanzspektrum politisch-ideologischer Überzeugungen um ein Vielfaches verstärkt und synchronisiert werden können. So wird, mit Niklas Luhmann gesprochen, durch Kommunikation ein soziales System konstituiert, das als Weltgesellschaft die sozialen Systeme der kulturellen Tradition überwindet. Die Mitglieder des neuen sozialen Systems sind bei ausgewählten Geschehen gleichzeitig dabei und entwickeln eine synchrone Empathie des Augenblicks, welche die Grundlage einer gelenkten Ethik ist. Diese dominiert als infantilisierte Ethik der Gegenwart und verdrängt eine Verantwortungsethik für die Zukunft. Die Vorstellungen über kommende Zeiten sind von scheinwissenschaftlichen und wahnhaften Überzeugungen geprägt, etwa der eines bevorstehenden Weltuntergangs durch Climate Change.

Der Mechanismus dieses Phänomens ist vergleichbar mit der aus der Physik bekannten Synchronisierung des Taktes von Metronomen, zwischen denen eine resonanzfähige materielle Verbindung besteht. In der europäisch-westlichen Welt des 21. Jahrhunderts besteht die materiell-technische Verbindung des Kommunikationssystems aus einem Netzwerk der globalen IT-Monopole, während der ideologische Takt der sozialen Resonanz von den Ideen des Kulturmarxismus bestimmt wird. Sie durchtränken zunehmend die Bildungseinrichtungen sowie die öffentlichen und privaten Institutionen.

In diesem digitalen System der gesellschaftlichen Gleichschaltung ist das Individuum, das nicht synchronisiert ist, ein systemimmanenter Fremdkörper. Daher wird von den IT-Monopolen die Einhaltung des vorgeschriebenen Taktes durch Überwachung und Sanktionen sichergestellt. Politisch Handelnde können nicht mehr als Individuum tätig sein, sondern nur als synchronisiertes Mitglied eines sozialen Systems. Die so entstandene gesellschaftliche Gewalt des digitalen Systems übersteigt sogar die Macht eines amerikanischen Präsidenten, der im Jahre 2020 als Fremdkörper aus einem sozial-digitalen Netzwerk verbannt wurde.

Diese symbiotisch-digitale Zusammenarbeit von Kulturmarxismus und IT-Monopolen ist beispielhaft zu erkennen an den strukturellen Inszenierungen gesellschaftlicher Abläufe in der ersten Hälfte des 21. Jahrhunderts. Während der Ausbreitung eines Coronavirus geringer Virulenz, dessen globales Vorkommen durch molekulargenetische Massentests sichtbar gemacht wurde, spielte die Kommunikationsindustrie die zentrale Rolle bei der Erzeugung eines erforderlichen Angstzustandes, indem sie scheinwissenschaftliche epidemiologische Zahlen verbreitete. Den digitalen Weg der Ausübung politischer Macht zeigt auch die Registrierung der Ergebnisse einer sozial verpflichtenden Massenimpfung gegen dieses Virus. Zunächst wurden offizielle Impfscheine mit den registrierten Impfungen ausgeteilt, um den Geimpften in den Zustand zu versetzen, seine Vakzination im gesellschaftlichen Leben belegen zu können. Dies war zunächst ohne staatliche Kontrolle möglich. Doch schon bald wurde die digitale Erfassung auf einem individuellen Smartphone gefordert, so daß die Möglichkeit gegeben war, das sozial angepaßte Verhalten des einzelnen Menschen zu erkennen, zu kontrollieren und zu lenken. Digitale Applikationen solcher Art werden in ein Netz anderer Kontrollprogramme eingebunden und können auf zukünftige Vorhaben etwa zum ›Schutz des Klimas‹ ausgedehnt werden. Somit waren Mittel vorhanden, die menschliche Freizügigkeit zu regeln und gegebenenfalls einzuschränken, und zwar, wie sich gezeigt hat, mit hoher Compliance auf seiten der deutschen Population und ohne die Notwendigkeit, grobe und blutige Machtmittel sozialistischer Vergangenheit einzusetzen.

Die Wissenschaft der Informatik stellt nicht nur die Grundlage bereit für die Fähigkeit, Menschen als Einzelpersonen in unbegrenzter Zahl zu überwachen, sondern sie ist, ebenso wie die Mathematik, durch Mißbrauch entscheidend an der Entstehung von *Scheinwissenschaften* beteiligt. Scheinwissenschaften bilden den Kern der Dogmen des metaphysischen Materialismus. Der Grundmechanismus der Umwandlung von exakter axiomatischer Naturwissenschaft in Scheinnaturwissenschaft besteht vor allem in der Verwendung von nicht-axiomatischen Kenngrößen für mathematische Berechnungen und informatische Algorithmen, das heißt von Daten, die keine Rückführbarkeit auf die Axiome der Physik und Chemie besitzen. Die einschlägigen digitalen Programme enthalten Algorithmen, die aus einer Mischung axiomatischer Kenngrößen und meinungsplausibler Daten zusammengesetzt sind. Vielfach handelt es sich um perspektivische Aussagen, die experimentell nicht belegt werden können. Scheinwissenschaften werden von der großen Mehrheit der politisch-medialen Öffentlichkeit nicht erkannt und häufig mit tiefer wissenschaftlicher Überzeugung als Instrumente gesellschaftlicher Veränderungen für politische Entscheidungen herangezogen. So basieren epidemiologische Daten, die während der Corona-Krise erstellt wurden, aber auch Klimavorhersagen vor allem auf Methoden, welche die Merkmale einer Scheinwissenschaft ausweisen. Scheinwissenschaft lieferte auch dem Verfassungsgericht die Begründung für ein Urteil über den Klimaschutz als zukünftiges Staatsziel und pervertierte damit den kritischen Widerspruch einer axiomatischen Naturwissenschaft zu einem Verstoß gegen die Verfassung (BVerfG, Beschluß des Ersten Senats vom 24. März 2021).

Literatur

Symptom der Zeit

Fukuyama, Francis: *The End of History and the Last Man*, New York 1992.

Großbölting, Thomas, Raj Kollmorgen, Sascha Möbius und Rüdiger Schmidt (Hrsg.): *Das Ende des Kommunismus. Die Überwindung der Diktaturen in Europa und ihre Folgen*, Essen 2010.

Horkheimer, Max, und Theodor W. Adorno: *Dialektik der Aufklärung*, Frankfurt am Main 1988 [1944].

Leo Trotzki: *Die permanente Revolution. Ergebnisse und Perspektiven*, Essen 2016 [1905/06].

Analyse der Zeit

Baberowski, Jörg: *Verbrannte Erde: Stalins Herrschaft der Gewalt*, München 2012.

Kaiser, Benjamin: *Kulturmarxismus*, Mühlenbecker Land 2018.

Marlow, Alex: *Breaking the News. Exposing the Establishment Media's Hidden Deals and Secret Corruption*, New York 2021.

Motschmann, Jens, und Helmut Matthies (Hrsg.): *Rotbuch Kirche*, Stuttgart 1976.

Sloterdijk, Peter: *Was geschah im 20. Jahrhundert? Unterwegs zu einer Kritik der extremistischen Vernunft*, Berlin 2016.

Toynbee, Arnold: *A Study of History (Abridged and Illustrated)*, New York 1972 [1934–61].

Voegelin, Eric: *Die politischen Religionen*, München 1993 [1938].

II.
DIE BIPOLARE PSYCHOSE DER DEUTSCHEN POPULATION

The Hun is always either at your throat or at your feet.
Winston Churchill vor dem US-Kongreß,
19. Mai 1943

Blick aus der axiomatischen Wissenschaft auf das gesellschaftliche Geschehen

Humane gesellschaftliche Organismen sind ebenso wie biologische durch eine Vielzahl komplexer interaktiver Mechanismen gekennzeichnet. Dennoch werden ein Vergleich dieser beiden Arten von Organismen und insbesondere die Verwendung von Denkmodellen der modernen Naturwissenschaft zum Verständnis gesellschaftlicher Prozesse von den meisten Kultur- und Gesellschaftswissenschaftlern abgelehnt und als ›Biologismus‹ bezeichnet. Dies spiegelt den Mangel an exaktwissenschaftlichen Strukturen in diesem Bereich wider und erklärt die häufige Unkenntnis axiomatisch-wissenschaftlicher Denkregeln zugunsten politischer Meinung und weltanschaulicher Überzeugung. So werden zwar die äußeren, meist technischen Phänomene der modernen Naturwissenschaft in das Denken einbezogen und deren soziale und wirtschaftliche Auswirkungen auf das gesellschaftliche Leben symptomhaft beschrieben, doch es wird nicht das logische System erkannt, das die grundlegende Architektur der Naturwissenschaften bildet. Die Folge ist eine Erfassung der Wirklichkeit auf der Ebene der unmittelbaren subjektiven Beobachtung und Betroffenheit, also vor allem bestimmt durch die je kulturellen, religiösen oder zeitgeistigen Möglichkeiten des Wissenschaftlers. Die so dargestellte Wirklichkeit der Gesellschaft ist vergleichbar mit derjenigen, die ein Arzt von einem Patienten durch dessen persönliche Schilderung seiner Krankengeschichte erhält, ohne daß ihm zusätzlich eine objektive Untersuchung mit Methoden der axiomatischen Wissenschaft zur Verfügung steht.

Ein solches Vorgehen ist in der Medizin generell als vorwissenschaftlich charakterisiert. Auch in der vorwissenschaftlichen Medizin der Vergangenheit wurde – wie heute noch in vielen Kultur- und Gesellschaftswissenschaften sowie einigen Teilen der Medizin, etwa der Psychiatrie – ein kohärentes wissenschaftliches System vorwiegend auf der phänomenologischen Ebene von Symptomen entwickelt. So wurde im 19. Jahrhundert als Todesursache des Dichters Friedrich Schiller das Symptom »Lungenentzündung« angegeben; die ursächliche Infektion mit einem Bakterium, wahrscheinlich dem *Mycobacterium tuberculosis,* wurde nicht erkannt.

Die moderne wissenschaftliche Medizin berücksichtigt jedoch über die subjektive Darstellung der Krankheitssymptome des Patienten hinaus immer auch axiomatische Meßergebnisse, die mit einer Methodik der modernen Naturwissenschaften erworben werden, um auf dieser Basis die pathologischen Mechanismen zu verstehen, also objektive, allgemeingültige Ursachen zu erkennen, die zu der symptomatischen Erscheinung der Erkrankung führen.

Der Übertragung logischer Regeln aus den exakten Wissenschaften auf das Bemühen, Abläufe in gesellschaftlichen Organismen zu verstehen, sind aus verschiedenen Gründen Grenzen gesetzt, die ihre Anwendung beschränken. Der entscheidende Grund liegt im Fehlen definierter

Axiome, die von den ideologie- und religionsdurchtränkten Systemen der Geistes-, Kultur- und Gesellschaftswissenschaften allgemein akzeptiert werden. Dieser Mangel kann nur zum Teil durch eine transparente Darlegung der verwendeten Denkregeln kompensiert werden.

Dennoch sollte auch in Sentenzwissenschaften eine minimale Grundregel aus den axiomatischen Wissenschaften beachtet werden, und zwar das Bemühen, hinter verschiedenen symptomatischen Merkmalen – unabhängig von deren subjektiven, also transzendent- oder immanent-religiösen, politischen oder sonstigen kulturellen Bewertungen – ein ursächliches System zu erkennen, das gleiche Gesetzmäßigkeiten offenbart. Erst damit wird die Voraussetzung für die Entwicklung einer gedanklich kohärenten Ordnung geschaffen, die zwischen der subjektiven Beschreibung einer phänomenologischen Ebene mit einer Vielzahl von Symptomen und der objektiven Analytik einer tieferen Ebene weniger Ursachen unterscheidet. Darüber hinaus ist es notwendig, daß der agierende Wissenschaftler seine Regeln erläutert, nämlich den spezifischen Wertmaßstab, den er benutzt, um die Wechselwirkungen zwischen beiden Ebenen zu beschreiben.

Die wiederkehrenden Symptome der deutschen Geschichte

Es fällt keineswegs schwer, bei der Analyse historischer Symptome der deutschen Geschichte eine gemeinsame ursächliche Gesetzmäßigkeit zu erkennen. So ermöglicht die Anwendung diagnostischer Regeln, die von Erkrankungen aus der Individualpsychiatrie bekannt sind – etwa bei bipolaren Psychosen, dem manisch-depressiven Syndrom –, eine tiefere Erklärung der politischen Abläufe in der deutschen Population. Wichtig für ein Verständnis dieser Argumentation ist die Annahme, daß die Politik des deutschen Volkes seit der Reichsgründung im Jahre 1871 entscheidend von dessen psychischer Verfassung bestimmt wurde und wird, insbesondere von seinen kollektiv-psychiatrischen Illusionen. Gegenstand der Betrachtung ist somit das Kollektiv der deutschen Population, also dessen gesellschaftliche Pathologie, und nicht die vertraute historische Journalistik politischer Figuren, die diesem Kollektiv entstammen.

Der hier analysierte Zeitraum beginnt mit dem Zusammenschluß von mehr als einhundertundzwanzig partikulären Feudalstaaten des deutschen Kulturraumes zu einem Nationalstaat unter der Führung Preußens (und gegen den Widerstand Frankreichs), und er endet mit der freiwilligen Abgabe wesentlicher nationaler Souveränitätsrechte an eine Zentralkomiteeherrschaft Europas sowie der illegalen Einwanderung von Millionen arabischer und nordafrikanischer Männer im generativen und wehrfähigen Alter durch offene nationale Grenzen. Dazwischen ereignete sich die zentrale Beteiligung an zwei verheerenden Weltkriegen und Episoden des braunen und roten Sozialismus.

Es ist also deutlich, daß die politische Verwirklichung der deutschen Nationalstaatsidee historisch gescheitert ist. Diese Idee bezog ihre Kraft vor allem aus einer gemeinsamen Identität auf der Grundlage höchster kultureller und zivilisatorischer Leistungen, war aber nicht geeignet, eine dauerhafte Grundlage für eine pragmatische Politik gesamtnationaler Interessen zu bilden, also den illusionären Einfluß von Moral und Kitsch aus Idealismus und Romantik zu begrenzen. Historisch gescheitert ist die politische deutsche Nation daher nicht in erster Linie am äußeren Widerstand anderer Staaten gegen ein ›starkes Deutschland‹ (ein immerwährendes europäisches Phänomen), sondern vor allem an sich selbst, nämlich durch eine politische Erkrankung, die man als imperial-suizidale Psychose bezeichnen kann. Ihr Ursprung ist vielfältig, aber er ist vor allem in der deutschen Stammesgeschichte zu suchen. Diese angeborene Grunderkrankung prägte die politischen Symptome der Nation im 20. und geleitet den Weg zum Suizid der Population im 21. Jahrhundert.

So zeigen die historischen Ereignisse des modernen deutschen Staates besondere Symptome, die zwar einzeln auch bei anderen Staaten erkennbar sein können, aber in der Gesamtsymptomatik als Syndrom deutscher Geschichte eine pathologische Wirkung haben. Die folgenden vier Symptome sind dominierend:

a) Haltung zeigen innerhalb eines politischen Kollektivs der richtigen Gesinnung und Intoleranz üben gegenüber einer Pluralität unterschiedlicher Meinungen

Diese Charaktereigenschaft findet ihre verbriefte Gestalt in den politischen Verfassungen, die sich die Deutschen nach dem Ende der Feudalzeit gegeben haben. Sowohl die Weimarer Verfassung als auch das Grundgesetz des westlichen Teilstaates nach dem Zweiten Weltkrieg implementierten eine materiell-rechtliche Struktur, in der die demokratischen Gewalten miteinander ›verschränkt‹

sind: Die Exekutive sitzt auch im deutschen Parlament. Durch diese Verschmelzung wird die Macht von Parteikollektiven gestärkt. Der deutsche Bürger wählt politische Parteien (Kollektive in Form von Kandidatenlisten). Dem politischen Individuum ohne Bindung in einer Partei gibt das deutsche Grundgesetz keine Chance. Die Wirkstruktur der mangelnden Gewaltenteilung erschwert den geordneten Wechsel politischer Macht und erzeugt ein die ganze Gesellschaft durchsetzendes Netz von Bürokratien (Deep State), in dem politisch-ideologische Differenzen progredient eingeebnet werden, politische Parteien zu einem Block gemeinsamer Interessen verschmelzen oder nur eine Partei die Herrschaft übernimmt. Historisch wechselte so die politische Macht des deutschen Staates aus den Händen des Hochadels der früheren Feudalzeit in die der Parteivorstände.

›Demokratie‹ begreift der deutsche Homo politicus als ›Demokratischsein‹ mit der richtigen Gesinnung, repräsentiert durch die Mehrheit. Sein ›Demokratischsein‹ wird beschrieben und belegt durch das deutsche Grundgesetz, in dem eine Vielzahl von Bekenntnissen zu Menschenrechten und sozialer Gerechtigkeit niedergelegt ist. Zuwider ist ihm jedoch die Demokratie als eine Staatsform (etwa verwirklicht in den USA), in der die dingliche Struktur einer Verfassung mit Hilfe wirksamer Gewaltenteilung und begrenzter Amtszeit die wichtige Funktion eines möglichst reibungslosen Regierungswechsels verschiedener auch gegensätzlicher politischer Überzeugungen gewährleistet. Somit bestätigte die deutsche Verfassungsgebung im 20. Jahrhundert die angeborene politische Grundgesinnung des deutschen

Bürgers und stellte sicher, daß beim Übergang vom feudalen zu einem sozialistischen Staatssystem ererbte politische Strukturen erhalten bleiben würden.

b) Nachhaltigkeit deutscher Irrationalität: Groteske politische Ziele

Sowohl in der imperialen Episode im 20. als auch in der suizidalen des 21. Jahrhunderts reifen in der deutschen Population politische Zielvorstellungen heran, die außerhalb einer theoretischen Vernunft und geschichtlichen Pragmatik stehen. Kennzeichnend für diese irrationalen Ziele sind eine völkische Selbstüberschätzung hinsichtlich des politisch Möglichen in Verbindung mit einer romantisch-aggressiven Gesinnungsethik des Augenblicks und der Abwesenheit einer Verantwortungsethik für die Zukunft der Nation.

Als irrationale Schübe sind sie auf Dauer für die deutsche Population geschichtlich und biologisch letal. Sie machen nicht nur vor anderen Nationen, sondern auch vor der eigenen nicht halt, das heißt, die Selbstzerstörung kann sich bis zur Rücksichtslosigkeit gegen die Unversehrtheit gemeinsamer Werte der Kultur und Zivilisation steigern. Besonders deutlich wurde der psychotische Defekt des deutschen Kollektivs in der apokalyptischen Ausdehnung im Zweiten Weltkrieg, der Suche nach völkischem Raum durch Einmarsch in große Teile Europas und Nordafrikas. Diese militärischen Erfolge erkannte auch eine Mehrheit der Deutschen als illusionäre, aber es wurde keine ausreichende Kraft aufgebracht, diesen Prozeß durch effektiven Widerstand aufzuhalten. Damit begann die letale Phase der Nation.

Das Ende der Nation durch Suizid vollzieht sich jetzt, im 21. Jahrhundert, unter einem bipolar antagonistischen Antrieb durch anbietende Bereitstellung des eigenen Territoriums als Siedlungsgebiet für alle kulturell, ethnisch und religiös fremden Menschen. Die Umdeutung der christlichen Nächstenliebe des Individuums in eine grenzenlose Fremdenliebe des Kollektivs bereitet den immanent-religiösen Boden, und der Vollzug wird politisch-medial überwacht.

Die Phänomene irrationalen Geschehens sind in der suizidalen Phase der indigenen Deutschen mannigfaltig. Besonders aufschlußreich ist die Umstellung der deutschen Industrienation auf eine Energieversorgung durch ›erneuerbare‹ Energien – vor allem durch Sonne und Wind –, die als ›Energiewende‹ bezeichnet wird. Dieser Vorgang erreichte einen Höhepunkt während und kurz nach einer durch Erdbeben ausgelösten Tsunamikatastrophe im März 2011 in Japan, bei der fast zwanzigtausend Menschen durch die Wasserflut ums Leben kamen und auch ein Kernkraftwerk zerstört wurde, allerdings kein Opfer durch Radioaktivität zu beklagen war. In einer vom deutschen Massenjournalismus getriggerten, nahezu hysterischen Angst vor der Kernkraft wurden die Opfer der Flutkatastrophe von der deutschen Volksgemeinschaft als Opfer einer radioaktiven Katastrophe gewertet. Innerhalb weniger Monate schufen Parteipolitiker gesetzliche Regelungen, die einen raschen, vollständigen Ausstieg der Industrienation aus der weltweiten Nutzung instabiler Isotope zur Energieversorgung vorsehen.

Neben dieser Phobie, die auf radioaktive Materie gerichtet ist und sich über Jahrzehnte entwickelt hat, ist eine weitere Quelle der ›Energiewende‹ das zwanghafte Bemühen der deutschen Politik, eine CO_2-Bildung durch fossile Energieträger zu vermeiden. Eine ›menschengemachte‹ Änderung des Klimas durch industrielles CO_2 wird von der kulturmarxistischen Politik des europäischen Kulturraums und internationaler Organisationen propagiert, etwa der Europäischen Union und der Vereinten Nationen. Aber während die so entstandenen internationalen Vereinbarungen von den meisten Nationen pragmatisch behandelt werden, benutzt eine sympathisierende deutsche Politik diese auf viraler Scheinwissenschaft basierenden Überzeugungen für eine Änderung der Industriegesellschaft. Einen irrationalen Höhepunkt erreicht die Vorstellung, daß menschliche Neugeborene wesentlich zu einem ›Klimawandel‹ beitragen und auch für globale Wetterkatastrophen verantwortlich sind – dadurch, daß sie in ihrem gesamten zukünftigen Leben atmen und CO_2 in die Atmosphärenluft abgeben. Die Geburt menschlicher Nachkommen sei daher aufgrund ihrer ›Klimaschädlichkeit‹ eine Bedrohung der Menschheit.

Dieses irrationale Denkmuster legt das Fundament deutscher Klima- und Energiepolitik frei und zeigt deren Herkunft aus dem metaphysischen Materialismus. Der ›CO_2-Footprint‹ ist nun das Teufelsmal aus der drohenden Hölle des Klimas und führt den ›Klimaleugner‹ ins endzeitliche Verderben. So offenbart diese immanente Religion eine irrationale Tiefe, die der des transzendenten Christentums im europäischen Mittelalter in nichts nachsteht.

Allerdings ist den letzten Auserwählten im Ringen um das diesseitige Paradies die Nächstenliebe fremd. Um das drohende Unheil durch ein klimasündiges Verhalten zu verhüten, gilt für die Gläubigen auch das Gebot, keine Kinder zu zeugen. Dennoch gezeugtes menschliches Leben kann folgerichtig den vergöttlichten Kollektiven als ein vorgeburtliches Menschenopfer dargebracht werden. Dazu steht die gesetzliche Regelung über die Tötung menschlichen Lebens vor der Geburt zur Verfügung.

c) Imperiale Moral universeller Gültigkeit

Mit dem Bewußtsein und dem Anspruch einer ideologischen Überlegenheit ist die deutsche Politik massiv moralisch durchtränkt. So bevorzugen deutsche Politiker auf der Suche nach einer Politik moralischer Übereinstimmung vorwiegend den ideologisch synchronen Partner und meiden national und international den ideologischen Gegner, so daß Kompromisse und eine ›Realpolitik‹ angelsächsischer Natur zur Wahrung nationaler Interessen sehr erschwert sind. Dieser deutsche Drang, immer die richtige ›Haltung‹ zu zeigen, ist Ausdruck einer festen politischen Verankerung in der Überzeugung ideologischer Überlegenheit und charakterisiert den missionarischen Auftrag der Akteure. Dadurch wird das rigorose moralische Anliegen untrennbar mit imperialen Zielen verbunden.

In der deutschen Geschichte sind viele Ereignisse dokumentiert, deren Ablauf wesentlich von einer imperialen Moral deutscher Prägung bestimmt wurde. Die Attribute dieses Phänomens variieren und sind von der Verfügbarkeit geschichtlicher Mittel abhängig. Da während der suizidalen Phase der nationalen Geschichte im 21. Jahrhundert die Mittel physischer, sprich militärischer Gewalt für eine internationale Ausübung verlorengegangen sind, wird die Durchsetzung imperial-moralischer Ziele nun innerhalb des nationalen Rahmens verwirklicht. Ziel der moralischen Aggression ist jetzt vor allem der innenpolitische Gegner, der von der politischen Staatsmacht mit Hilfe synchronisierter Medien bekämpft wird.

Es wäre ein großes Mißverständnis anzunehmen, daß der imperiale Pol der deutschen Kollektivseele in der suizidalen Phase des 21. Jahrhunderts erloschen ist, da doch die Population ihre Außengrenzen nicht gegen eine Masseneinwanderung kulturell und ethnisch fremder Menschen verschließt und die Entwicklung zu einer sogenannten multikulturellen Gesellschaft gewährt. Denn es ist die selbstverständliche Erwartung und Forderung der indigenen Deutschen, daß sich die Millionen Neusiedler in die bestehende Teilgesellschaft unter dem Dach der ideologischen Moral der Deutschen integrieren. Dies soll paradoxerweise vor dem Hintergrund einer forciert angestrebten Auflösung der deutschen Nation geschehen.

Abgesehen von der auch hier sichtbaren Irrationalität der deutschen politischen Ziele offenbart diese historische Episode die Regie einer imperialen Moral. Das Hoheitsgebiet dieser Moral wird zwar nicht wie im 20. Jahrhundert durch militärischen Einmarsch auf ein anderes Territorium ausgedehnt, aber es werden nun umgekehrt Menschen aus aller Welt auf das deutsche Siedlungsgebiet gerufen, die sich hier, beispielgebend für ein Resettlement dieser Welt, zu deutschen Menschen umerziehen lassen sollen.

d) Stabile gehorsame Rückkopplung mit der jeweiligen politischen Macht

Die angstvollen Bedenken der indigenen Population, gegen ein offensichtlich pathologisches gesellschaftliches Geschehen Widerstand zu leisten, sind letztlich das entscheidende schicksalsbestimmende Merkmal. Dadurch wird der Weg frei für fatale Ereignisse in der Geschichte des 20. und 21. Jahrhunderts. Aufgrund des Unvermögens, pathologische Prozesse durch gesellschaftliche Gegenkopplung aufzuhalten, fehlt die Option, die typisch deutschen Übel zu neutralisieren. Sie können daher weiterlaufen bis zum Suizid der Nation, oder sie werden durch andere Nationen gestoppt.

Die Mechanismen in einem gesellschaftlichen System werden durch Regelkreise gelenkt – nicht anders als in biologischen und technischen Systemen, für die sie wissenschaftlich exakt beschrieben sind. Die Stellgröße für den Regelkreis eines demokratischen Staates ist die verfassungsgemäße Ordnung. Das Erkennen einer pathologischen Abweichung hiervon – und die Wiederherstellung der Ordnung durch negative Rückkopplung – sind wesentliche Teilfunktionen des Regelkreises. Es ist auffällig, daß in der deutschen Gesellschaft pathologische Abweichungen durchaus von den Bürgern erkannt werden, aber der Mechanismus des Feedbacks gestört ist. Diese geschichtliche Tatsache einer schwachen Gegenkopplung offenbart sich in der fehlenden Entstehung eines effektiven Potentials gegen als pathologisch erkannte Prozesse. Zu wenige Menschen der deutschen Population nehmen den Kampf auf, und diejenigen, die sich diesem Kampf widmen, werden nicht von einer Mehrheit unterstützt, so daß sie von der politischen Macht leicht ausgeschaltet werden können. Das Phänomen ist vielfach beschrieben worden und wurde schon in der germanischen Stammesgesellschaft antiker Zeit und später jahrhundertelang im partikulären Feudalismus beobachtet.

Das Syndrom der Deutschen: Psychiatrie einer Population

Eine Vielzahl symptomatischer Ereignisse in der deutschen Geschichte läßt sich auf eine einzelne Ursache zurückführen und damit zu einem definierten psychiatrischen Syndrom des Kollektivs der deutschen Population zusammenfassen. Die entscheidenden Merkmale dieses Syndroms sind die folgenden:

(A) Eine *kohärente psychotische Störung des Kollektivs* bewirkt verschiedene historische Symptome, die phänomenologisch gegensätzlich und ursächlich different erscheinen, aber innerhalb eines schlüssigen Gefüges gemeinsamen Ursprungs zusammenhängen. So können beim deutschen Syndrom zwei bipolare symptomatische Phasen mit maximalem politischen Antagonismus unterschieden werden – vergleichbar einer Polumkehr. Sie sind gleichsam die beiden Seiten derselben Medaille.

(A1) Die *imperiale Phase,* in der eine Ausdehnung des deutschen Staatsgebiets ohne Achtung der politischen, kulturellen und religiösen Souveränität anderer Staaten und Gesellschaften erfolgt. Diese Phase war mit der bedingungslosen Kapitulation der deutschen Wehrmacht im Jahre 1945 beendet.

Die Malignität der imperialen Phase ist durch folgende Pathomechanismen geprägt: Im Inneren des Staates verschmelzen demokratische Verfassungsinstitutionen vollständig zu einer hierarchischen Befehlsstruktur einer politischen Gesinnung. In der Justiz herrscht politische Willkür durch Vorrang der weltanschaulichen Gesinnung – hier des braunen Sozialismus – vor Recht und Gesetz. In der Außenwirkung gegenüber anderen Nationen zeigt sich das bestimmende Merkmal der Grunderkrankung, das während der sozialistischen Manifestation beider Phasen erkennbar ist, nämlich die Geringschätzung der nationalen Identität eines Volkes, in der imperialen Phase derjenigen anderer Völker.

(A2) Die *suizidale Phase* repräsentiert den antagonistischen Pol. Sie beginnt mit der Wiedererlangung der nationalen Souveränität von Gesamtdeutschland, also der beiden wiedervereinigten Teilstaaten. In dieser Phase werden von einer politisch-medialen Funktionärsschicht schrittweise die eigene nationale Identität abgebaut und der deutsche Wirtschaftsraum durch Abgabe nationaler Souveränitätsrechte in die gewünschte Bildung eines europäischen Vielvölkerstaates eingeführt, ebenfalls ohne wirksamen Widerstand des Volkes. Um dessen noch verbliebene Reste nationalen Bewußtseins zu neutralisieren, wird im zweiten Jahrzehnt des 21. Jahrhunderts in Kooperation mit einem Zentralkomitee der Europäischen Union das Instrument des Population Change benutzt, also eine rasante Neubesiedlung mit Menschen aus Vorderasien und Afrika in Gang gesetzt. Dieser Prozeß vollzieht sich mit Hilfe des genealogischen Instruments latenter kulturmarxistischer Strategie innerhalb einer altersdepressiven Nation und ist beispielgebend für Toynbees historische Einsicht: »Civilisations die from suicide, not by murder.«

Die Destruktion nationaler Identität ist in der suizidalen Phase an folgenden Pathomechanismen zu erkennen: Im Inneren erfolgen nun ebenfalls eine Demontage der Verfassungshoheit demokratischer Gewalten und die Verlagerung der tatsächlichen staatlichen Macht in die Zentralen politischer Parteien. Die grundlegende Ideologie der herrschenden Parteien bildet innerhalb des sozialistischen Spektrums den Gegenpol zu derjenigen in der imperialen Phase. Die Mitglieder der Parteien besetzen – nach einer Karriere in den Parteiorganisationen – die Funktionen in der Legislative und Exekutive des Staates sowie in den höchsten Gerichten. So werden offenkundige Verfassungsbrüche durch die Regierung nicht rechtsstaatlich verurteilt, sondern nach politisch-moralischer Konformität der Parteien geduldet. Die Politik gegenüber anderen Nationen wird entscheidend bestimmt durch Abbitte für die geschichtliche Vergangenheit Deutschlands – insbesondere durch eine tiefe, mehr servile als reuige Scham über die Verbrechen während der imperialen Phase – sowie durch den Wunsch der Mehrheit der Deutschen nach Heilung durch Wiedergutmachung und Auflösung ihrer eigenen nationalen Identität in einem europäischen Vielvölkerstaat.

Literatur

Symptom der Zeit

Bündnis 90/Die Grünen: Grundsatzprogramm 2020.

Deutschland kann Integration. Potenziale fördern, Integration fordern, Zusammenhalt stärken, 12. Bericht der Beauftragten der Bundesregierung für Migration, Flüchtlinge und Integration, Berlin 2019.

Hartmann, Christian, Thomas Vordermayer, Othmar Plöckinger und Roman Töppel (Hrsg): *Hitler, Mein Kampf. Eine kritische Edition*, München 2020.

Wissenschaftlicher Beirat der Bundesregierung Globale Umweltveränderungen: *Welt im Wandel. Gesellschaftsvertrag für eine Große Transformation*, Berlin 2011.

Analyse der Zeit

Herles, Wolfgang: *Die neurotische Nation. Die Bundesrepublik vom Wirtschaftswunder bis zur Willkommenskultur*, München 2018.

Kissler, Alexander: *Die infantile Gesellschaft. Wege aus der selbstverschuldeten Unreife*, Hamburg 2020.

Sloterdijk, Peter: *Die schrecklichen Kinder der Neuzeit. Über das anti-genealogische Experiment der Moderne*, Berlin 2014.

III.
DEMOKRATIE ALS RICHTIGE MORALISCHE GESINNUNG

Die politische Kulisse der deutschen Gesellschaft

Das deutsche Grundgesetz wird von der politisch-medialen Führung hoch gelobt, obwohl oder auch weil schon in seiner verfaßten Struktur die Leitlinie zu einer Verdichtung der Macht in politischen Parteien angelegt ist. So werden die Parteien ausdrücklich als Bindeglied zwischen Staatsbürgern und Staatsorganen in der Verfassung institutionalisiert, nämlich durch Mitwirkung an der politischen Willensbildung der Staatsbürger (Art. 21 Abs. 1 GG). Damit ist der Weg für sie bereitet, wie ein Klerus der weltlichen Obrigkeit in die Gesellschaft zu infiltrieren. Darüber hinaus bereitet die Verfassung durch eine unscharfe Trennung von Legislative und Exekutive den Parteikollektiven einen operativen Vorteil bei der Wahl ihrer Mitglieder in die staatlichen Ämter.

Die deutsche Verfassung enthält verschiedene Artikel, die eine Gewaltenteilung garantieren sollen. In Art. 20 Abs. 2 GG wird festgestellt, daß die Staatsgewalt des Volkes durch die gewählten Organe der legislativen und exekutiven Gewalt sowie der Rechtsprechung ausgeübt wird (horizontale Gewaltenteilung). Daneben bilden der föderale Aufbau des Bundesstaates und die kommunale Selbstverwaltung eine vertikale Gewaltenteilung. Durch diese ›Verschränkung der Gewalten‹ nach oben und unten hat das Grundgesetz zwar ein regelungsdichtes Soziotop geschaffen, das Parteipolitikern eine lebenslange Versorgung gewährleistet, aber nicht die Unabhängigkeit demokratischer Gewalten erreicht. Seine Verschränkung der Gewalten verhindert vielmehr die Entwicklung zu einer Demokratie als Staatsform und fördert die Entstehung einer parteipolitischen Klasse (etwa 1,5 Prozent der Bevölkerung), die den Staatsapparat bewirtschaftet.

Infolgedessen wählt der Deutsche auch nicht primär politische Individuen, sondern parteipolitische Kollektive. In diesem System deutscher Demokratie stehen in einer gemeinsamen Wahl von Legislative und Exekutive ausgewählte Parteikandidaten als Block auf einer Liste zur Verfügung. Nach der Wahl werden sie in parteiinternen Entscheidungen in Ämter und Funktionen beider Gewalten delegiert. Dort sind sie nach Maßgabe der Parteiräson als Berufspolitiker meist in langer Karriere innerhalb der Partei tätig. Gewählte Parteipolitiker, die während einer Legislaturperiode aus dem Bundestag ausscheiden, werden durch Nachfolger derselben Partei auf der Wahlliste ersetzt. Eine Neuwahl einer politischen Person für das freie Amt – wie etwa in den Vereinigten Staaten – findet nicht statt.

Eine Begrenzung der Amtszeit machtpolitisch bedeutender Ämter, etwa der von Kanzlern oder Ministern, sieht das Grundgesetz nicht vor. Zudem ermöglicht es, daß die Parteimitglieder außer im Regierungsamt zugleich auch als Mitglieder des Parlaments bei der Entstehung des Rechts aktiv sind, also in derjenigen Gewalt, die ihre Grenzen bei der Ausübung des Amtes festlegen soll. Im Parlament sitzen die Vertreter der Exekutive (unter ihnen meist die Parteivorsitzenden) auf einer erhöhten Regierungsbank – mit Blick auf ihre Parteimitglieder in der legislativen Gewalt. Deutlich sichtbar wird das parteipolitische Machtgefüge in der deutschen Demokratie, wenn nach einer Wahl der Parlamentsabgeordneten, die durch das gesamte Volk erfolgt ist, über die Bildung einer Regierungskoalition entschieden werden soll und nur die Parteimitglieder zu einer Abstimmung darüber aufgefordert werden. Aufschlußreich ist auch, daß dieser Vorgang in der politisch-medialen Öffentlichkeit als ein basisdemokratischer verstanden und begrüßt wird.

Das Grundgesetz sieht also keine wirksame Trennung der Gewalten vor, und die Bevölkerung vermißt sie nicht. Die politische Kultur des deutschen Grundgesetzes begreift Demokratie als Bekenntnis zu einer Weltanschauung, die vor allem soziale Gleichheit und soziale Gerechtigkeit verwirklichen soll. Demokratie ist hier ein durch die richtige politische Gesinnung definiertes Ziel. Dagegen soll vermieden werden, daß die deutsche Verfassung wirksam eine Staatsordnung gewährleistet, in der klare Regeln zu einer Teilung politischer Macht führen, das heißt, in der sich gegenseitig kontrollierende staatliche Institutionen einen politischen Machtwechsel zwischen unterschiedlichen weltanschaulichen Gesinnungen ermöglichen.

Somit fördert das Grundgesetz in seiner zielsetzenden Gestaltung einen Staat, in dem sich die politische Macht langfristig innerhalb eines die formellen Gewalten verbindenden Netzes von Parteikollektiven etabliert. Damit bildet sie den Bauplan einer parteioligarchischen Ordnung, in der die Teilhabe des Bürgers an politischen Entscheidungen durch politische Parteien kontrolliert und gesteuert wird. Darüber hinaus wird durch die deutsche Verfassung ein spezifischer intellektueller Typus bevorzugt, der sich als Politiker in staatlichen Ämtern und insbesondere in der parastaatlichen Sozialindustrie anreichert.

Wenn ein Bürger in Deutschland beschließt, Politiker zu werden, muß er einer der politischen Parteien beitreten. Dies sollte möglichst schon in jungen Jahren geschehen, denn der Inhaber eines staatlichen Amtes ist in fast allen Fällen ein Parteimitglied, das über Parteilistenwahlen durch Parlamente in ein Amt gelangt. Diese notwendige, in der Regel lange Laufbahn als Berufspolitiker hat zur Folge, daß Bürger, die eine andere berufliche Tätigkeit und diese gar besonders erfolgreich ausgeübt haben, nur eine kleine Minderheit der Parlamentarier stellen. Die Ausbildung eines typischen deutschen Politikers umfaßt zunächst eine Studienzeit in den Sentenzwissenschaften. Seine meist mangelnden kognitiven Möglichkeiten in den axiomatischen Wissenschaften, den MINT-Fächern, weisen ihm alternativlos diesen beruflichen Weg.

Der dürftige intellektuelle Kern deutscher Politik verbirgt sich zwar hinter einer talkenden Schau und Arroganz politischer Macht, ist aber nach der Vereinigung der beiden Teilstaaten insbesondere an der Vergabe der wiedererlangten Souveränitätsrechte an ein internationales Politbüro deutlich zu erkennen. So ist auch die Tatsache, daß nach der Wiedervereinigung fortschreitend eine kulturmarxistische Überzeugung in der nationalen Politik die Vorherrschaft erlangt hat, beispielsweise in der Klima- und Energiepolitik, entscheidend darauf zurückzuführen, daß diese Manifestation eines metaphysischen Materialismus maßgeblich auf scheinnaturwissenschaftlichen Dogmen beruht, und die Ignoranz axiomatischwissenschaftlicher Denkregeln in der politischen, aber auch in der medialen Szene verhindert, daß derartige

Lyssenko-Wissenschaften als solche wahrgenommen und neutralisiert werden.

Das intellektuelle Profil der politischen Amtsträger hat sich auf der Grundlage des deutschen Grundgesetzes in alle Bereiche der Gesellschaft ausgebreitet. Anders als in der französischen Gesellschaft, deren Auslesesystem immerhin gewährleistet, daß in hohe politische Ämter in der Regel nur Absolventen der Grandes écoles aufgenommen werden, ist im wiedervereinigten Deutschland meist nur die richtige politisch-ideologische Haltung und Bindung des Politikers ausschlaggebend.

Ein Vergleich mit der Verfassung der Vereinigten Staaten, die eine Staatsform mit wirksamer demokratischer Gewaltenteilung verwirklicht hat, macht den Unterschied deutlich: Die Wahl des Präsidenten als Oberhaupt der Exekutive ist getrennt von der des Parlaments und erfordert, daß ein Amtsbewerber in vielen Vorwahlen meist innerhalb einer der beiden Parteien in Konkurrenz mit anderen gewählt wird, bevor er als Kandidat einer Partei oder parteiunabhängig für die eigentliche Wahl nominiert wird. Der Präsident der USA ist auch nicht zugleich Mitglied der Legislative und seine Amtszeit als unabhängiger Repräsentant der exekutiven Gewalt ist auf maximal acht Jahre befristet. Wesentlich ist, daß durch diese individualisierte Wahl des Hauptes der Regierung auch die qualitative Zusammensetzung des Kabinetts geprägt wird. Nicht allein die parteioligarchische Auslese verdienter Mitglieder ist maßgebend, sondern es werden überwiegend Repräsentanten außerhalb einer Parteikarriere und mit beruflichem Erfolg in allen Bereichen der Gesellschaft ins Kabinett aufgenommen.

Die ›Väter des Grundgesetzes‹ standen als Parteipolitiker nach dem Ende des Zweiten Weltkriegs in der Tradition und unter dem Eindruck der Weimarer Republik und hatten – in Unverständnis der wahren metaphysisch-materialistischen Ursachen des braunen Sozialismus – vor allem das Bestreben, durch die verfassungsgemäße politische Entmachtung eines Präsidenten der Republik eine Wiederholung der vergangenen Diktatur zu vermeiden. Vorbild war daher eine verbesserte Verfassung der Weimarer Republik – und nicht etwa die der Vereinigten Staaten.

Die Verfassung, die dem deutschen Volk gegeben wurde, bildet also eine rechtsmehrdeutige, von ideologischen und föderalen Partikularinteressen gestaltete Matrix, auf der eine dingliche Staatsform der Demokratie nicht entstehen konnte. Sie repräsentiert auf diese Weise den genetischen Defekt, der sich bei der Gründung eines gemeinsamen politischen Reiches im 19. Jahrhundert aus vielen Kleinstaaten, die zu einer Kulturnation verbunden waren, als Geburtsfehler manifestiert hat. So entstand ein großes Staatsgebilde mit neuen politischen Eigenschaften. Die gute Absicht, nach dem Ende der Feudalzeit demokratisch zu sein, ist zwar in vielen Bekenntnissen der Verfassung niedergelegt, aber sie ist strukturell nicht unmißverständlich verwirklicht und erzeugt daher einen rechtlichen und ideologischen Widerstreit.

Kennzeichnend ist der Bestand an unbestimmten Rechtsbegriffen. Vor allem das Attribut ›sozial‹ wird mehrmals verwendet, um Rechtsbegriffen eine sonderrechtliche Dynamik zu geben, und offenbart so den ideologischen Hintergrund. Deutschland ist demnach ein

»sozialer Bundesstaat« und »sozialer Rechtsstaat«. Das Recht als idealer Maßstab des Menschen für ein gerechtes soziales Verhalten wird durch den ideologiebezogenen Zusatz in seiner ethischen Klarheit getrübt und in seiner Anwendung weltanschaulich ausgerichtet. Folglich wird dem Rechtsstaatsgebot der Verfassung ein Sozialstaatsgebot gegenübergestellt, und es wird alle Rechtspraxis auf ihre Sozialstaatlichkeit geprüft. Die Richter des Bundesverfassungsgerichts haben keine Scheu, sich mit der qualitativen Gewährung von aktuellen Sozialleistungen zu beschäftigen, die Festlegung von deren Höhe und Bedingungen mit der Würde des Menschen zu verknüpfen (Art. 1 GG, Urteil vom 5. November 2019) und dadurch ein Tor zu öffnen, das eigentlich die verfassungsrechtliche Unantastbarkeit der menschlichen Würde vor staatlichen Übergriffen schützen soll.

Im Deutschland des Grundgesetzes erfolgt demnach die Anwendung des Rechts unter dem Einfluß einer sozialen Bewertung. Der Zustand des so geprägten Rechtsstaats wird vor allem in der deutschen Migrations- und Siedlungspolitik erkennbar. Die richterliche Gewalt billigt hier offensichtliche Rechtsbrüche der Exekutive. Anders als unabhängige Rechtsgutachten, etwa von früheren Verfassungsrichtern, gibt das Bundesverfassungsgericht dem Unrecht des Regierungshandelns seine Zustimmung und versagt vor seiner Aufgabe, das Rechtsstaatsgebot wiederherzustellen. Im Deutschland des 21. Jahrhunderts lenkt also das Sozialstaatsgebot das Verfassungsrecht. Die ideologisch-soziale Gesinnung steht vor dem Recht.

Das geltende Grundgesetz stellt aber den Goldrahmen für das Gedeihen der gesellschaftlichen Klasse der

Berufspolitiker, die sich auf Gemeinde-, Landes- und Bundesebene in staatlichen und parastaatlichen Einrichtungen vor allem des Sozialsystems lebenslang etablieren und dort mit einer nutznießenden Wählerklientel eine quasiparasitäre Symbiose des jetzt roten Sozialismus bilden. So erreichen die Ausgaben für Sozialleistungen in Deutschland mit ca. 70 Prozent der gesamten Steuereinnahmen im weltweiten Vergleich einen Spitzenwert. Deutsche Sozialleistungen werden auch an ausländische Staatsbürger gegeben und sind das entscheidende Motiv für Zuwanderer, die sich auf den weiten Weg nach Deutschland in die Mitte Europas begeben und dabei sichere Staaten passieren, die weniger oder gar keine Sozialleistungen bieten.

Einen weiteren verführerischen Effekt der gewaltigen Verteilungsmasse des deutschen Sozialstaates zeigen die für die deutsche Nation schicksalhaften Forderungen deutscher Sozialpolitiker und Kirchenvertreter, die Staatsgrenzen unter Mißachtung deutscher Gesetze für Zuwanderer offenzuhalten und diese willkommen zu heißen. Doch auch diese Forderungen sind nicht nur gesinnungsethischer Natur, sondern ebenso von dem Interesse geleitet, an den Zuflüssen von Steuergeldern in das Sozialsystem zu profitieren.

Der diskrete Charme der marxistischen Schläfer im suizidalen Deutschland

Bei der Vereinigung der beiden deutschen Teilstaaten im Jahre 1990 blieb das Grundgesetz des angelsächsisch dominierten Westteils für den nun souveränen Gesamtstaat erhalten. Die Bürger des Territoriums der DDR wurden in den Wirkungsbereich des Grundgesetzes aufgenommen, und den marxistisch sozialisierten Berufspolitikern eröffnete sich nunmehr eine deutschtypische Verfassungslandschaft, die sie in ihrer grundsätzlichen Ordnung schon aus der DDR-Zeit kannten und die für ihre berufliche Genesung wie geschaffen war. Im Rückblick aus dem 21. Jahrhundert wird deutlich, daß die DDR zwar der westlichen BRD materiell beigetreten ist, die DDR-Ideologie aber Schritt für Schritt die Hoheit über die politische Ideologie des vereinten Staates erlangt hat.

Das deutsche Grundgesetz stellt den Rahmen für einen Parteienstaat und gestaltet das Fundament für den deutschen Berufspolitiker, der fast ausschließlich in einer politischen Partei gebunden ist. Etwa 1,5 Prozent der Gesamtbevölkerung Deutschlands sind in den politischen Parteien versammelt. In diesen sind Berufspolitiker lebenslang tätig, häufig ohne adäquate berufliche Perspektive außerhalb. In den Parteien werden die nationalen Entscheidungen gefällt und die staatlichen sowie parastaatlichen Ämter verteilt. Die schmale Klasse der Parteien bildet den Nährboden deutscher Politik. Ihr parteipolitisches Myzel durchdringt alle Bereiche der Gesellschaft, vereinheitlicht politische Ideen, hemmt den Widerstreit und fördert systemimmanent den Konformismus von Einheits- und Blockparteien.

Auch im vereinten Deutschland ist der deutsche Marxismus in der reinen Form in einer politischen Partei manifestiert. Die diesbezügliche Partei hat den Namen Die Linke erhalten und ist der umbenannte Rechtsnachfolger der Sozialistischen Einheitspartei der DDR. Sie ist als Stalinsche Variante des Bolschewiki-Marxismus in der Exekutive von Gemeinden und Ländern weiter vertreten. Besonders in der Hauptstadt des vereinten Deutschlands, deren Ostteil auch Hauptstadt der DDR war, verkünden wie früher große rote Spruchbänder die politische Gesinnung: »Für Weltoffenheit und demokratische Werte«. Als ›Weltoffenheit‹ erkennt der Berliner Marxismus die Auflösung der deutschen Nation zugunsten einer neuen, globalen Welt. Diese wird regiert von ›demokratischen Werten‹ der richtigen Gesinnung und pervertiert eine demokratische Staatsform, die einen exekutiven Wechsel verschiedener politischer Gesinnungen regeln soll, zur Gesinnungsdemokratie einer politischen Macht.

Allerdings erfolgt die marxistische Beeinflussung deutscher Politik im vereinten Deutschland vor allem durch die Altparteien der BRD selbst, die fortschreitend von kulturmarxistischen Ideen dominiert wurden. Dieser parasitäre Prozeß eines latenten Entrismus kulturmarxistischer Ideen nach der Trotzkischen Methode des Bolschewiki-Marxismus wurde nicht erst seit der Vereinigung der deutschen Teilstaaten zunehmend offensichtlicher, sondern begann schon mehr als zwanzig Jahre vorher, als sich die ›Achtundsechziger‹ auf den ›Marsch durch die Institutionen‹ begaben und dann später personell und ideologisch durch die Stalinsche Bekenntnisgemeinde der DDR verstärkt wurden.

Im deutschen Bildungssystem ist das kulturmarxistische Weltbild seit Jahrzehnten endemisch. Eine explosionsartige Entstehung von Sentenzwissenschaften an

Schulen und Universitäten begünstigt als Eintrittspforte die unbewußte und bewußte Verbreitung marxistischer Ideen und versorgt als ergiebige Quelle den Parteienstaat und seine Systemmedien. Auch die christlichen Kirchen, in erster Linie die evangelische, vertreten als Orte transzendenten Glaubens keineswegs den Widerstand gegen die immanente Religion des metaphysischen Materialismus. Ihre Taten und Erklärungen bezeugen, daß die überwiegende Mehrheit der kirchlichen Würdenträger vom christlichen Glauben abgefallen und in die säkulare Religion übergetreten ist. Christliche Kirchen sind weitgehend zu weltanschaulichen NGOs geworden und unterstützen die politische Macht des Kulturmarxismus.

Die politische Affinität zwischen evangelischer Kirche und Kulturmarxismus ist größer als oberflächlich vermutet und seit der ›achtundsechziger Revolution‹ immer deutlicher in Erscheinung getreten. Schon in den siebziger Jahren hat die Kirche Marxisten die Tore geöffnet und ihre Kanzeln deren Predigten überlassen. Marxistische ›Befreiungsbewegungen‹ wurden unterstützt, aber die Verfolgung der Christen im Stalinschen Ostblock und der islamischen Welt wurde gemeinhin ignoriert.

Die Verschmelzung des metaphysischen Materialismus mit dem Christentum hat in Deutschland den Keim einer besonders bedrohlichen Weltanschauung hervorgebracht, die als antagonistische Reaktion auf den braunen Sozialismus der Vergangenheit durch ihre große Verbreitung in der Bevölkerung im 21. Jahrhundert fatale Folgen für die Existenz der Nation hat.

Die Mission der transzendenten und immanenten Religionen ist recht ähnlich und besteht in dem gemeinschaftlichen ethisch-moralischen Ziel, das leidvolle Schicksal gesellschaftlich und biologisch benachteiligter Menschen zu bezwingen. Aber auf der Reise dorthin werden ethisch grundverschiedene Wege benutzt. Die Gebote der christlichen Lehre brachte der Sohn eines transzendenten Gottes zu den Menschen. Er fordert Nächstenliebe sogar gegenüber den Feinden. Die Einhaltung seiner Gebote verlangt ein hohes Maß an ethisch-moralischer Kraft und ist eine Verpflichtung für den Menschen als ein Individuum, das einzig und allein nach dem Tode seinem Gott im Jenseits für sein gottgefälliges Leben verantwortlich ist.

In der Religion des metaphysischen Materialismus hat ein menschliches Kollektiv die Aufgabe, seine Anhänger zum Heil zu führen, und zwar schon im Diesseits. Die einheitliche Moral wird durch ein Kollektiv – im Deutschland des 21. Jahrhunderts durch die Zivilgesellschaft – ausgerichtet und kontrolliert. Für einen Mitläufer dieses Kollektivs ist die Einhaltung des kulturmarxistischen Programms ethisch-moralisch anspruchslos. Als einzelner ›Gutmensch‹ kann er ein übereinstimmendes Verhalten anderer fordern, ohne diese Leistung selbst erbringen zu müssen. Dies erhöht die Attraktivität der kollektivistischen Gesinnung auch für christliche Gläubige und kirchliche Amtsträger. So ist ein marxistisch-christliches Hybrid entstanden, das die Hoheit über die deutsche Politik erlangt hat.

Eine weibliche Manifestation dieses marxistisch-christlichen Hybrids stieg im 21. Jahrhundert in das höchste partei- und staatspolitische Amt Deutschlands auf. Aus der DDR kommend, trat sie als junge Frau unmittelbar nach der Vereinigung der beiden Teilstaaten strategisch in die damalige Regierungspartei ein und wurde, gut angepaßt an die zeitgeistige Politik, vom Deutschen Bundestag in das Amt des Bundeskanzlers gewählt. Innerhalb von drei Legislaturperioden verwandelte sie als Bundeskanzlerin die bürgerlich-nationale Politik der Regierungspartei in eine kulturmarxistische. Diese Transformation wurde von den sozialistischen Parteien in einer Regierungskoalition gestützt und von der politischen Opposition sowie den Hofmedien des Landes begrüßt.

Ihr Lebens- und ihr politischer Weg offenbaren anhand eines figurativen Einzelfalls mustergültig den Trotzkischen latenten Entrismus kulturmarxistischer Ideen in das Innere deutscher Politik. Geboren wurde diese Frau im Westteil Deutschlands, sie gelangte aber mit ihrem Vater, einem sozialistischen evangelischen Pastor, in die DDR. Dort haben Schule und Hochschule sie gemäß dem Weltbild dieses Staates sozialisiert. Teilnehmend stand sie als Funktionärin für ›Agitation und Propaganda‹ zu Diensten. Während ihrer beruflichen Tätigkeit in der Wissenschaft war sie als Physikerin nur eine graue Maus, sie wurde aber mit einer fleißigen Übersichtsarbeit aus der physikalischen Chemie in der DDR promoviert.

Die Zeit der ›Wende‹ bot ihr Gelegenheit, in die Politik zu wechseln. Sie trat der Christlich-Demokratischen Union gleich auf höchster Ebene bei – als DDR-Sproß profitierte sie von den gesamtdeutschen Integrationsbemühungen. Danach offenbarte ihr politischer Aufstieg in Partei und Staat zunächst unbemerkt, dann immer klarer Merkmale, die charakteristisch sind für den Einsatz von Schläfern, die im Auftrag fremder Geheimdienste tätig sind, zu Beginn verdeckt und indirekt infiltrierend, später etabliert in Aktion tretend.

Wie war dies möglich, obwohl das Ministerium für Staatssicherheit der DDR für die Führung seiner Agenten nicht mehr zur Verfügung stand und die politische Karriere dieser Frau als Bundeskanzlerin sich ohne Frage nach Recht und Ordnung des vereinten deutschen Staates vollzog? Auch betrieb sie vor den Augen der politisch-medialen Öffentlichkeit in tiefer ideologischer Überzeugung – und ohne die Notwendigkeit einer geheimdienstlichen Führung – Schritt für Schritt die kulturmarxistische Destruktion der deutschen Nation und erfüllte so unbewußt das suizidale Verlangen der Mehrheit der urdeutschen Population.

Bevor diese Frau das höchste politische Amt Deutschlands übernahm, erklärte sie 2003: »Manche unserer Gegner können es sich nicht verkneifen, uns in der Zuwanderungsdiskussion in die rechtsextreme Ecke zu rücken, nur weil wir im Zusammenhang mit der Zuwanderung auf die Gefahr von Parallelgesellschaften aufmerksam machen. Das, liebe Freunde, ist der Gipfel der Verlogenheit, und eine solche Scheinheiligkeit wird vor den Menschen wie ein Kartenhaus in sich zusammenbrechen. Deshalb werden wir auch weiter eine geregelte Steuerung und Begrenzung von Zuwanderung fordern.« Später, im Jahr 2015 und danach, als die politische Macht erreicht war und die Gelegenheit Geschichte machte, hat sie als Bundeskanzlerin wie die Vorsitzende einer Politbüro-Regierung unter Bruch von Recht und Verfassung die Außengrenzen des Staates für die Ansiedlung von Millionen meist junger Männer auf deutschem Territorium geöffnet und sie nie wieder geschlossen.

Das konspirative Vorgehen eines Schläfers, der im Auftrag seiner Ideologie tätig ist, schwächt politische Widerstände. Ein ähnliches Ziel, aber mit einem anderen Instrument, verfolgt die Verleumdung der eigenen nationalen Kulturen mit Hilfe des kulturmarxistischen Vorwurfs eines schuldhaften Verhaltens gegenüber anderen Kulturen sowohl in der Vergangenheit als auch in der Gegenwart. Diese Methode ist vor allem auf Evangelischen Kirchentagen unverfälscht zu beobachten. Hier zwingen die Regeln des marxistisch-christlichen Hybrids politische und gesellschaftliche Phänomene in ein immer gleiches vorgeprägtes Denkmuster. So wird die geforderte Akzeptanz von Massenmigration und Terrorismus zu einem Akt der Wiedergutmachung gegenüber Menschen, die, wie wahnhaft angenommen wird, aufgrund der Schuld westlicher Kultur (z. B. Kolonialismus, Rassismus, anthropogener Klimawandel) ihren Lebensraum verlassen. Kritische Argumente, die andere Gründe benennen, etwa die biologische Demographie, die aggressive Mission einer vordringenden Religion oder die Ungleichheit menschlicher Ethnien, werden abgelehnt und als ›rechter Populismus‹ geschmäht.

Der metaphysische Materialismus verbindet in Form eines kulturmarxistischen Myzels die Gesellschaft und die Politik der westlichen Welt und tritt in nationalen und internationalen Institutionen an die Oberfläche, zum Beispiel in der Europäischen Union, den Vereinten Nationen und der Weltgesundheitsorganisation. In Deutschland repräsentiert die Bundesregierung mit der ersten Frau in der Position des Bundeskanzlers einen großen Fruchtkörper dieses Netzwerkes. In Europa ist das erklärte Ziel dieser politischen Kooperation die Destruktion der Nationalstaaten zugunsten einer Vielvölkerunion mit einer übernationalen Kommissionsregierung.

Allerdings beinhaltet dieses Vorgehen für die agierenden Personen und Institutionen eine rechtliche Problematik, die darauf beruht, daß sie die Legitimation ihrer politischen Tätigkeit von einer Nation erhalten haben und zur Beachtung von deren Recht und Gesetz verpflichtet sind. Es stellt sich daher die Frage, ob die politisch Handelnden, die das kulturmarxistische Projekt der nationalen Zerstörung betreiben, aufgrund von Verstößen gegen nationales Recht durch die Justiz ihrer Nation zur Verantwortung gezogen werden können.

Eine Episode während der Corona-Krise macht deutlich, daß die deutsche Politik des 21. Jahrhunderts weitgehend außerhalb der Verpflichtung gegenüber der Nation und der Verantwortung für das nationale Rechtssystem betrieben wird. So überließ die deutsche Regierung den Erwerb und die Verfügbarkeit eines Impfstoffs für die eigene Bevölkerung, der in Deutschland entwikkelt worden war, der Europäischen Union. Unter dem Einfluß der von französischen Beamten geprägten europäischen Bürokratie wurde daher überwiegend der Impfstoff eines französischen Herstellers bestellt, der aber nicht rechtzeitig geliefert werden konnte. Folglich verzögerte sich die für äußerst dringend erachtete Immunisierung der deutschen Bevölkerung um viele Monate – im

Vergleich mit anderen Staaten, etwa Israel, Großbritannien und den USA, die einen in Deutschland hergestellten Impfstoff verwendeten. Zugleich wurde in der politisch-medialen Öffentlichkeit die Notwendigkeit einer Impfung mit der Rettung von Menschenleben begründet, eine Diskussion über die mangelnde Moral von Impfgegnern angezettelt, die Anzahl sogenannter Corona-Toter täglich angstverbreitend aufgelistet und der Lockdown des privaten und öffentlichen Lebens verschärft. Dieses Geschehen zeigt neben der klassischen Schwäche einer kulturmarxistischen Bürokratie – mangelnde Effektivität und strukturelle Korruption – auch ein genderspezifisches Handeln effeminierter deutscher Politik als ein häufiges Symptom in der suizidalen Phase der Nation.

Charakteristisch für die effeminierte deutsche Politik des 21. Jahrhunderts sind der Mangel an Patriotismus für die eigene Nation und das Fehlen einer verantwortungsethischen Gestaltung seiner ökonomischen und gesellschaftlichen Zukunft in einer Art, wie sie weißen Männern zugeschrieben wird. Vor allem anderen steht eine quotengerechte Teilhabe von Frauen und als politisches Mittel das gegenwartsethische Gefallen. Um dies in der Gemeinschaft der Völker zu erreichen, wird dem Verlangen anderer Nationen nachgegeben und aus dem großen Potential der deutschen Nation verteilt, was deren Bürger geschaffen haben.

Die entscheidenden Akteure bei der Beschaffung eines Impfstoffes für das Coronavirus waren eine deutsche Bundeskanzlerin und eine deutsche Präsidentin der Europäischen Kommission, die zuvor als Ministerin für die deutsche Armee zuständig gewesen, in dieser

Funktion durch die Einrichtung schwangerengerechter Militärfahrzeuge hervorgetreten und auf Vorschlag des französischen Staatspräsidenten ohne demokratische Legitimation aus der deutschen Regierung in dieses europäische Amt bestellt worden war. Vervollständigt wird dieses Symptombild einer effeminierten Kakistokratie durch die unmittelbar Tätigen in den nach Quoten besetzten europäischen Institutionen: einer zypriotischen Kommissarin für Gesundheit, von Beruf Psychologin, und einer italienischen Generaldirektorin für »Health and Food Safety«, von Beruf Dolmetscherin. Der Ablauf dieses Geschehens zum Nachteil an einer Virusinfektion erkrankter deutscher Menschen offenbart beispielhaft das spezifisch maligne Kennzeichen effeminierter Politik, die – anders als der männertypische kompetitive Einsatz zum Vorteil der eigenen Nation – an ihrem Bemühen um empathische Anerkennung durch andere erkennbar wird.

In Deutschland leistet die Bundeskanzlerin einen Eid auf die deutsche Verfassung, indem sie sich verpflichtet, Schaden vom deutschen Volk abzuwenden. Jedoch werden Ermittlungsverfahren, etwa mit dem Ziel, die auch von ehemaligen Verfassungsrichtern attestierten Rechtsbrüche durch die deutsche Migrationspolitik auf den Tatbestand des Hochverrats prüfen zu lassen, regelmäßig von Staatsanwaltschaften eingestellt, und zwar aufgrund einer fehlenden Strafnorm für Hoheitsbefugnisse im deutschen Rechtssystem.

Das war nicht immer so. Im Jahre 1968 schaffte die erste Regierungskoalition mit sozialdemokratischer Beteiligung in einem Strafrechtsänderungsgesetz den

Straftatbestand des Verfassungsverrates de facto ab. Der verbliebene Straftatbestand (§ 81 StGB) regelt eigentlich nur den Hochverrat des nicht Hoheitsbefugten, das heißt des Bürgers, gegen die Bundesrepublik Deutschland. Die Bundeskanzlerin als Träger von Hoheitsbefugnissen steht außerhalb dieser nun in Deutschland gültigen Rechtsnorm. Zuvor waren »Mißbrauch oder Anmaßung von Hoheitsbefugnissen« sowie Handlungen, die auf die »Beeinträchtigung des Bestandes der Bundesrepublik« gerichtet sind, Straftatbestände (§§ 89, 88 a. F. StGB).

Die demzufolge faktische Abwesenheit von rechtlichen Kontrollen und Verantwortlichkeiten einer hoheitlichen Exekutive durch gesetzliche Regelungen unterscheidet sich deutlich von der Situation in den Vereinigten Staaten. Dort erzeugt die rechtliche Prüfung der hoheitlichen Tätigkeit von befugten Amtsträgern, die bis zu einem Amtsenthebungsverfahren des Präsidenten führen kann, eine ständige Aufmerksamkeit der politisch-medialen Öffentlichkeit. Der dritten Gewalt Deutschlands dagegen steht die entsprechende Rechtsnorm einer demokratischen Staatsform nicht zur Verfügung. Damit wird auch Art. 20 Abs. 4 GG (»Gegen jeden, der es unternimmt, diese Ordnung zu beseitigen, haben alle Deutschen das Recht zum Widerstand, wenn andere Abhilfe nicht möglich ist«) in seiner politischen Realisierung eingeschränkt. Denn die Möglichkeit, auf dem Rechtswege Abhilfe zu leisten, bleibt tatsächlich verschlossen.

Jedoch ist der politische Weg frei, durch Wahlen eine Regierung zu bestimmen, die einer nationalen Auflösung widersteht. Allerdings wird diese Option von der deutschen Population nicht wahrgenommen. Im Gegenteil, die Mehrheit befürwortet eine kulturmarxistische Politik der deutschen Regierung oder läßt sie durchgehen. So kann eine deutsche Bundeskanzlerin die Nationalflagge mit Widerwillen beiseite legen oder ein deutscher Heimatfilm die Nationalflagge in einem Abfalleimer entsorgen lassen, ohne eine wirksame Entrüstung der deutschen Population nach sich zu ziehen. Die nationale und patriotische Empathie tritt nur noch gelegentlich zutage, nämlich wenn die Fußballnationalmannschaft spielt – eine Mannschaft, die den Begriff ›national‹ nicht mehr im Namen trägt.

Im 21. Jahrhundert wird also das urdeutsche Nationalgefühl durch den naturgesetzlichen Verlauf deutscher Demographie und die Bildung der multikulturellen Gesellschaft weiter zu einer historischen Belanglosigkeit verkümmern. »Jedes Volk hat die Regierung [und die Geschichte], die es verdient« (Joseph de Maistre).

Machtlose Gegenkopplung gesellschaftlicher Regelkreise in Deutschland

Ein weiteres Kennzeichen der deutschen Gesellschaft ist, daß politische Prozesse und deren Repräsentanten, selbst wenn sie von einer Mehrheit abgelehnt werden, keine ausreichende Gegenwehr auslösen, um eine ungewollte pathologische Entwicklung aufzuhalten. Diese Eigenschaft beruht im Sinne der Kantischen Aufklärung auf einer »selbstverschuldeten Unmündigkeit« der Menschen, das heißt auf dem »Unvermögen, sich seines Verstandes ohne Leitung eines anderen zu bedienen«. Wenn also »die Ursache derselben nicht am Mangel des Verstandes, sondern der Entschließung und des Mutes liegt«, dann ist die Unmündigkeit selbstverschuldet.

Es besteht daher Einmütigkeit darüber, daß der deutsche Charakter gesellschaftliche Veränderungen zutiefst ablehnt. So erreichen fatale politische Prozesse ihr Ende erst dann, wenn sie an unüberwindbare Grenzen gelangen, häufig errichtet durch andere Nationen. Das politische Bewußtsein der politisch-medialen Öffentlichkeit fokussiert anschließend in einer rückschauenden Bewertung und Aufarbeitung die Schuld auf einzelne politische Figuren, die dafür verantwortlich gemacht werden, daß die deutsche Volksgemeinschaft fehlgeleitet wurde. Die Volksgemeinschaft selbst begreift sich als Opfer der von ihr mit großer Mehrheit gewählten Politiker. Nach dem Wegfall der politischen Irreführung wähnt sich die Gemeinschaft wieder geheilt, gewissermaßen wie ein Mensch, der eine unabwendbare Infektion mit pathogenen Mikroorganismen überstanden hat.

Allerdings verhindert in einem biologischen System, zum Beispiel einem gesunden Menschen, das immunologische Gedächtnis, daß sich Infektionen, denen der Mensch dauernd ausgesetzt ist, im Organismus zu einer schweren Erkrankung ausprägen. Das System, das dies ermöglicht, beruht auf einem Regelkreis aus Informationsverarbeitung und rückkoppelnder Signalverstärkung oder -abschwächung und umfaßt einen in Natur, Technik, Wirtschaft und Gesellschaft unentbehrlichen Mechanismus. Auch in der Welt der Politik sind die gesellschaftlichen Komponenten eines Regelkreises beschrieben. Dazu gehören der ideologische Ursprung der politischen Prozesse, seine gesellschaftliche Feedback-Kontrolle mit Erkennen und Bewerten der Verfassungskonformität und schließlich die Aktivierung einer Rückkopplung. Maßstab ist die Einhaltung des Gebotes der Verfassung. Sie ist die entscheidende Regelgröße.

Die Effizienz eines solchen gesellschaftlichen Regelkreises korreliert mit der Qualität der demokratischen Ordnung. Dementsprechend schwächt das Streben einer politischen Ideologie nach Alleinherrschaft den Regelkreis, vor allem durch eine zunehmende Blockade der Feedback-Kontrolle. Kennzeichnend für das deutsche Mißverständnis einer Demokratie ist, daß die Volksgemeinschaft ihr Augenmerk vorwiegend nur auf eine der Komponenten des Regelkreises richtet, nämlich auf den Ursprung politischer Prozesse und die Herstellung einer sympathisierenden Mehrheit sowie auf die Absicht, nicht ideologiekonforme politische Gesinnung im Keim zu ersticken. Die deutsche Gesellschaft ist auf der Suche nach einer gültigen Gesinnung für alle, die dann als demokratisch verstanden wird, wenn sie sozial gerecht ist, das heißt die Angleichung der Lebensbedingungen für alle zum Ziel hat.

Klassisch ist der Satz von Bertolt Brecht im Epilog des *Arturo Ui*: »Der Schoß ist fruchtbar noch, aus dem das kroch.« Gemeint ist eine Warnung vor dem braunen Sozialismus der imperialen Phase deutscher Geschichte, nun aber verbunden mit dem Anspruch des roten Sozialismus der antagonistischen Phase auf die politische Hoheit in der Gesellschaft. So unterdrückt das Streben nach Dominanz einer Ideologie die Bildung einer demokratischen Pluralität politischer Meinungen und erklärt den Phasenübersprung der deutschen Psychose. Die Folge ist entweder die Einparteienherrschaft (imperiale Phase) oder die fortschreitende Bildung einer Fassade von Parteien, die zwar historisch unterschiedlichen Ursprungs sind, sich nun aber gleichschalten und keine Opposition zulassen (suizidale Phase).

Darüber hinaus zeigt der Regelkreis deutscher Politik einen Defekt innerhalb des Feedback-Mechanismus, der wahrscheinlich angeboren ist und fatale geschichtliche Auswirkungen hat. Es handelt sich dabei um eine spezifisch deutsche Störung der Aktivierung des Mechanismus einer negativen Rückkopplungsreaktion auf politisch erkennbar unheilvolle Entwicklungen. Solche Prozesse werden zwar von der Mehrheit der Bevölkerung richtig wahrgenommen und bewertet, es werden auch ablehnende Meinungen in vielen kleinen Gesprächskreisen geäußert, aber eine aktive Umsetzung in eine erfolgreiche Gegenkopplung der Gesamtgesellschaft gelingt nicht. Leicht gebahnt ist dagegen die positive Mitkopplung einer Mehrheit der politisch-medialen Öffentlichkeit mit Zeitgeist und Politik. Insbesondere die mediale Mitkopplung durch parteipolitische Sympathie ist als geistiges Mitläufertum ein wesentlicher Grund für die historisch kurzen akuten Schübe in beiden Phasen der Erkrankung.

Die Unfähigkeit zu effektiver politischer Gegenkopplung wurde der deutschen Volksgemeinschaft mit der Reichsgründung im 19. Jahrhundert in die Wiege gelegt. So ist der historisch kurze Weg bis zur bedingungslosen Kapitulation der Wehrmacht während der imperialen

Phase des braunen Sozialismus beispielhaft für das zunehmende Bewußtwerden der fatalen Entwicklung durch die Mehrheit des deutschen Volkes einerseits, verbunden andererseits mit der fehlenden Potenz, diese Erkenntnis in erfolgreichen Widerstand umzusetzen. Die Einsicht in die Aussichtslosigkeit eines Endsieges etwa war spätestens nach der Eröffnung des Zweifrontenkrieges auch im Offizierskorps verbreitet und wurde durchaus im geschlossenen Kreis diskutiert. Der Versuch mutiger Männer aus Großbürgertum und Adel, das katastrophale Ende abzuwenden, fand jedoch in der kleinbürgerlichen Mehrheit des braunen Sozialismus keine Unterstützung. Noch als schon Teile der Hauptstadt von der Roten Armee besetzt waren, erteilte der deutsche Führer in seinem Bunker Befehle, die sodann ohne Rücksicht auf die Opfer ausgeführt wurden.

Auch in der suizidalen Phase der psychotischen Erkrankung ist das deutsche Merkmal mangelnder Gegenkopplung erkennbar. So wird die historisch beispiellose schrankenlose Öffnung der nationalen Grenzen für eine Neubesiedlung mit arabischen und afrikanischen Menschen von der Mehrheit der deutschen Urbevölkerung abgelehnt. Dennoch besitzt sie nicht die Kraft, eine effektive Opposition gegen eine Politik zu bilden, die camoufliert in dem immanent-religiösen Weltbild des kulturmarxistischen One-World-Dogmas und mit Hilfe einer maliziösen Gesinnungsethik das strategische Instrument Population Change der Europäischen Kommission unterstützt, um so den nationalen Widerstand gegen die Bildung eines europäischen Vielvölkerstaates zu brechen. Erst andere europäische Nationen, welche die Folgen eines erweiterten deutschen Suizids fürchten, formieren eine Gegenwehr gegen die antinationale Politik der deutschen Regierung.

Die Frage, warum in der deutschen politischen Nation nicht die notwendige Tatkraft entsteht, um eine von der großen Mehrheit als verhängnisvoll erkannte Politik aufzuhalten, kann nur spekulativ beantwortet werden. Jedenfalls ist aus der Geschichte des kongruenten mitteleuropäischen Siedlungsgebietes ein lähmender politischer Partikularismus bekannt, der in den historischen Epochen vielfältig in Erscheinung getreten ist und dessen Quellen bis auf die konkurrierende germanische Stammesgesellschaft der Antike zurückgehen. Schon im 1. Jahrhundert bezahlte der Cheruskerfürst Arminius nach der siegreichen Schlacht im Teutoburger Wald den Versuch, einen gemeinsamen Widerstand der Stämme gegen Rom zu organisieren, mit dem Tod durch Mitglieder seines eigenen Stammes.

Auch in der langen Feudalzeit wurde, anders als in England oder Frankreich, die politische Macht der Stammesfürsten nicht eindeutig gebrochen und einem Machtzentrum untergeordnet. Um die vielen feudalen Regierungen der deutschen Kleinstaaten entfaltete sich eine bürgerlich-höfische Gesinnung, welche die Gestalt des deutschen Untertanen formte.

Besonders erhellend in bezug auf die wechselseitige Beziehung zwischen dem deutschen Untertanen und seiner politischen Macht ist der feudale Soldatenhandel der Landesfürsten. Gemeint ist nicht das Söldnerwesen (z. B. der Schweizer Reisläufer oder der deutschen Landsknechte), das in Gesamteuropa von der Antike bis zur Französischen Revolution das Militärwesen bestimmte und darin bestand, daß im Inland auch von einer ausländischen Macht Kämpfer für einen bewaffneten Konflikt angeworben werden konnten. Einzigartig ist dagegen, daß im Heiligen Römischen Reich deutscher Nation bis ins 19. Jahrhundert von feudalen Regenten Soldaten des eigenen Herrschaftsgebietes gegen Bezahlung an ausländische Mächte vermietet wurden; auch Wehrpflichtige. Besonders bekannt ist die Bereitstellung von 30 000 Mann an Großbritannien für den Amerikanischen Unabhängigkeitskrieg, vor allem durch den Landgrafen von Hessen-Kassel.

Auch die kleinsten Duodezfürstentümer waren offenkundig oder verdeckt am Soldatenhandel beteiligt, so das Fürstentum Lippe-Detmold, dessen Regentin Pauline dem Rheinbund beitrat und Napoleon Bonaparte für den Erhalt ihrer feudalen Rechte Soldaten bereitstellte, die als Lipper Schützen auch am Rußlandfeldzug teilnahmen. Von den lippischen Untertanen werden die Lipper Schützen in Liedern besungen, und ihre Fürstin Pauline wird bis heute hoch geachtet.

Der höfische und volksfremde Partikularismus deutscher Kleinstaaterei aus der christlichen Feudalzeit hat sich in den säkularreligiösen Parteizentralen der Republiken des 20. und 21. Jahrhunderts fortgesetzt, manifestiert in dem Primat politischer Ideologie vor nationalem Interesse. So ist eine Gesellschaftsordnung entstanden, die von einem verfassungsinhärenten, die staatlichen Gewalten verschränkenden Gewebe politischer Parteien dominiert wird und aufgrund des geistigen Mitläufertums der Untertanen unfähig ist, ein zivilcouragiertes

Bollwerk gegen eine ideologische Alleinherrschaft zu errichten. Die wenigen Bürger, die dies dennoch versuchen, werden von der politisch-medialen Öffentlichkeit marginalisiert, an den Pranger gestellt und bei Renitenz mit staatlicher Gewalt verfolgt.

Ein anderer Einfluß auf die phänotypische Expression mangelnder deutscher Zivilcourage in Politik und Gesellschaft ist eigentlich biologischer Natur und wird daher in den geisteswissenschaftlichen Historiographien nicht diskutiert. Er geht auf Veränderungen der deutschen Bevölkerungsstruktur durch Migration im 18., 19. und 20. Jahrhundert zurück. Allerdings betrifft dieser Prozeß nicht die Einwanderung in die deutsche Population, die erst im 21. Jahrhundert von Belang ist, sondern die Auswanderung deutscher Bürger vor allem in die Neue Welt Nordamerikas. Viele Millionen Menschen verließen Deutschland, weil sie mit den gesellschaftlichen Bedingungen unzufrieden waren, und halfen bei der Errichtung eines Staates auf amerikanischem Territorium. Historisch verwirklichte dieser Staat die heute von den Zurückgebliebenen trügerisch ersehnten ›Vereinigten Staaten von Europa‹ als Alternative zur europäischen Staatsstruktur. So entwickelte sich in den USA eine deutschstämmige Teilpopulation amerikanischer Bürger, deren Größe, gemessen an der Zahl der Individuen, derjenigen des europäischen deutschen Staates gleichkommt. Bei einer Volkszählung im Jahre 2002 nannten mehr als 50 Millionen US-Bürger ›deutsch‹ als Abstammung.

Umfangreich sind die Kenntnisse über die Wirkung deutscher Einwanderer auf die Wirtschaft, die Kunst und die Wissenschaft der US-Gesellschaft. Zusammen mit den anderen Europäern waren die Bürger deutscher Abstammung an dem historischen Aufbau der US-Demokratie beteiligt, die eine tatsächliche Gewaltenteilung und zeitliche Begrenzung politischer Macht entwickelt hat – als Gegenmodell zu den europäischen Feudalsystemen und in neuerer Zeit zur gesinnungsdemokratischen Parteienherrschaft.

Wenig ist hingegen bekannt über die Auswirkungen des selektiven Verlustes der ausgewanderten Menschen auf die deutsche Gesellschaft. Von einer biologischen Änderung der Bevölkerung ist auszugehen, da durch diesen Prozeß aufgrund einer naturgesetzlichen Ungleichheit der Menschen der genetische Pool der Deutschen verändert wurde. Ausgewandert sind in großer Zahl vor allem Menschen, die über definierte Eigenschaften wie Aufgeschlossenheit gegenüber Neuem, Bereitschaft zum Widerstand sowie politische Tatkraft und Zivilcourage verfügen. Der spätere Verlauf der Geschichte in Deutschland gibt Grund zu der Vermutung, daß hier der Anteil von Menschen angestiegen ist, die als Untertanen im Lande geblieben sind und sich im 20. und 21. Jahrhundert folgsam den jeweiligen gesellschaftlichen Gegebenheiten angepaßt haben.

Literatur

Symptom der Zeit

Abendroth, Wolfgang: *Das Grundgesetz. Eine Einführung in seine politischen Probleme*, Pfullingen 1966.

Abendroth, Wolfgang: *Antagonistische Gesellschaft und politische Demokratie. Aufsätze zur politischen Soziologie*, Neuwied und Berlin 1967.

Bundesministerium für Familie, Senioren, Frauen und Jugend: Demokratie fördern. Vielfalt gestalten. Extremismus vorbeugen. Gelebte Vielfalt. Familien mit Migrationshintergrund in Deutschland, Berlin 2020.

Butterwegge, Christoph, Gudrun Hentges und Bettina Lösch (Hrsg.): *Auf dem Weg in eine andere Republik? Neoliberalismus, Standortnationalismus und Rechtspopulismus*, Weinheim 2018.

Friedrich-Ebert-Stiftung (Hrsg): *Die Weimarer Verfassung. Wert und Wirkung für die Demokratie*, Berlin 2009.

Heitzer, Enrico, Martin Jander, Anetta Kahane und Patrice G. Poutrus (Hrsg.): *Nach Auschwitz. Schwieriges Erbe DDR. Plädoyer für einen Paradigmenwechsel in der DDR-Zeitgeschichtsforschung*, Frankfurt am Main 2021.

Wolf, Tanja: *Rechtspopulismus. Überblick über Theorie und Praxis*, Wiesbaden 2017.

Analyse der Zeit

Arnim, Hans Herbert von: *Die Hebel der Macht und wer sie bedient. Parteienherrschaft statt Volkssouveränität*, München 2017.

Bolz, Norbert: *Diskurs über die Ungleichheit. Ein Anti-Rousseau*, Paderborn und München 2009.

Knabe, Hubertus: Die Täter sind unter uns, Hubertus-Knabe.de, 24.7.2019.

Knabe, Hubertus: Wie DDR-Geschichte neu geschrieben und Schüler manipuliert werden, TichysEinblick.de, 31.1.2021.

Kraus, Josef: *Der deutsche Untertan. Vom Verlust des eigenen Denkens*, München 2021.

Mann, Heinrich: *Der Untertan*, Frankfurt am Main 1996 [1914/18].

IV.

INTELLEKT UND ERZIEHUNG

Erschaffen oder benutzen: Die mentale Struktur gesellschaftlicher Macht

Wie in anderen Staaten der modernen europäischen Welt offenbaren sich auch in Deutschland gesellschaftliche Milieus, die von menschlichen Charakteren repräsentiert und vor allem durch deren unterschiedliche intellektuelle Möglichkeiten und Neigungen geprägt werden. Es lassen sich zwei wichtige Milieus unterscheiden, denen die politische Dramaturgie unterschiedliche Rollen zuweist und die an den Aufführungen des Staatstheaters aktiv oder passiv teilnehmen:

a) die Produzenten der Inszenierung, die politischen Schauspieler der Aufführungen, die im Scheinwerferlicht auf der Bühne der politisch-medialen Öffentlichkeit auftreten, und die ihnen angeschlossenen linksliberalen Journalisten, Künstler und Intellektuellen (›Helldeutschland‹), sowie
b) das mehr oder weniger interessierte Publikum, das zwar das Geld für die Aufführungen erwirtschaftet, aber im Dunkeln sitzt und mit Applaus reagiert – positiv oder auch negativ (›Dunkeldeutschland‹).

Beide Milieus sind in ihrer sozialen Zusammensetzung grundverschieden, aber nur die relativ kleine Schicht der Akteure auf der Bühne bestimmt das dramaturgische Geschehen vor Mikrofonen und Kameras und verfügt damit über die direkte politische Macht im Staat. In dieser Schicht sind die politischen Parteien und ihre sozialen Anhänge sowie die Massenmedien organisiert: Berufspolitiker, Sozialfunktionäre und journalistisches Gefolge sitzen vor den Instrumenten der modernen Kommunikation, mit deren Hilfe sie Meinungen und Stimmungen des Publikums auf politische Entscheidungen ihres Interesses lenken können. Eine machtpolitische Repräsentation anderer sozialer Schichten der Gesellschaft ist von geringer Bedeutung.

Es ist aufschlußreich, daß in dieser machtrelevanten Schicht mehrheitlich Menschen versammelt sind, die bestimmte intellektuelle Voraussetzungen erfüllen. In diesen Milieus finden sich erstaunlich wenige Menschen mit naturwissenschaftlich-technischer Berufsausübung. Auf dem schulischen und beruflichen Lebensweg der Akteure dieser Politikklasse treten deutlich charakteristische Eigenschaften hervor, die auf die große Mehrheit von ihnen zutreffen: Es überwiegt der intellektuelle *Sententia*-Typ, zum Nachteil des *Scientia*-Typs. Der *Sententia*- oder *Sentenz-Typ* dominiert Politik und Medien.

Die Bezeichnung ›Sentenz-Typ‹ wird hier gewählt, weil das markante Merkmal dieses Typs darauf beruht, daß er seinen Mangel an Kompetenz im exakten Denken von Mathematik, Naturwissenschaften und Technik (Scientia) durch eine eloquente Darbietung fester politisch-moralischer Meinung und anerkannter Überzeugung auszugleichen versteht. Hier liegen die Fähigkeiten des *Sentenz-Typs*. Er versteht die innere Logik der exakten Wissenschaften zwar kaum, benutzt sie aber als Scientia famula für seine politisch-ideologische Haltung und Gestaltung. Da er nicht von des Gedankens Blässe axiomatischer Wissenschaften angekränkelt ist, kann er ohne Hindernisse flüssig über die Oberflächen des Zeitgeschehens schwadronieren und wird von der Mehrheit der Population verstanden.

Der Meister dieses Typs ist der deutsche Intellektuelle. Er ist in den nicht-axiomatischen Universitätswissenschaften und der politisch-medialen Öffentlichkeit weit verbreitet. Die große Masse des *Sentenz-Typs* wird in den Universitäten von den Studiengängen der Gesellschafts- und Geisteswissenschaften eingenommen. Nach dem Studium bestreitet der gemeine *Sentenz-Typ* seinen Lebensunterhalt in den Verwaltungen von Staat, Verbänden und Nichtregierungsorganisationen (NGOs) aus den Steuern und Abgaben der Bürger.

Der *Scientia-Typ* dagegen repräsentiert die Natur- und Technikwissenschaften. Er ist in der Minderheit und sitzt auch als hochkarätiger Vertreter seiner Wissenschaft vorwiegend im Auditorium des deutschen Staatstheaters. Dieser Typ entwickelt zwar den zivilisatorischen und ökonomischen Fortschritt, aber die Kommunikationstechnologie – die von ihm erfunden wurde – besetzt der *Sentenz-Typ* zur Ausübung seiner eigenen politischen Macht auf der Bühne.

In dieser Ausprägung der beiden Genotypen mit ihrer phänotypischen Dominanz in verschiedenen Bereichen der Gesellschaft wird die Wirkung der physischen Aufklärung sichtbar. Sie ist eine Folge der progredienten kognitiven Anforderungen an die axiomatische Naturwissenschaft und Technik, begann in der europäischen Renaissance und ist Teil des staatlichen Bildungssystems unserer Zeit. Neben den sozialen ›Haves and Have Nots‹ entstanden so auch kognitive ›Understands and Understand Nots‹. Ökonomisch haben diese beiden gesellschaftlichen Gruppen eine große Schnittmenge, denn wirtschaftlicher Wohlstand ist auch wesentlich von der technischen Innovationsfähigkeit abhängig. Aber im politischen Geschehen der Gesellschaft besitzt eindeutig der *Sentenz-Typ* die Vorherrschaft, weil er von der überwiegenden Mehrheit von seinesgleichen gewählt wird. Hier wird die grundsätzliche Problematik demokratischer Mehrheiten offenbar, deren Entstehen immer auch die kognitive Potenz des *Sentenz-Typs* widerspiegelt. Dieses Phänomen tritt in reiner Form vor allem in sozialistischen Volksdemokratien unter der Vormundschaft einer geforderten Gesinnung in Erscheinung, wird aber ebenso in der parteipolitischen Zivilgesellschaft im Deutschland des 21. Jahrhunderts beobachtet.

Es zeigt sich, daß die systemimmanente Struktur der deutschen Verfassung nicht die demokratisch wichtige Aufgabe erfüllen kann, eine überwiegende Anreicherung der *Sentenz-Typen* in der politischen Führungsschicht zu verhindern. Dazu wäre es notwendig, diesem Nachteil durch eine verstärkte Individualisierung politischer Wahlen, etwa wie in den USA, und vor allem durch eine wirksame Begrenzung der Amtszeiten sowie durch wirkliche Trennung und gegenseitige Kontrolle demokratischer Institutionen zu begegnen. So wird die politische Gesellschaft Deutschlands zum Revier der intellektuellen Sentenz-Typen.

Die Universitäten stellen die ergiebige Quelle dieser Typen dar. Das kulturmarxistische Ziel, die Zahl der Studenten ohne Begrenzung aufgrund ihres kognitiven Potentials zu steigern, hat in den Sentenzwissenschaften zu einem großen Wachstum geführt. Etwa 70 Prozent der Studenten an deutschen Hochschulen, die in den MINT-Wissenschaften erfolglos sind, werden in diese Fächer gelenkt, in denen die richtige Meinung und Haltung anerkannt wird. Aus diesem Reservoir rekrutiert die Politik ihren Nachwuchs, wodurch dem autopathologischen Mechanismus der sentenzwissenschaftlichen Penetration der Gesamtgesellschaft der Weg bereitet wird. Die anschwellenden Sentenzwissenschaften fungieren als Träger von Scheinwissenschaften, die den Kern der Dogmen des metaphysischen Materialismus bilden, und beschädigen nicht nur die wissenschaftliche Qualität und geistige Toleranz der Universitäten weltweit, sondern sind auch die Hauptursache für die kulturmarxistischen Leitlinien westlicher Politik.

Die beschriebene Machtverteilung im Staat aufgrund differenter kognitiver Möglichkeiten der Menschen ist im politisch-medialen Diskurs freilich kein Thema. Hier dominieren die Themen, die der *Sentenz-Typ* und seine Wähler verstehen. Dies sind solche der metaphysischen Aufklärung, wie etwa die Ungerechtigkeiten durch eine ungleiche Verteilung des Vermögens und die Aufhebung der sozialen Klassengrenzen.

Der mehrheitlich präsente intellektuelle *Sentenz-Typ* an den Hebeln der staatlichen Macht und in den Massenmedien legt die Richtlinien deutscher Politik fest und ist im 21. Jahrhundert die eigentliche Ursache für die gründliche Durchdringung von Zeitgeist und Politik mit den immanent-religiösen Ideen des Kulturmarxismus. Besonders die Ideen des ökologischen Sozialismus werden in der Bevölkerung aggressiv verbreitet. Schon bei einer Reise durch die deutsche Landschaft sind die Auswirkungen dieser Politik an den vielen Windrädern sichtbar, mit denen versucht wird, die Energieversorgung der Industrie zu gewährleisten. Die so beschädigte Landschaft ist figurativer Ausdruck der naturwissenschaftlichen Ignoranz des deutschen intellektuellen *Sentenz-Typs*. Die Angst vor einem ›Klimawandel‹ treibt die Politik, und ein politisch-religiöses Gefühl der Unheimlichkeit unsichtbarer Radioaktivität verbietet die sonst weltweit geförderte Nutzung instabiler Isotope als Energiequelle.

In der deutschen Gesellschaft der *Sentenz-Typen* hat das Naturverständnis tiefe romantische und mystische Wurzeln, die unbewußte Gefühle und Ängste zutage bringen und einem exaktwissenschaftlichen Verständnis Widerstand leisten. Pseudowissenschaftliche Ideen finden daher bei den Sentenz-Typen günstige Bedingungen und beherrschen und beunruhigen den politisch-medialen Zeitgeist. So sind sozial-konspirative Vorstellungen weit verbreitet, etwa solche über die sozialen Ursachen der biologischen Differenzierung der menschlichen Geschlechter oder über eine schädliche Klimawirkung von CO_2, das zwar als Grundbaustein der Kohlenwasserstoffchemie das höhere Leben auf unserem Planeten überhaupt erst ermöglicht, aber von dem befürchtet wird, daß die Menschen zuviel davon in die Luft abgeben und so Unheil anrichten. Auch die Universitäten öffnen wie im 20. Jahrhundert den politischen Pseudowissenschaften untertänig ihre Türen, errichten weibliche Lehrstühle für einen Hexensabbat der Genderwissenschaften und erlauben dessen virulentes

Eindringen in die axiomatische Naturwissenschaft und Technik – ohne Gegenwehr von seiten der traditionell gefügigen deutschen Professoren.

Beispielhaft wird die Ideologisierung der exakten Wissenschaft auch in dem Begriff ›erneuerbare Energien‹ dokumentiert. Dieser Begriff hat in den deutschen Gesetzestext Eingang gefunden, ohne vom politisch-medialen Milieu als absonderlicher Widerspruch wahrgenommen zu werden. Daher halten die Existenz des Energieerhaltungssatzes und die daraus abzuleitende naturgesetzliche Wirklichkeit, daß Energie nicht erneuert, vermehrt oder vermindert, sondern nur mit unterschiedlichem physikalisch-technischen Wirkungsgrad in verschiedene Energieformen umgewandelt werden kann, den deutschen Sentenz-Typ nicht davon ab, den Energiebedarf der Industrienation mit Sonne und Wind decken zu wollen.

Die Folgen hiervon werden über einige Jahre durch die hohe Qualität traditioneller Technologien aus deutscher Vergangenheit kompensiert. Aber die deutsche Zukunft gehört dem Zeitgeist des ökologischen Sozialismus. Der Widerstand des deutschen Sentenz-Typs gegenüber Technologien wie Informations-, Gen- und Kerntechnologie und der fortschreitende Schwund von Menschen, die in Deutschland die intellektuellen Fähigkeiten besitzen, an der globalen wissenschaftlichen Entwicklung neuer Technologien teilzunehmen, sind daher bestimmende Merkmale in der suizidalen Phase der deutschen Population.

Das Ziel kulturmarxistischer Pädagogik: Die soziale Entdifferenzierung kognitiver Leistung

Die Aneignung von Bildung wird in den Staaten der europäischen Welt als Menschenrecht angesehen – und die Schulung der Bevölkerung als wichtige Voraussetzung für die Entwicklung von Wissenschaft, Kultur und Wirtschaft. Allerdings nutzt der Staat regelmäßig seine exekutive Macht, um den Nachkommen weltanschauliche Pfade vorzuschreiben, auf denen sie dieses Ziel erreichen sollen.

Der kulturmarxistische Konsens besteht darin, eine allgemeine Verbesserung der Bildung der Bevölkerung werde vor allem dadurch erzielt, daß untere, als ›bildungsfern‹ bezeichnete soziale Schichten stärker gefördert werden. Denn es sei zu beobachten, daß in diesen Schichten der Nachwuchs nicht ausreichend an die Bildungsinhalte herangeführt wird, die in der modernen europäischen Gesellschaft Maßstab sind. In Deutschland herrscht darüber hinaus die für diese Population typische Erwartung, daß die demographische Abnahme der indigenen Bevölkerung durch eine bessere Bildung des Nachwuchses wettgemacht werden könne, der nunmehr in geringerer Zahl zur Verfügung steht, also durch einen qualitativen Ausgleich des quantitativen Mangels. Es wird daher eine größere Zahl höherer Bildungsabschlüsse gefordert. Die Steigerung der Zahl formal höherer Bildungsabschlüsse ist auch tatsächlich gewaltig. Daß dieser Effekt lediglich auf einer Senkung kognitiver Ansprüche beruht, ist für eine kulturmarxistische Politik der Ignoranz in bezug auf Naturgesetze ohne Bedeutung.

Es streiten also viele staatliche Reformen im pädagogischen Wettlauf darum, mehr ›Bildungsgerechtigkeit‹ herzustellen. Dabei kämpfen die Ideen der metaphysischen gegen die historische Wirklichkeit der physischen Aufklärung. Bildungspolitik ist das zentrale kulturmarxistische Werkzeug für nachhaltige soziale Veränderungen. So wurden im Deutschland der fünfziger Jahre etwa fünf Prozent eines Jahrgangs die Reife für den Besuch einer wissenschaftlichen Hochschule bescheinigt; im 21. Jahrhundert sind daraus zehn- bis zwanzigmal mehr geworden. Auch vor den Universitäten hat die kulturmarxistische Bildungsrevision nicht haltgemacht. Die Anzahl der akademischen Abschlüsse, zum Beispiel der Promotionen, ist hier in den letzten Jahrzehnten stark angestiegen – mit einem närrisch hohen Anteil an Summa-cum-laude-Dissertationen.

Als Ursache dieses Anstiegs vor allem hoher Bildungsabschlüsse wird in der Gesellschaft eine wirksamere Förderung des Bildungspotentials der Bevölkerung angenommen. Deutschland sei ein rohstoffarmes Land und müsse Bildung als Ressource besser nutzen. Nachteile durch eine geringe Bildungsqualität höherer Abschlüsse sind augenfällig und werden auch kritisch diskutiert, aber vom Heer der durchschnittlichen und unterdurchschnittlichen Profiteure nicht anerkannt. Zunehmend verlassen leistungsfähige Studenten Deutschland, um an Universitäten anderer westlicher Länder zu studieren, und deutsche Universitäten werden von ausländischen Studenten westlicher Nationen kaum mehr gesucht.

Zur Egalisierung des kognitiven Leistungsvermögens der Schüler werden an den allgemeinbildenden Schulen zwei Methoden benutzt: zum einen die Banalisierung des Lehrstoffs und der Stoffvermittlung, zum anderen das Ausweichen vor einem Lehrstoff durch die Möglichkeit der Abwahl von Fachgebieten, die höhere kognitive Ansprüche stellen.

Einer Banalisierung sind in den exakten Wissenschaften Grenzen gesetzt. Dennoch wird von einigen Pädagogen auch dieser Weg beschritten, etwa durch die Verwendung von Aufgaben ohne mathematische Formeln in schriftlichen Mathematikprüfungen. Aber auch in der Lehrpraxis der exakten Wissenschaften ist das Ausweichen vor dem Lehrstoff die geläufige Methode, während in den Geistes- und Gesellschaftswissenschaften die Banalisierung dominierend geworden ist.

Das deutsche Bildungssystem fördert also den intellektuellen Sentenz-Typ. Dies geschieht insbesondere dadurch, daß das Vertreten von Meinungen, meist auf Grundlage eines moralischen Standpunktes, durch Äußerung ›authentischer Gefühle‹ und einer ideologisch richtigen Haltung großen Raum einnimmt und so das logische Denkvermögen in axiomatischer Wissenschaft verdrängt. Diese Erziehungsweise ist nicht nur in den allgemeinbildenden Schulen weit verbreitet, und die Schüler verwenden untereinander in jugendlicher Ehrlichkeit für verschiedene Fachgebiete den Begriff ›Laberwissenschaften‹, wobei sie die Wahl solcher Fachgebiete strategisch erfolgreich für ihren formalen Schulabschluß einsetzen.

Das deutsche Ausbildungssystem männlicher Tradition wurde der intellektuellen Natur des weiblichen Geschlechts angepaßt. Diese Effemination macht durch den Abbau der kognitiven Hürden exakter Wissenschaften auch den Weg frei für den intellektuellen männlichen Sentenz-Typ, der sich so ungehindert in die politisch-mediale Gesellschaft ergießt. Aber vorteilhaft ist die deutsche Schule vor allem für Mädchen und Frauen, die in größerer Zahl als die Jungen – und mit besseren Bewertungen – die Hochschulreife erlangen und denen daher eine höhere Intelligenz zugeschrieben wird. Dieser Prozeß der Förderung verweiblichter Bildung wird autokatalytisch verstärkt durch die massive Anreicherung des weiblichen Geschlechts im Lehrkörper. Die Lehrerinnen verstehen sich gut mit den Mädchen und mißverstehen häufig die männliche Entwicklung der Jungen.

Das pathologische Mißverhältnis im Bildungssystem wird besonders an den erreichten Studienabschlüssen deutscher Universitäten sichtbar. Trotz eines größeren Anteils weiblicher Studenten, welche die Hochschulreife mit besseren Noten erlangt haben, ist der Anteil weiblicher Absolventen in den axiomatischen Wissenschaften wie Mathematik, Physik, Chemie und Ingenieurwissenschaften im Vergleich mit den männlichen sehr niedrig.

In den axiomatischen Wissenschaften schreitet die Verflachung allerdings nur langsam voran, zumal hier ein internationaler Wettbewerb den Maßstab setzt. Dennoch infiltrieren effeminierte ›Gender Studies‹ auch in axiomatische Wissenschaften: Akademische Grade dieser Fachgebiete werden an ›Genderwissenschaftler‹ erteilt, und ›Genderwissenschaftler‹ nehmen in Fachgebieten axiomatischer Wissenschaften Funktionen wahr, ohne daß sie den wissenschaftlichen Kern der spezifischen Fachgebiete überhaupt angemessen beherrschen oder zum Gegenstand ihrer Tätigkeit haben.

Die wachsende Entkopplung der großen Masse der deutschen Schüler und Studenten von einer kognitiven Kompetenz in exakten Wissenschaften hat sicherlich ideologische Ursachen. Um das kulturmarxistische Ziel sozialer Gleichheit zu erreichen, wird die Qualität einer Bildungseinrichtung nicht mehr nach der Höhe des intellektuellen Standards bewertet, der erreicht werden muß. Der Maßstab ist vielmehr eine hohe Zahl von Bildungsabschlüssen der Absolventen.

Nun ist der kulturmarxistische Einfluß auf das deutsche Bildungssystem Ausdruck des politischen Zeitgeistes – und somit historisch reversibel. Nicht reversibel sind dagegen die Folgen einer ethnischen, religiösen und kulturellen Umgestaltung der Bevölkerungsstruktur, die durch vorsätzliche Masseneinwanderung rasch fortschreitet und, wie internationale Vergleiche zeigen, in Deutschland auch entscheidend die kognitive Kompetenz der Nachkommen verändert und sie zunehmend an die Maßstäbe der Herkunftsländer aus dem islamischen und afrikanischen Raum anpaßt. So wurden in mehrjährigen Untersuchungen mit dem Third International Mathematics and Science Test (TIMSS) unter tausend Zehnjährigen in Deutschland nur 52 festgestellt, die einen hohen mathematischen Leistungsstandard erlangen, in ostasiatischen Nationen (China, Korea, Japan, Vietnam) dagegen 320 bis mehr als 500. In Frankreich genügen noch weniger Schüler diesem Maßstab (25).

Afrikanische und vorderasiatische Nationen wurden nicht in die Bewertung einbezogen.

Es ist daher aufschlußreich für die zukünftige globale Zivilisation der Menschheit, daß von den untersuchten Geburtsjahrgängen 2005 bis 2009 in China etwa 25 Millionen das hohe mathematisch-kognitive Leistungsvermögen besitzen, in Deutschland hingegen nur 0,19 Millionen.

Die kognitiv Hochbegabten bilden die Quelle für die axiomatischen Wissenschaften einer Population. Aus dieser genetischen Quelle gewinnen die MINT-Wissenschaften ihren Nachwuchs, und dessen Potential ist nicht nur individuell, sondern auch ethnisch determiniert. Daher haben die qualitativen Veränderungen des deutschen Bildungssystems nicht nur eine ideologische, sondern auch eine biologisch-demographische Ursache, die im 21. Jahrhundert mit der fortschreitenden Neubesiedlung des deutschen Territoriums weiter an Bedeutung gewinnt. Aus diesem Grund wirkt das Rätseln der kulturmarxistischen Gesellschaft über das kontinuierliche Absinken des mittleren Intelligenzquotienten der Population skurril, aber es zeigt den psychiatrischen Autismus des deutschen Syndroms.

Hingegen erzeugt die Benennung der naturwissenschaftlichen Gesetzmäßigkeiten, die bei der Neubesiedlung Deutschlands wirksam werden, eine Reaktion sozialer Gewalttätigkeit in der politisch-medialen Öffentlichkeit. Diese attackiert Kritiker mit aggressiven Vorwürfen über ihre Schuld an der imperialen Phase der Nation und bewegt sich so innerhalb der bipolaren Grenzen der politischen Psychose der Population. Außerdem offenbart die kulturmarxistische Strategie des Population Change, die ideologisch gewollt ist und politisch betrieben wird, zugleich aber die offensichtlichen Veränderungen der Bevölkerung leugnet, den konspirativ-malignen Kern des metaphysischen Materialismus.

Die kulturmarxistische Gestaltung der deutschen Sprache

In der deutschen Gesellschaft wird seit dem Ende des 20. Jahrhunderts auch mit ideologischen Veränderungen der deutschen Schriftsprache versucht, intellektuelle Hürden auf dem Weg zu mehr Bildungsabschlüssen abzubauen. Ziel war und ist es, die Orthographie an die kognitive Potenz der meisten Benutzer anzupassen, also die orthographischen Fehler bildungsferner Personen zu verringern, angeblich um der richtigen Beherrschung der Schriftsprache als ›Herrschaftswissen‹ auf dem Weg zur gesellschaftlichen Gleichheit ihre Bedeutung zu nehmen. Auf diese Weise soll die objektive Möglichkeit beseitigt werden, die kognitive Leistung des Lernenden an der Befähigung zu richtiger Orthographie zu erkennen, zumal eine ausweichende Abwahl der Schriftsprache als Alternative noch nicht in Betracht kommt. Inzwischen ist im deutschen Schulwesen ohnehin eine subjektive Bewertung mündlicher Darstellung vor einer objektiven Bewertung der korrekten Schriftsprache an die erste Stelle getreten.

Außerdem wurde das mangelhafte Erlernen des Lesens und Schreibens in der Muttersprache von der psychologischen Wissenschaft als eine isolierte intellektuelle Fehlfunktion definiert und, losgelöst von der axiomatischen Naturwissenschaft, mit der Bezeichnung ›Legasthenie‹ versehen. Der daraufhin geforderte Ausschluß dieser Fehlfunktion aus der Bewertung der schulischen Leistung so Benachteiligter führte jedoch zu keiner befriedigenden Lösung des sozialpolitischen Problems der Herstellung von Gleichheit, so daß erst die Veränderung der Schriftsprache selbst – durch eine Reform im Jahre 1996 – eine Entwicklung eingeleitet hat, die durch Erlauben alternativer Schreibweisen die Einhaltung orthographischer Regeln nach kulturhistorischer Tradition als weniger wichtig erachtet. Auch der Widerstand bedeutender Schriftsteller gegen die ideologische Banalisierung der Sprache wurde beiseite geschoben.

Mittlerweile zeigt insbesondere der schriftliche Austausch in Internetforen ein geringes Bemühen vieler Teilnehmer um eine fehlerfreie Orthographie. Hier wird die Verwahrlosung der Schriftsprache öffentlich und ohne Scham ausgeübt – so wie in den staatlichen Schulen gelernt.

Auch Scham wegen geringer intellektueller Leistungen wird in deutschen Schulen nicht gelehrt. Überlegene Vorbilder im Gebrauch dieses hohen Kulturgutes werden weder geachtet noch respektiert. Der kulturmarxistische Maßstab der Schulen für eine sich wandelnde Sprache ist die Anpassung an den literaturfernen Durchschnitt innerhalb der Breite intellektueller Möglichkeiten. Zudem breiten sich neben der deutschen Sprache die Sprachen der arabischen und afrikanischen Neusiedler weiter aus. Schon in den zwanziger Jahren des 21. Jahrhunderts ist auf vielen Schulhöfen der Metropolen Deutsch die Sprache einer Minderheit.

Sprache ist eine ureigene Leistung des menschlichen Gehirns. Mit der sozialen Entgrenzung der Sprache dringt der Kulturmarxismus aggressiv auch in die biologische Intimität des Menschen ein. Allerdings ist die Steuerung und Kontrolle sprachlicher Mitteilungen des Individuums durch die Weltanschauung des ihn umgebenden Kollektivs seit je ein existentielles Verlangen religiöser und politischer Macht. Das Ziel ist die Umwandlung der biologischen Singularität sprachlicher Kommunikation in einen sozialen Chorgesang über einen vorgegebenen Text. So ist auch die politische Manifestation des metaphysischen Materialismus bestrebt, durch eine vereinheitlichte Regelung der Sprache seine Ideen zu verbreiten.

Ein Offensivgebiet ist im 21. Jahrhundert das sprachlich-grammatische Geschlecht, dem im sprachlichen Kontext eine biologisch-soziale Funktion gegeben wird – dies verknüpft mit der Forderung, die biologischen und sonstigen sozial definierten Geschlechter nicht linguistisch von den grammatischen zu trennen, sie also gleichzeitig und gleichberechtigt in sprachlichen Äußerungen aufzuführen. Seit langem ist diese Sprachregelung in simpler Form aus den Reden deutscher Politiker bekannt (»Soldatinnen und Soldaten«).

In der Schriftsprache erschwert das ständige Aufführen aller Geschlechter die Lesbarkeit, so daß hier Konstrukte wie Querstriche, Sternchen, Doppelpunkte und dergleichen benutzt werden. Bisher ist die Anwendung einer derart verunstalteten Schriftsprache außerhalb der Szene des linken Gefolges vor allem auf Verwaltungen und Universitäten beschränkt, also auf Orte, wo die Einhaltung der kulturmarxistischen Regelung überwacht und durch Sanktionen gesichert werden kann. Die Aufnahme des ›geschlechtergerechten‹ Sprachgebrauchs in den Duden war allerdings nur eine Frage der Zeit und erfolgte im Jahre 2020.

Beispielhaft wird auch hier deutlich, daß in Deutschland eine pathologische Abirrung nicht allein durch das Phänomen selbst gekennzeichnet ist, sondern – wie aus der Geschichte des 20. Jahrhunderts vielfach bekannt – vor allem durch seine leichte Verbreitung innerhalb der Gesellschaft aufgrund des Fehlens von hinreichendem Widerstand. So werden sich die meisten Deutschen in Zukunft an die Vorgaben des Dudens halten.

Exitus der Humboldtschen Universität: Der Wandel zum schnellen Brüter des metaphysischen Materialismus

Die intellektuelle Downregulation an den allgemeinbildenden Schulen und Hochschulen Deutschlands wird vor allem von der Wirtschaft wahrgenommen und kritisiert. Auch deutsche Hochschullehrer in den MINT-Fachgebieten beklagen dies, unterstützen aber zugleich die Entwicklung durch Tolerierung niedriger Examensleistungen und eine sich permanent anpassende permissive Zensurengebung mit meist geschönten Noten. In der Folge dehnt sich der sozialpolitische Einfluß auf die Ausbildung der Jugend von den allgemeinbildenden Schulen auf die wissenschaftlichen Hochschulen aus und verändert hier Lehre und Forschung. Die Differenz zwischen den allgemeinbildenden und den hohen Schulen ist weitgehend aufgehoben. Das Humboldtsche Kennzeichen der Universität als eines notwendigen Ortes der Forschung hat in den meisten Fachgebieten die Funktion einer Bühnenfassade. So werden inzwischen im Fachgebiet Medizin Krankenhäuser der Krankenversorgung aus politisch-sozialen Gründen zu Universitätskliniken ernannt. Das universitäre Prinzip, nach dem die Ausbildung der Studenten durch Lehrer erfolgen soll, die auch in der Forschung tätig sind, wird kaum beachtet. Der Strom der Studenten wird nach dem Maßstab einer höheren Berufsschule durch die Universität geleitet und die große Masse im Becken der kultur- und geisteswissenschaftlichen Fächer aufgefangen, dort zeitgeistig erzogen und sozial verankert.

Durch die Senkung der durchschnittlichen intellektuellen Leistungsfähigkeit der Studenten an deutschen Massenuniversitäten ist es erforderlich geworden, die didaktischen Bemühungen anzupassen. Vorbei sind die Zeiten, als auf der Höhe weltweit renommierter deutscher Universitäten der Begriff ›Vorlesung‹ gebildet wurde und der Philosoph Georg Wilhelm Friedrich Hegel in einem vollen Hörsaal vor konzentrierten Studenten in druckreifer Schriftsprache vortrug. Heutzutage wird auch die Lehre an Universitäten durch die allgegenwärtige politisch-mediale Öffentlichkeit des Sozialstaates geprägt. Sie ist auf die Anforderungen der studentischen Möglichkeiten ausgerichtet, muß gefallen und alle mitnehmen. Dazu ist es notwendig, geeignete didaktische Mittel zu nutzen, die aus den Medien bekannt sind, etwa die Präsentation eines Stoffes in kleinen, kurzzeitigen Portionen – so tief, wie das Publikum es zuläßt, und unterbrochen von humorigem Bemühen. Für die Lehrenden ist es wichtig zu beachten, daß ihre Ausführungen durch ein anonymes studentisches Kollektiv öffentlich bewertet und kontrolliert werden. Auf diese Weise wird in Deutschland gute Forschung insbesondere der axiomatischen Naturwissenschaft zunehmend aus den wissenschaftlichen Hochschulen verdrängt und in Forschungsinstitute verlagert (Max-Planck-, Leibniz- und Fraunhofer-Institute), die außerhalb des besonderen Interesses der Sozialpolitik liegen.

Die destruktive Kraft der kulturmarxistischen Umgestaltung des deutschen Bildungswesens zeigt auch international Wirkung. Deutsche Universitäten werden weltweit nicht mehr auf den oberen Rängen geführt. Die begabten Studenten suchen in Naturwissenschaft und Medizin nicht wie Ende des 19. und in der ersten Hälfte des 20. Jahrhunderts den Weg nach Deutschland, sondern meist den in angelsächsische Staaten.

Der Niedergang der Schulen und Hochschulen begann in der nationalsozialistischen Gesellschaft und setzte sich nach dem Zweiten Weltkrieg unter kulturmarxistischer Hoheit fort. Eine kleine Anekdote eines Kulturministers des Landes Schleswig-Holstein offenbart die zugrundeliegende politisch-religiöse Überzeugung. Er antwortete auf die Frage, warum sein Bundesland im nationalen und internationalen Vergleich schulischer Leistungen nicht erfolgreich abschneide: »Wir haben aber mehr Abiturienten!«

Im 21. Jahrhundert erteilt das deutsche Schulsystem der wachsenden Mehrheit eines Jahrgangs die Hochschulreife. Die kostenlose Nutzung der universitären

Einrichtungen kommt allerdings mit der kognitiven Eignung der Studierwilligen in Konflikt. Eine Vielzahl der Studierwilligen erfüllt aufgrund der naturgesetzlich determinierten individuellen Ungleichheit die traditionellen Voraussetzungen nicht, wird aber dennoch an deutschen Universitäten zugelassen. Nur ein kleiner Teil von ihnen genügt den intellektuellen Anforderungen der MINT-Fachgebiete, so daß der bei weitem größte Anteil der Studenten, denen diese Fachgebiete alternativlos verschlossen bleiben, sich in den Gesellschafts- und Geisteswissenschaften anreichert.

Das so hergestellte Ungleichgewicht zwischen axiomatischen MINT- und nicht-axiomatischen Massenwissenschaften entfaltet seine destruierende Wirkung vor allem über die Kommissionsstruktur der Universitäten. Denn die Entscheidungen über die Wissenschaftsstruktur und das finanzielle Management der Hochschulen werden vorwiegend in Kommissionen getroffen, in denen sich die Mehrheitsmeinung der Geistes- und Gesellschaftswissenschaft artikuliert. Über Vertreter dieser Fachgebiete infiltriert der kulturmarxistische Zeitgeist in die Universität und repräsentiert den Einfluß des intellektuellen Niveaus der sie umgebenden Zivilgesellschaft.

Die Flutung des wissenschaftlichen Angebots aller Bildungseinrichtungen mit Sentenzwissenschaften kennzeichnet nicht nur das Bildungssystem Deutschlands, sondern das der gesamten westlichen Welt. Auf diese Weise hat sich der Kulturmarxismus in einem fast uneinnehmbaren Brückenkopf festgesetzt und eine strategische Position erlangt, über den er abweichende Ideologien der Gesellschaft wirkungsvoll bekämpfen kann. Der Gewinn der ideologischen Kontrollhoheit über die westlichen Universitäten demonstriert den Sieg der Trotzkischen Variante des Bolschewiki-Marxismus im 21. Jahrhundert.

Auch an den Universitäten der Vereinigten Staaten ist dieser Triumph sichtbar. Selbst Bemerkungen über eine naturgesetzliche Wirklichkeit können mittlerweile, wenn sie kulturmarxistisch nicht kompatibel sind, einen formellen Ausschluß aus der Bildungseinrichtung zur Folge haben. Dies ist etwa dem renommierten Entdekker der DNA-Struktur, James Watson, noch im Alter von 91 Jahren widerfahren.

Traditionell hat in Deutschland die jeweilige politische Macht einen ungehinderten Einfluß auf den Geist der Wissenschaften und den Betrieb der meist staatlichen Universitäten. Schon im 20. Jahrhundert haben Professoren die Ideen des braunen und des roten Sozialismus feinfühlig wahrgenommen und ihre Lehre und Forschung danach ausgerichtet. Aber nicht nur charakterliche Eigenschaften des deutschen Lehrkörpers, sondern auch die Abhängigkeit von der materiellen Zuweisung staatlicher Forschungsgelder sorgt selbst in den MINT-Fächern für eine angepaßte ideologische Mitkopplung. So haben im 21. Jahrhundert Forschungsvorhaben, die etwa den ›Klimawandel‹ oder die Epidemiologie des Coronavirus zum Gegenstand haben, gute Voraussetzungen, trotz minderer Qualität gefördert und bewilligt zu werden. In der Automobiltechnik erzwingt eine kulturmarxistische Gesetzgebung die Entwicklung von Batterieautomobilen mit Elektromotoren – mit dem wahnhaften Ziel, dadurch eine Reduktion der anthropogenen CO_2-Entstehung zu erreichen und das Weltklima zu schützen.

Der Einfluß von Religionen auf alle Bereiche der Gesellschaft, auch auf die Wissenschaft, ist, wie die Geschichte zeigt, seit je groß. Allerdings unterscheiden sich die transzendente Religion des Christentums und die immanente Religion des metaphysischen Materialismus grundsätzlich in ihrer Wirkung. Während die christliche Lehre in der Vergangenheit die Erkenntnisse der Naturwissenschaft und ihre Auswirkungen zwar abgelehnt und bekämpft hat, blieb sie dennoch außerhalb der Wissenschaft, beteiligte sich nicht an der Entwicklung der axiomatischen Denklehre und veränderte somit auch deren innere Logik nicht. Dies ist der entscheidende Grund dafür, daß die axiomatische Naturwissenschaft und Technik der Neuzeit innerhalb der jüdisch-christlichen Welt des Westens in reiner Form entstehen konnte und nur dort entstanden ist (Dominium terrae: »Macht euch die Erde untertan«, 1. Mose 1,28).

Der metaphysische Materialismus dagegen dringt über seine dogmatischen Scheinwissenschaften tief in den Kern der modernen Naturwissenschaft ein und korrumpiert ihre Denkregeln, so daß ihre Aussagen mit den kognitiven Möglichkeiten der politisch-medialen Öffentlichkeit kompatibel werden. Beispiele derartiger zeitgeistiger Perversionen sind in den ökologischen Wissenschaften sowie im weltweiten Vorgehen während der Ausbreitung einer Coronavirus-Variante im 21. Jahrhundert nachweisbar. Die Träger der Scheinnaturwissenschaften sind die Sentenzwissenschaften, deren Menge an den Universitäten anschwillt und die Naturwissenschaft überschwemmt. Eine organisatorisch-institutionelle Trennung der exakten von den

Sentenzwissenschaften, wie sie in Gestalt der technischen Hochschulen der Vergangenheit gegeben war, wird von der kulturmarxistischen Politik vehement bekämpft.

Aufbau hoher Sozialschranken durch schulische Selektion

Der Umbau gesellschaftlicher Strukturen ist ein immerwährender Prozeß, der nie beendet ist. Im 20. und im 21. Jahrhundert stellte bzw. stellt die politische Mission des metaphysischen Materialismus die dominante Kraft, die darauf ausgerichtet ist, in allen Bereichen der Gesellschaft Gleichheit zu erzeugen. Während dieses Prozesses ist allerdings ein merkwürdig-paradoxes Phänomen zu beobachten: Je weiter der Prozeß fortschreitet, desto weniger zufrieden sind die Menschen mit dem Erreichten. Wie in einem Rudel Wölfe werden die sozialen Kämpfe heftiger, wenn sich die Abstände in der Rangordnung zwischen den Individuen verkleinern. In vergeblichem Bemühen sind daher immer wieder neue Maßnahmen erforderlich, um die immanent-religiöse Sehnsucht zu erfüllen, im Dasein existentieller Ungleichheit Gleichheit herzustellen.

So beklagt die deutsche politisch-mediale Öffentlichkeit die verschlechterten Aufstiegschancen innerhalb einer sich egalisierenden Sozialstruktur, erkennbar an der zunehmend geringeren Repräsentanz junger Menschen aus unteren sozialen Schichten an höheren Schulen und Hochschulen. Angesichts dessen will die Sozialpolitik nun dieser Entwicklung begegnen und mit kollektiver

Erziehung in Kindertagesstätten schon im Kleinkindalter beginnen.

Ein Innehalten und eine Prüfung der Erfolgsaussichten solcher Maßnahmen erlaubt der kulturmarxistische Zeitgeist nicht. Indes würde eine historische Rückschau auf Grundlage naturwissenschaftlicher und genetischer Wirklichkeit zeigen, daß die auf Basis der physischen Aufklärung gebildete Sozialstruktur der indigenen deutschen Gesellschaft kaum mehr verändert werden kann, sondern daß ihr heutiger Zustand einen seit Jahrhunderten bestehenden Endzustand dokumentiert, der geradezu die postfeudale Folge einer über Generationen erfolgten Sozial- und Kulturpolitik ist.

Der kräftigste Motor für die Gestaltung der Sozialschichten in den entwickelten Industriestaaten der westlichen Welt ist das Schulsystem. Der Erfolg innerhalb dieses Systems bestimmt vor allem die individuelle Stellung in der Sozialstruktur. Kaltblütig fordert eine Maskerade des deutschen Sozialstaates einerseits schulische Regeln für den Aufbau ihrer Klassenstrukturen, andererseits aber zieht sie politischen Nutzen aus den Menschen, die den selektiven Ansprüchen nicht genügen. Der Staat spendet solchen Menschen seinen kulturmarxistischen Trost und aktiviert sie für die sozialen Ziele. Infolgedessen begreifen die meisten indigenen Deutschen das Versagen in der Schule als ein Scheitern, und die Eltern sind in Sorge, daß ihre Kinder den Ausleseprozeß nicht bestehen.

Als Produkt der bürgerlichen Aufklärung macht das westliche Schulsystem die Teilnahme am Unterricht zur gesetzlichen Pflicht. Die allgemeine Schulpflicht begann im 18. Jahrhundert und wurde als eine Errungenschaft der aufgeklärten bürgerlichen Revolution erkämpft. Sie war das entscheidende Instrument zur Ablösung der aus dem Mittelalter stammenden Feudalstruktur, die allerdings in Deutschland formal noch bis ins frühe 20. Jahrhundert hinein überlebte. Auf diese Weise gelang es schrittweise, überkommene Sozialstrukturen abzubauen, die auf der Klassenzugehörigkeit durch Geburt basierten. Dem ›Adel durch Abstammung‹ wurde der ›Adel des Geistes‹ gegenübergestellt. Schon Ende des 18. Jahrhunderts hat Wolfgang Amadeus Mozart, der an Feudalhöfen angestellt war und dort auftrat, gegen die weitgehend leistungsindifferente, undurchlässige Klassenstruktur aufbegehrt. In der Oper *Die Hochzeit des Figaro* singt Figaro wütend über seinen Herrn, den Grafen Almaviva: »Will er tanzen, der Herr Gräflein, mit der Gitarre spiel ich ihm auf.«

Heute, mehr als zweihundert Jahre später, wird über den Tanz des Adels allenfalls noch in den Boulevardmedien berichtet. Außerhalb dieser gesellschaftlichen Gala in Politik, Wirtschaft, Wissenschaft und Kultur gelten dagegen die neuen Regeln, die für alle Mitglieder der Gesellschaft einen Aufstieg in der Sozialstruktur in erster Linie von Zeugnissen des Staates abhängig machen, erworben durch Ausbildung in dessen Schulen.

Schon mit der allgemeinen preußischen Volksschulpflicht von 1717 wurden die alten Klassenstrukturen allmählich dadurch umgestaltet, daß Generationen junger Menschen in den Schulen ausgebildet wurden und ihre bescheinigte Stellung in der Sozialstruktur einnahmen. Dadurch stiegen leistungsfähigere und besser ausgebildete Mitglieder der Gesellschaft in der sozialen Rangordnung weiter nach oben. Auch die Nachkommen der neuen oberen sozialen Schichten befinden sich mit der Geburt in einer besseren Disposition für eine höhere Stellung in der sozialen Rangordnung. Denn die Paarbildung findet seit Menschengedenken vorwiegend innerhalb einer sozialen Schicht statt.

Wenn ein solcher gesellschaftlicher Prozeß über Generationen fortbesteht, führt dies zu einer anderen Verteilung des individuellen Merkmals der kognitiven Fähigkeit in den Sozialstrukturen und hat eine Anreicherung von Individuen mit höherem Potential in den oberen Schichten zur Folge. In der alten Klassenstruktur der Adelsgesellschaft, deren Legitimation in jahrhundertelangem Bestehen auf einem feudalen Gottesgnadentum beruhte, konnten sich die kognitiven Fähigkeiten der Gesamtgesellschaft nicht verwirklichen. Sie waren innerhalb der unteren sozialen Schichten – etwa neunzig Prozent waren Bauern – fixiert. Erst unter der Auswirkung der neuen bürgerlichen Regeln im 18. und 19. Jahrhundert wurden sie freigesetzt, wodurch in allen Bereichen der Gesellschaft ein sozialer Aufstieg der Tüchtigen und Leistungsfähigen aus der unteren Schicht des Volkes möglich war.

Allerdings gelten auch für soziale Konstrukte die Grenzen der biologischen Wirklichkeit. So hat die Bildung der neuen sozialen Klassen innerhalb der indigenen Population im 21. Jahrhundert mittlerweile ihr natürliches Ende gefunden. Die Strukturen sind weitgehend gefestigt und von der früheren Aussicht auf einen sozialen Aufstieg verbleibt häufig nur noch der immanent-religiöse Zuspruch des metaphysischen Materialismus.

Eine Gesellschaft, die ihre Klassenstrukturen durch Auswahl der Tüchtigen gefestigt hat, muß keinen sozialen Aufstand mehr befürchten. Ein kritischer Gegenentwurf der Unterschichten ist nicht mehr zu erwarten. Wenn sich die Menschen aus diesen Schichten überhaupt gegen ihr Los erheben, dann meist durch blinde Gewalt. Die herrschende Schicht artikuliert den sozialen Zustand der Benachteiligten und benutzt diese Klasse als Mittel für ihre politischen Ziele. Durch die stets gleichen Rhythmen der politisch-medialen Trommeln der Sozialkleriker, die das Heil einer sozialen Egalisierung in Aussicht stellen, wird die Gesellschaft in Gleichklang versetzt und erfolgreich ruhiggestellt. Mit der Entstehung der Strukturen eines Sozialstaates hat sich auch die Bigotterie des religiösen Trostes geändert: Das christliche Paradies nach dem Tode wird durch die Suche nach der Harmonie sozialer Gleichstellung vor dem Tode ersetzt.

Die Schule als Kämpfer gegen die naturgesetzliche Ungleichheit der Menschen

Die politisch-mediale Öffentlichkeit diskutiert nicht über die Vernunft oder Fairneß der sozialen Regeln der physischen Aufklärung, nach denen vorrangig die kognitive Leistungsfähigkeit eines Individuums über seine soziale Stellung in der Gesellschaft entscheidet. Statt dessen wird versucht, die sozialen Unterschiede einzuebnen, nämlich durch angepaßte Erziehung, mit der die notwendigen Fähigkeiten von jedermann erworben werden – trotz genetischer Unterschiede. Der ›wissenschaftliche

Diskurs‹ wird beherrscht von den Ideen des metaphysischen Materialismus und die Sozialpolitik von dessen marxistischer Manifestation, die in der reinen Lehre davon ausgeht, daß die unterschiedliche kognitive Kompetenz der Menschen hauptsächlich von Umwelteinflüssen bestimmt wird. Die Erkenntnis axiomatischer Naturwissenschaft, daß jede biologische Funktion – auch die intellektuelle des menschlichen Gehirns – entscheidend von genetischer Determinierung abhängig ist, wird abgelehnt.

Ein Hinweis auf die Gültigkeit der Naturgesetze auch für kognitive Leistungen führt in der politisch-medialen Öffentlichkeit meist zu Betroffenheit und emotionsgeladener Abwehr, basierend vor allem auf der unvermeidlichen Reflexion des Individuums über die kognitiven Gegebenheiten, mit der es selbst oder seine Kinder an den sozialen Abläufen teilnehmen. Somit ist die rationale Bewertung erschwert, und eine menschenwürdige Demut angesichts der eigenen genetischen Voraussetzungen ist selten.

Obwohl genetische Mechanismen heutzutage tief verstanden werden und obwohl daher experimentell belegt werden kann, daß zwischen verschiedenen Individuen, aber auch zwischen ethnischen Gruppen eine große genetisch-biologische Varianz besteht, die auch die Intelligenz umfaßt, stellt der metaphysische Materialismus diese Wirklichkeit in Frage. Er steht somit auf derselben Ebene wie viele transzendente Religionen, die ebenfalls annehmen, daß geistige Funktionen nicht allein durch die Gesetze der modernen Naturwissenschaften erklärt werden können.

Im Sozialstaat werden die Ideen des metaphysischen Materialismus aggressiv verwirklicht. Es ist sein Ziel, daß in allen Bereichen der Gesellschaft, vor allem aber in der Erziehung offensichtliche Unterschiede kognitiver und anderer Fähigkeiten durch Gleichstellung ausgeglichen werden, in der Schule auch durch gemeinsamen Unterricht für alle. Das Herstellen einer sozialen ›Diversity‹ ist die ideologische Mission. Gesellschaftliche Gruppen und Kollektive sollen aus einer Vielfalt kultureller, religiöser, ethnischer und biologischer Identitäten bestehen.

Grundsätzlich sind zwei gesellschaftliche Methoden bekannt, mit denen sich ›diverse‹ Kollektive bilden lassen. Sie beruhen auf gegensätzlichen Motivationen und können beschrieben werden als ›Diversität aufgrund von Selektion hoher Leistung‹ oder ›Diversität aufgrund ideologischer Quoten‹. Die Bildung einer diversen personellen Zusammensetzung nach hohen Leistungsvorgaben vollzieht sich immer in Kollektiven, deren Existenz auf dem Wettbewerb mit anderen und dem unbestrittenen Konsens über die zu erreichenden Leistungen gründet. Gegeben sind diese Bedingungen vor allem im Sport (Meter, Sekunden, Fußballtore) oder der naturwissenschaftlich-technischen Forschung (Publikation innovativer Ergebnisse). Hier erfolgt die Zusammensetzung des Kollektivs durch die Auswahl der Geeigneten, und die fehlende Erfüllung einer Leistungserwartung wird rasch mit dem Ausschluß aus dem Kollektiv geahndet. Ein bekanntes Beispiel sind die europäischen Champions-League-Fußballmannschaften, deren ethnische, kulturelle und religiöse Diversität allein auf der Auslese nach Leistung im Fußballspiel beruht.

Den ideologischen Gegenentwurf repräsentiert die Diversität nach Quoten, die sich in der deutschen Gesellschaft zunehmend ausbreitet. Bei diesem Modell ist der spezifische Leistungsanspruch an die Mitgliedschaft in einem Kollektiv nachrangig. Die Aufnahme ins Kollektiv erfolgt nach Maßgabe anderer Merkmale, etwa des Geschlechts, einer körperlichen Behinderung, der Ethnie oder der Religion. Hier ist die Gestaltung einer Gesellschaft sozialer Vielfalt nach ideologischer Vorgabe die Maxime. Gute Voraussetzungen sind in solchen Kollektiven gegeben, deren Leistungsqualität nicht zweifelsfrei belegt werden kann. So bieten politische, staatliche und parastaatliche Einrichtungen ein fruchtbares gesellschaftliches Substrat. Dort werden Personen bestimmter gesellschaftlicher Gruppen »bei gleicher Qualifikation bevorzugt eingestellt«.

Der personelle Aufbau eines gesellschaftlichen Kollektivs nach ideologischen Richtlinien erzeugt eine Diversifizierung mit mangelnder Effizienz der gewollten Funktion. Beispielhaft ist dies am deutschen Schulsystem zu erkennen. So bewirkt der kulturmarxistische Auftrag zur gemeinsamen Unterrichtung von Menschen mit unterschiedlicher kognitiver Leistungsfähigkeit und zur Orientierung an den Schwachen einen geringeren Lernerfolg aller Schüler, aber in erster Linie der leistungsschwachen. Durch Vergabe nicht leistungsgerechter Zensuren wird versucht, dieses Phänomen zu kaschieren. Eine glaubwürdige Bewertung der Leistung auf Grundlage von überwiegend geschönten Schul- und Universitätszeugnissen ist daher kaum mehr möglich. Dieser Nachteil ist allerdings nur ein oberflächlicher. Zudem erwerben die Individuen ihre Kenntnisse und Fähigkeiten auch außerhalb des organisierten Bildungssystems, so daß neue Merkmale der Leistungsbewertung entstehen. Darüber hinaus ist bei der Beurteilung der Qualität des deutschen Schulsystems im Vergleich mit dem früheren zu berücksichtigen, daß biologische Effekte an Bedeutung gewinnen, da sich die Struktur der deutschen Bevölkerung durch Neubesiedlung fortschreitend ändert und die damit verbundene Abnahme der durchschnittlichen kognitiven Leistungsfähigkeit auch eine schulische Anpassung der Lehre erforderlich macht.

Die eigentliche Malignität der kulturmarxistischen Gestaltung deutscher Schulen liegt also nicht nur im abnehmenden Lernerfolg. Vielmehr sind zwei Mechanismen von Bedeutung, die sich gegenseitig beeinflussen, und zwar ein kulturpolitischer und ein biologischer. Denn auf dem Weg des breiten Stroms der Schüler und Studenten zu formal höheren Bildungsabschlüssen befindet sich ein gewaltiges Hindernis: das Gebirge der physischen Aufklärung mit seinen hohen Bergen der MINT-Wissenschaften, deren Überquerung den meisten nicht möglich ist. Daher fließt die Menge daran vorbei – und durch die flache Ebene mit den Seen und Sümpfen der Kultur-, Gesellschafts- und Geisteswissenschaften. Dort bildet sie die Brutstätten der metaphysischen Aufklärung, deren Schein- und Viruswissenschaften Eingang finden in die Dogmen der immanenten Religion der Zeit. Die gewaltige Zunahme von wissenschaftlichen Veröffentlichungen vollzieht sich vor allem in diesem Nährboden. Hier wird der Intellektuelle des Sentenz-Typs geboren, der zudem vom zeitgeistservilen Lyssenko-Typ aus dem

Gebäude der exakten Wissenschaften Unterstützung bekommt. Die Ideen des anthropogenen ›Klimawandels‹, die ideologische Inszenierung einer Viruspandemie und die Notwendigkeit einer ›Großen Transformation‹ der Gesellschaft, um eine globale Herrschaft marxistischer Bürokratien zu verwirklichen, beziehen ihre Energie aus diesem Milieu.

Das weibliche Geschlecht spielt bei diesen gesellschaftlichen Prozessen eine Hauptrolle. Durch die Koedukation der beiden Geschlechter erfolgt eine Effemination des männlichen Denkens, aber auch eine Erziehung des weiblichen Denkens nach männlichen Vorgaben. Die reklamierte Emanzipation der Frauen vollzieht sich nach den Maßstäben männlicher Weltbilder: Frauen sollen und wollen in tiefer Überzeugung handeln wie Männer. Die intellektuelle, seelische und soziale Welt des weiblichen Teils des menschlichen Daseins wird als eine rückständige entlarvt und in der politisch-medialen Öffentlichkeit dem Spott und der Verachtung preisgegeben. Zwar erklimmen nur wenige Frauen die Berge der MINT-Wissenschaften, aber für eine männliche Karriere öffnet die Gesellschaft den Frauen weit die Türen. Die Folge sind eine Effemination originär männlicher Abläufe in der Gesellschaft und insbesondere auch eine Perversion des originär weiblichen Handelns, das in einer sozialen Gemeinschaft, etwa der Familie, biologisch entstanden ist und dort seine existentielle Heimat hat. Nun aber verläßt weibliches Denken und Handeln diesen Raum: Es prägt als weiblich-empathische Ethik des Augenblicks das nationale und internationale politische Handeln und verdrängt Entscheidungen auf der Grundlage einer Verantwortungsethik für die Zukunft. Verweiblichtes politisches Handeln wird somit zu einem wichtigen Werkzeug kulturmarxistischer Destruktion, unverhüllt sichtbar in der deutschen ›Willkommenskultur‹ bei der Aufnahme von Millionen Neusiedlern aus Arabien und Afrika.

Das deutsche Erziehungssystem formt also männliche Lebensziele für das weibliche Geschlecht und bereitet Frauen auf eine aktive Teilnahme an den gesellschaftlichen und politischen Aktivitäten der Männer vor. Der kulturmarxistische Zeitgeist fordert für Frauen eine männliche Emanzipation und verhindert eine eigenständig weibliche. Er bestreitet die Existenz eines für das menschliche Leben bedeutsamen Unterschiedes im Handeln und Fühlen der beiden Geschlechter. Somit vollzieht sich hinter einer weiblichen Scharade ein männliches Denken und Handeln.

Es ist allerdings absehbar, daß dieses Phänomen historisch eine kurze Episode sein wird. Denn viele der männlichen Funktionen vornehmlich in der produzierenden Wirtschaft, an denen Frauen beteiligt sind, werden in einer digital-technologischen Gesellschaft der Zukunft nicht mehr benötigt – mit der Folge, daß eine originär weibliche Emanzipation jenseits von männlichem Denken und Handeln für den inneren Zusammenhalt der Gesellschaft zunehmend an Bedeutung gewinnt.

Aber Populationen sterben am Ende biologisch. So hat die kulturmarxistische Emanzipation der Frauen eine fatale Abnahme der Fertilitätsrate der Population zur Folge. Dieser offensichtliche Vorgang wird von der deutschen Gesellschaft als unvermeidlich hingenommen und dokumentiert ihre depressive Bereitschaft zum nationalen

Suizid. Als suizidale Tatwaffe fungiert, neben der Achtlosigkeit gegenüber der Aufzucht eigener Nachkommen in ausreichender Zahl, eine apathische Willigkeit, fertilen Neusiedlern ihr Siedlungsgebiet zu überlassen.

Symptom der Zeit

Fereidooni, Karim: *Schule – Migration – Diskriminierung. Ursachen der Benachteiligung von Kindern mit Migrationshintergrund im deutschen Schulwesen,* Wiesbaden 2011.

Frenzel, René: *Die sozialistische Schule. Eine Zusammenstellung der wichtigsten gesetzlichen Bestimmungen und Dokumente,* Berlin (Ost) 1960.

Kopp, Botho von: *Die sozialistische Schule zwischen Lernen und Erziehen. Eine vergleichende Studie über den Erziehungsauftrag der Schule in der ›entwickelten sozialistischen Gesellschaft‹,* Köln und Wien 1983.

Kortendiek, Beate, Lisa Mense, Sandra Beaufaÿs, Jenny Bünnig, Ulla Hendrix, Jeremia Herrmann, Heike Mauer und Jennifer Niegel: *Gender-Report 2019. Geschlechter(un)gerechtigkeit an nordrhein-westfälischen Hochschulen. Hochschulentwicklungen – Gleichstellungspraktiken – Gender Pay Gap,* Essen 2019.

Ministerium für Kultur und Wissenschaft des Landes Nordrhein Westfalen: Hochschulgesetz Nordrhein-Westfalen, Düsseldorf 2019.

Sybel, Heinrich von: *Die deutschen Universitäten, ihre Leistungen und Bedürfnisse,* Norderstedt 2016 [Bonn 1874].

Analyse der Zeit

Helsper, Werner, Heinz-Hermann Krüger und Jasmin Lüdemann (Hrsg.): Exklusive Bildung und neue Ungleichheit. Ergebnisse der DFG-Forschergruppe ›Mechanismen der Elitebildung im deutschen Bildungssystem‹, *Zeitschrift für Pädagogik*, 65. Beiheft, Weinheim 2019.

Klein, Hans Peter: *Abitur und Bachelor für alle – wie ein Land seine Zukunft verspielt*, Springe 2019.

Kraus, Josef: *Wie man eine Bildungsnation an die Wand fährt. Und was Eltern jetzt wissen müssen*, München 2017.

Kraus, Josef: *50 Jahre Umerziehung. Die 68er und ihre Hinterlassenschaften*, Lüdinghausen und Berlin 2018.

V.
VIRALE SCHEINWISSENSCHAFT ALS DOGMA DES METAPHYSISCHEN MATERIALISMUS

Die kulturmarxistische Epidemie der Viruswissenschaften

Die reine Lehre des deutschen Kulturmarxismus sieht Natur und Technik in einem Widerstreit zwischen Gut und Böse. Ihr Verständnis der menschlichen Technik folgt nicht den Denkregeln axiomatischer Wissenschaft, die Technik als einen Teil der Natur beschreibt. Vielmehr begreift der deutsche Kulturmarxismus, meist auch aufgrund eines kognitiven Mangels, die Technik als Widersacher seiner immanenten Religion, also primär als ein bedenkliches Risiko. Im tiefsten Inneren glaubt er, daß die technologische Entwicklung den Menschen von der Natur entfremdet und ein soziales Instrument kapitalistischer Herrschaft verkörpert. Groß dagegen ist seine Empathie für die Natur, die ihm im unberührten Zustand Rousseauscher Verklärung Glück und soziale Gleichheit verheißt. Daher begegnet der naturwissenschaftlich-technischen Forschung in der postmodernen deutschen Gesellschaft ein endemischer Widerstand, der in einem politischen Spektrum von mißtrauischer Kontrolle bis politisch-religiöser Feindschaft aktiv ist. Insbesondere aus dem Weltbild des grünen Kulturmarxismus entstehen potente Hindernisse, die maßgeblich dafür verantwortlich sind, daß die deutsche Industrie an globalen Entwicklungen neuer Technologien, zum Beispiel Digital-, Atom- und Gentechniken, vorwiegend passiv beteiligt ist.

Es erscheint daher paradox, daß Argumente aus der Wissenschaft vom immanent-religiösen Materialismus als Zeugnis einer dogmatischen Welterklärung benutzt werden. Die Auswahl hierfür geeigneter Wissenschaften erfolgt jedoch nach spezifisch ausgesuchten Merkmalen. Vor allem die Sentenzwissenschaften gehören dazu, allerdings nur dann, wenn ihre Aussagen mit der Ideologie kompatibel sind und zudem über ›empirische‹ Anteile verfügen, wie mathematische Berechnungen oder computergestützte Modellierungen, die bei den meisten Bürgern den Eindruck exakter Wissenschaftlichkeit erwekken. Derartige Wissenschaften gelangen auf diese Weise über das Geflecht politischer Parteien in alle Verästelungen der Gesellschaft, nutzen deren innere Strukturen und geben so politischen Zielen die erstrebte ideologische Richtung. Aufgrund der ideologischen Kontagiosität dieser Wissenschaften ist ihre Charakterisierung als ›Viruswissenschaften‹ zutreffend.

Solche Wissenschaften stellen ein Zwittergebilde exakter und nicht-exakter Struktur dar, das in seiner Funktion biologischen Viren analog ist. Denn die Viren der Natur sind Mikroorganismen zwischen belebter und unbelebter Materie. Über vorhandene Teilstrukturen eines Lebewesens (Struktur- und Enzymproteine, Nukleinsäuren) dringen Viren durch die Zellwand in lebende Zellen ein und nehmen an deren Stoffwechsel teil, um sich rasch in ihnen zu vermehren, bis die Zelle stirbt. Danach treten viele neugebildete Viren aus der toten Zelle aus und infizieren neue lebende Zellen. Dieser typische Zyklus eines Virus im biologischen System veranschaulicht die Funktion und Ausbreitung von Viruswissenschaften in der Gesellschaft.

Einen guten Nährboden für das Wachstum der Viruswissenschaften bildet der Kulturmarxismus. Wissenschaftliche Publikationen, die Merkmale viruswissenschaftlicher Qualität erfüllen, haben sich seit dem Ende des 20. Jahrhunderts explosionsartig vermehrt. Die größte Menge entstammt der unerschöpflichen Quelle der Kultur-, Gesellschafts- und Geisteswissenschaften, aber auch die Naturwissenschaften sind Ziele einer viralen Umgestaltung, besonders sichtbar in den Geowissenschaften.

Der Kulturmarxismus als politische Manifestation des metaphysischen Materialismus benutzt also Viruswissenschaften als ein dogmatisches Medium, um in die physische Aufklärung zu infiltrieren und sie von innen zu verändern. Dieser Prozeß wird auch als ›Demokratisierung der Wissenschaft‹ bezeichnet und an westlichen Universitäten erfolgreich verwirklicht. Mittlerweile ist er so weit vorangeschritten, daß auch eine formale Beteiligung von Nichtnaturwissenschaftlern an der Forschung gefordert wird. Im Diskurs sollen dann gesellschaftliche Ziele definiert und im ›Bürgerdialog‹ eine ›Bürgerforschung‹ (›Citizen Science‹) entwickelt werden. Die Ziele der naturwissenschaftlich-technischen Forschung entstehen dann nicht mehr nach den Regeln einer axiomatischen Wissenschaft, sondern werden wie in den vorwissenschaftlichen Epochen vom politisch-religiösen Zeitgeist der Gesellschaft bestimmt. In der Lenkung und Gewährung staatlicher Mittel für experimentelle Forschung besteht überdies eine wirksame Handhabe, widerstrebende Wissenschaftler gefügig zu machen.

*Grundlage staatlichen Handelns:
Religion oder Wissenschaft?*

Das Spektrum gedanklicher Systeme, die über eigene logisch kohärente Regeln verfügen und als Wissenschaft bezeichnet werden, ist in Deutschland sehr breit. Es wird unscharf begrenzt durch religiöse und weltanschauliche Überzeugungen sowie durch Werke der Kunst. In der Philosophie gibt es verschiedene wissenschaftstheoretische Bemühungen, all die planmäßigen menschlichen Versuche zur Ermittlung von Wahrheit und Erkenntnis systematisch zu ordnen.

In den Verfassungen westlicher Sozialstaaten wird die Freiheit der wissenschaftlichen Tätigkeit in Forschung und Lehre ebenso garantiert wie die Religionsfreiheit. Religion wird hier ausschließlich als eine transzendentale Form der Weltanschauung verstanden. Eine Unterscheidung zwischen transzendenter und immanenter Religion erfolgt in westlichen Verfassungen nicht. Die verfassungsgemäße Freiheit der Religionsausübung ist allerdings auf den einzelnen Bürger und die Tätigkeit religiöser Organisationen begrenzt. Darüber hinaus wird zusätzlich eine Trennung von Religion und Staat kodifiziert und in den verschiedenen Verfassungen der Sozialstaaten mehr oder weniger streng geregelt.

Diese Einschränkung gilt jedoch nicht für die Wissenschaftsfreiheit. Aktionen staatlicher Politik werden geradezu regelmäßig durch wissenschaftliche Argumente begründet. Eine Begründung staatlicher Entscheidungen durch Wissenschaft gilt sogar als besonderes Qualitätsmerkmal. Richterliche Entscheidungen basieren häufig auf wissenschaftlichen Gutachten. Auch die politischen Parteien der Sozialstaaten benutzen in ihren Programmen Gründe, die sie als wissenschaftlich bezeichnen. Diese Gründe basieren häufig auf dogmatischen Teilen einer immanenten Religion, die in einer politischen Partei manifestiert ist. Es wird somit deutlich, daß eine verfassungsgemäße Trennung von Wissenschaft und immanenter Religion sowie von viraler Wissenschaft und Staat, wie sie zwischen transzendenter Religion und Staat geregelt ist, kaum realisiert werden kann. Sie liegt auch außerhalb der Ordnung westlicher Sozialstaaten.

Es ist daher notwendig, daß die wissenschaftlichen Elemente, die der Sozialstaat für seine Politik heranzieht, einer kritischen Prüfung unterzogen werden. Im Vergleich zur Wissenschaft gilt Religion als ›subjektiv‹. Ein auf Evidenz beruhender Nachweis, daß spezifische politische Entscheidungen auf wissenschaftlicher Grundlage wirklich ›objektiver‹ sind, also für die Gestaltung der Lebenswirklichkeit und das Wohl der Gesellschaft vorteilhafter, wird allerdings in der Regel nicht erbracht. Denn dieser Nachweis ist davon abhängig, daß ein geeignetes Element aus der Vielzahl der Wissenschaften, die in unterschiedlicher Güte bestehen, herangezogen wird, und vor allem davon, ob die Verwendung des Elements durch die Politik nach den Regeln erfolgt, die auch in der Wissenschaft gelten, der das Element entstammt. So werden Erkenntnisse der modernen Naturwissenschaft in der Politik des Sozialstaates häufig in einer Weise benutzt, die den wissenschaftlichen Quellen nicht entspricht. Aus einem wissenschaftlichen Argument wird dann ein scheinnaturwissenschaftliches. Um solch einen Vorgang zu verstehen, bedarf es der Kenntnis der spezifischen Merkmale der modernen Naturwissenschaft.

Die Regeln der physischen Aufklärung. Drei unverzichtbare Gebote axiomatischer Naturwissenschaft

Die folgenden drei Bedingungen müssen in ihrer Gesamtheit erfüllt sein, damit der Einfluß menschlicher Subjektivität auf die Wissenschaft eliminiert wird und die Architektur einer modernen axiomatischen Naturwissenschaft gegeben ist:

1. **Alle Bausteine der Wissenschaftsarchitektur sind auf die Axiome der Physik und Chemie rückführbar.** Strukturwissenschaft ist die Mathematik, nach deren Regeln quantitative Aussagen nur mit axiomatisch rückführbaren Kenngrößen erfolgen.
2. Herzstück ist das Experiment: **Nur experimentell beweisbare Aussagen sind wissenschaftlich.** Teilnehmer und Ergebnisse eines Experiments erfüllen die Bedingungen nach (1). Das experimentelle Modell muß eine Minimalreduktion der teilnehmenden Elemente des Experiments erfüllen.
3. **Das Experiment muß reproduzierbar sein**, damit subjektive Einflüsse durch Ergebnisse gleicher Untersuchungen anderer Wissenschaftler statistisch selbstregulierend korrigiert werden können.

Axiomatische Naturwissenschaft: Gebote und ihre Mißachtung

Aufgrund eines radikalen Unterschieds in der methodischen Systematik ist es unerläßlich, die Wissenschaften qualitativ in zwei Teile zu trennen: in solche, die in ihrer Gesamtheit axiomatische, mathematische und experimentell beweisende Grundlagen haben, und solche, die diese Grundlagen nicht haben. Zum ersten Teil zählen die modernen Naturwissenschaften, die naturwissenschaftliche Medizin und Technik, die axiomatische Mathematik und Informatik sowie Teile der Ökonomie, zum zweiten die Kultur- und Gesellschafts- sowie die nicht-axiomatischen Geisteswissenschaften. Der erste Teil wird hier *Scientia* genannt, der zweite *Sententia* (siehe auch das Kapitel »Intellekt und Erziehung« in diesem Buch).

Die modernen Naturwissenschaften gelten aufgrund der genannten Kriterien als exakte Wissenschaften. Der Begriff ›Exaktheit‹ wird zumeist aus der Verwendung der exakten Mathematik als axiomatischer Strukturwissenschaft abgeleitet, obwohl viele andere nicht-exakte Wissenschaften ebenfalls komplexe Mathematik einbeziehen – so auch die Scheinwissenschaft der Astrologie, ohne daß diese dadurch zur Naturwissenschaft der Astronomie würde.

Das eigentlich Herausragende der modernen Naturwissenschaften liegt somit im Kern in etwas anderem: in der stringenten Handhabung von besonderen wissenschaftlichen Regeln, deren Einhaltung eine wissenschaftliche Architektur erzeugt, die prinzipiell unabhängig ist von der Natur des agierenden Wissenschaftlers, also von dessen religiösen, weltanschaulichen und kulturellen Überzeugungen, seiner Meinung zur Politik und sonstigen Vorstellungen jeglicher Art. Der Ausschluß derartiger Einflüsse, die für viele Geistes- und Gesellschaftswissenschaften bestimmend sind (und dies auch für die vormodernen Naturwissenschaften waren), ist die notwendige Voraussetzung für die Weiter- und Höherentwicklung der Naturwissenschaft zu einer sentenzfreien Wissenschaftsarchitektur. Nur so war und ist es möglich, daß eine definierte wissenschaftliche Fragestellung von verschiedenen Wissenschaftlern gleichzeitig oder aufeinanderfolgend unter denselben subjektunabhängigen Regeln weiter verfolgt und vertieft wird. Erst damit war die Voraussetzung gegeben, daß die Naturwissenschaft aus einem weitgehend statischen Zustand nebeneinander bestehender Schulen der vorwissenschaftlichen Zeiten in eine Phase quasiexponentieller Wissensvermehrung eingetreten ist und seit ihrer Erfindung in Europa die Menschheit in den letzten Jahrhunderten global verändert hat.

Die Basis der modernen Naturwissenschaft, die im christlichen Abendland erfunden wurde, bilden die Axiome. Sie sind Grundbausteine, die gesetzt werden und weder begründet noch deduktiv abgeleitet werden müssen, also keines Beweises bedürfen. Unabdingbar ist aber, daß alle wissenschaftlichen Ableitungen auf diese Axiome rückführbar sind – sonst ist die Grundvoraussetzung axiomatischer Naturwissenschaft nicht erfüllt. Diese Forderung wird von vielen weitverbreiteten ›Wissenschaften‹, die bedenkenlos axiomatische Mathematik zur Berechnung nicht-axiomatischer Kenngrößen gebrauchen, nicht beachtet.

Der entscheidende Fortschritt bei der Entwicklung einer axiomatischen Naturwissenschaft ist also nicht etwa die Entdeckung eines besonderen Weges, der zur Wahrheit und Wirklichkeit der Natur führt, sondern die Definition von Regeln, deren strikte Einhaltung Ergebnisse gewährleistet, die von menschlicher Subjektivität unabhängig und überall in der Endlosigkeit des Raumes und der Zeit reproduzierbar sind und damit gültig erscheinen. Die Reproduzierbarkeit muß im Experiment bewiesen werden.

Jedoch ist ein subjektabhängiger Einfluß auf den Betrieb der modernen Naturwissenschaft auch bei der Durchführung eines Experiments unvermeidlich. Denn zur Planung des Experiments ist ein Vorurteil des Wissenschaftlers über das Ergebnis eine notwendige Voraussetzung. Allerdings zeigt die experimentelle Erfahrung, daß ein Ergebnis, das aufgrund des Vorurteils erwartet wurde, häufig nicht eintritt. Da Vorurteile des menschlichen Gehirns materiell geprägte Ursachen haben, nämlich auf morphologisch festen Nervenstrukturen und molekularen Reaktionen synaptischer Schaltstellen beruhen und sich nur langsam in geringer Breite verändern lassen, werden bei unerwarteten Ergebnissen in der Regel sorgfältige Wiederholungen unter Annahme eines experimentellen Fehlers durchgeführt.

Bei einer Persistenz des unerwarteten Ergebnisses können weitere Reaktionen des Wissenschaftlers beobachtet werden. Neben der Nichtbeachtung oder Leugnung des Ergebnisses ist die häufigste Form eine angepaßte Veränderung unterschiedlichen Ausmaßes an das Vorurteil, also an das erwartete Ergebnis. Dieser Effekt, der mehr oder weniger jeden experimentellen Prozeß begleitet, wird jedoch durch eine permanente statistische Selbstregulation eliminiert, die darauf beruht, daß andere Wissenschaftler gleichzeitig oder später gleiche oder ähnliche Experimente durchführen, dabei subjektgeformte Bausteine aus der Wissenschaftsarchitektur herausnehmen und sie durch passendere und regelkonformere ersetzen. So erfolgt eine fortschreitende Optimierung des wissenschaftlichen Bausteins gemäß den Regeln einer subjektunabhängigen Wissenschaft.

Diese Korrektur naturwissenschaftlicher Befunde vollzieht sich überwiegend sang- und klanglos. Ohnehin schreitet die Entwicklung der modernen Naturwissenschaft, ebenso wie die des biologischen Lebens, in sehr kleinen, kaum bemerkbaren Schritten voran – ohne Anteilnahme der politisch-medialen Bühne. Das ist anders, wenn in einer Wissenschaft experimentelle Fälschungen nachgewiesen werden, meist bei dem Versuch, ein Experiment als großen Wurf darzustellen, wie in den Geistes- und Gesellschaftswissenschaften medienwirksam vorgeführt.

Dann richten sich die Scheinwerfer der zivilgesellschaftlichen Szene auf das Ereignis und es wird eine Bedrohung der Wissenschaft befürchtet. Tatsächlich zeigt aber die Aufdeckung solcher Vorkommnisse die Kraft und Unbestechlichkeit der modernen Naturwissenschaft, die darauf beruht, daß die nicht erfolgte Einhaltung der naturgesetzlichen Regeln über kurz oder lang erkannt und widerlegt wird. Hier zeigt sich der Unterschied zu den nicht-axiomatischen Wissenschaften und deren Gebrauch in der politisch-medialen Öffentlichkeit, wo viele Aussagen auf eloquent vorgebrachten Halbwahrheiten, plausibel erscheinenden weltanschaulichen Überzeugungen und ›authentischen Gefühlen‹ gründen und sich mit Hilfe effektiver Kommunikationsmittel in immer größeren Mengen über die Gesellschaft ergießen. Dieser breite Quark der schwadronierenden Sententia kann dort aber nicht eindeutig als Lug und Trug identifiziert werden, weil er wegen des Fehlens einer axiomatischen Systematik prinzipiell nicht falsifizierbar und daher nicht widerlegbar ist.

Die zerebrale Quelle der Weltbilder und ihre identische physisch-metaphysische Basis

Die logische Basis des Systems der Naturgesetze ist die experimentelle Reproduzierbarkeit der beobachteten Phänomene im Mikro- und Makrokosmos. Ihre universelle Gültigkeit wird außerdem mit Hilfe der Mathematik als Strukturwissenschaft auf die Vergangenheit und die Zukunft erweitert und formt auch dort unser Bewußtsein in der Sprache zerebraler Bilder. Daher begreifen aufgeklärte Menschen die Architektur der modernen Naturwissenschaft als Abbild der existierenden Wirklichkeit unserer Welt, als wahre Beschreibung dessen, was ist, war und sein wird. Das moderne Weltbild erhebt damit das Dasein des menschlichen Gehirns zum Sein in Natur und Universum. Es ignoriert gemeinhin die ausschließliche Entstehung der existierenden Welt im menschlichen Gehirn, das in molekularen Interaktionen eine Vielzahl von Programmen für unterschiedliche Welten ins Bewußtsein bringt: »Cogito, ergo sum.« Eine dieser Welten ist die der modernen Naturwissenschaft. Sie ist in der westlichen physischen Aufklärung entstanden und prägt unsere Gegenwart. Darüber hinaus verschmilzt im zerebralen Bewußtsein des westlichen Menschen die physische Aufklärung mit den Ideen des metaphysischen Materialismus und transzendenter Religionen.

Die Sprache der modernen Naturwissenschaft beschreibt Mechanismen der Natur nach der eigenen, vorgegebenen Grammatik. Die Daten der so gewonnenen Erkenntnis übersetzt das menschliche Gehirn in Bilder und Vorstellungen seines Bewußtseins. Diese sind jedoch auf einen biologisch wahrnehmbaren winzigen Ausschnitt der materiellen Welt begrenzt, durch den das menschliche Gehirn mit der Außenwelt in Kontakt treten kann. Die Physik beschreibt die wichtigen Kommunikationsinstrumente vor allem als elektromagnetische und akustische Wellen. Es ist auch nur die Welt der bekannten Materie, mit der die axiomatische Wissenschaft die Funktion und Interaktion des Gehirns beschreibt. Ein viel größeres Universum der ›dunklen Materie‹ liegt außerhalb des bewußten Daseins. Ein banaler Ausfall der Energieversorgung der materiellen Hirnvorgänge hat in nur wenigen Minuten den Übergang des bewußten Daseins in das unbewußte Nichts zur Folge.

Die Tatsache, daß das menschliche Gehirn dennoch die tiefe Überzeugung besitzt, das universelle Sein zu erkennen (das Unbekannte wird noch erforscht), ist wahrscheinlich auf eine soziale, entwicklungsgeschichtlich erworbene Funktion zurückzuführen, und sie ist Herzstück des naturwissenschaftlichen Weltbildes. Jedoch vermag nur die Naturwissenschaft zu der Einsicht zu befähigen, daß unser menschliches Gehirn als Teil der materiellen Welt eben nicht das absolute Sein erkennen kann, sondern daß sein physischer Kontakt mit der Außenwelt innerhalb unüberwindbarer Grenzen der Gehirnfunktion nur sein eigenes Abbild des Daseins ermöglicht. Einblicke in eine anderes Sein verschaffen nur die Weltbilder verschiedener Metaphysiken.

Die Regeln der axiomatischen Naturwissenschaft führen also zu der Erkenntnis, daß die Grenzen der Physik durch eine subjektunabhängige experimentelle Reproduzierbarkeit wahrgenommener Phänomene der Natur gesetzt werden – und durch eine bisher nicht widerlegte Prämisse ihrer universellen Gültigkeit in Raum und Zeit. Allerdings zeigt die allgegenwärtige Annahme, die Naturgesetze würden einen Blick in das absolute Sein erlauben, lediglich die Option des materiellen Gehirns, in fließenden Übergängen ein Denken in den Welten der Physik und der Metaphysik als bewußte Wirklichkeit zu begreifen.

Für die Flut der nicht-axiomatischen Schein- und Viruswissenschaften unserer Zeit ist kennzeichnend, daß sie das physische Weltbild der Gegenwart nicht in Frage stellen. Sie bewegen sich auch nicht innerhalb der reinen Metaphysik, sondern wollen einen Beitrag zu den modernen Naturwissenschaften leisten. Ihre Intentionen, Ziele und Fähigkeiten sind unterschiedlich und entfalten sich zwischen Humbug und programmierter viraler Infiltration in axiomatische Wissenschaft, um deren Regeln zu verändern und sie für ideologische und ökonomische Ziele nutzbar zu machen. Der solcherart betriebene Verstoß gegen die Qualität axiomatischer Wissenschaft ist klar abzugrenzen von ideellen Blicken über die materiellen Grenzen unseres zerebralen Daseins hinaus in ein metaphysisches Sein.

Aber der Glaube an die Existenz einer übersinnlichen Macht und eines höheren Wesens ist als entwicklungsgeschichtliches Urprogramm tief im Bewußtsein des Menschen verankert und tritt in Variationen zwischen vager Möglichkeit und tiefer Überzeugung in Erscheinung. So hat bei einigen Mathematikern und Naturwissenschaftlern die Tatsache, daß die vom menschlichen Gehirn entworfene abstrakte Sprache der Mathematik, die für alle Bereiche der Naturwissenschaften von Physik bis Neurophysiologie wie angegossen paßt, zu der Frage geführt, ob die Gesetze der Mathematik nicht unabhängig vom zerebralen Bewußtsein präexistent, das heißt keine Erfindung des menschlichen Geistes seien, sondern die Entdeckung eines vorhandenen geistigen Phänomens des Seins. Schon diese Frage offenbart die große Schnittmenge von physischem und metaphysischem Denken. Aber eine Antwort mit Hilfe eines Gemenges beider Denkregeln ist nicht möglich.

Die Suche nach dem Sein der Mathematik in einem metaphysischen Makro- oder Mikrokosmos bleibt somit auf ewig ohne Erfolg. Allerdings gewähren die Denkregeln axiomatischer Wissenschaft die Einsicht, daß die Gestalt eines jeden wissenschaftlichen Systems, das unser Gehirn hervorbringt, ihren Ursprung in der Struktur, der Funktion und den Grenzen der universellen Materie hat – so auch die der Logik, die den mathematischen Gesetzen innewohnt, und ebenso diejenige der axiomatischen Naturwissenschaft, deren Denkstruktur durch mathematische Gesetze geformt wird. Es ist daher schlüssig und nicht überraschend, daß der mathematische Plan, der bei Entstehung des naturwissenschaftlichen Weltbildes unserer Zeit integriert wurde, bei einer späteren Suche danach wiedergefunden wird.

Auch mancher Philosoph zeigt eine Mißachtung des Geltungsbereiches der Regeln der modernen Naturwissenschaft, wenn er mit ihrer Hilfe die Existenz eines Gottes sucht und ab und zu sogar fündig wird. Schon die Suche offenbart ein Mißverständnis der naturgesetzlichen Regeln, denn ein Gott ist nicht rückführbar auf physikalische Axiome und daher nach den Denkregeln der axiomatischen Wissenschaft nicht zu finden.

Auf diese Weise offenbart die westliche Welt eine Melange vieler Weltbilder, für die zerebrale Anwendungsprogramme zur Verfügung stehen. Dominierend in unserer Zeit ist die immanente Religion des metaphysischen Materialismus. Diese diesseitige Religion infiltriert tief in transzendente, insbesondere christliche Religionen, und unter der Hoheit eines hybriden Glaubens werden nunmehr gemeinsam Gebete von Christen und Muslimen an ihre verschiedenen Götter gerichtet.

Beugung axiomatischer Naturwissenschaft durch ideologieorientierte wissenschaftliche Konstrukte: Was ist Scheinwissenschaft?

Der Begriff ›Scheinnaturwissenschaft‹ im hier gemeinten Sinne bezeichnet einen tendenziösen, nicht regelkonformen Umgang mit richtigen und falschen naturwissenschaftlichen Daten und Aussagen zum Zwecke der Begründung einer Weltanschauung. *Das* große Einsatzgebiet der Scheinnaturwissenschaft ist die politisch-mediale Öffentlichkeit. Dort tritt sie mit dem Anspruch von Wissenschaftlichkeit auf, meist zur Unterstützung gesellschaftsbezogener Meinungsäußerungen.

Durch den finanziellen und personalpolitischen Einfluß des Sozialstaates auf seine Universitäten und Forschungsinstitute diffundiert diese zunehmend scheinnaturwissenschaftliche Tendenz auch in den Betrieb solcher Einrichtungen, so daß von ihnen immer mehr Ergebnisse mitgeteilt werden, die auch in reiner Form ideologisch benutzt werden können, das heißt ohne politische und immanent-religiöse Umdeutung.

Welche Mechanismen sind im einzelnen erkennbar, wenn moderne Naturwissenschaft sich derart verändert, daß sie zu Scheinnaturwissenschaft wird? Zwei wesentliche Voraussetzungen müssen für diese Entwicklung gegeben sein: zum einen eine falsche Anwendung der wissenschaftlichen Methodik und zum anderen die Intention, den wissenschaftlichen Befund für eine weltanschauliche Aussage zu verwenden. Die Verwendung eines fehlerhaften wissenschaftlichen Befundes allein ist nicht hinreichend, um das Kriterium der Scheinnaturwissenschaft zu erfüllen, denn ein falscher Befund kommt häufig vor und kann widerlegt und korrigiert werden – erst mangelndes Verständnis und fehlende Bereitschaft zu einer Korrektur aufgrund weltanschaulicher Gewißheit offenbart die Scheinnaturwissenschaft.

Scheinnaturwissenschaft kann zugleich eine Viruswissenschaft sein, wenn sie mit axiomatischer Wissenschaft verschmilzt und diese so verändert, daß sie ihr ähnlich wird und für weltanschauliche Ziele eingesetzt werden kann. Damit aber Scheinnaturwissenschaft als virales Instrument nutzbar ist, muß sie noch über besondere Eigenschaften verfügen, etwa über die Fähigkeit, prophetische, nicht falsifizierbare Aussagen zu machen und ökonomisch profitable Prozesse in Gang zu setzen. So erzeugen Ideologien mit Hilfe von Scheinwissenschaften meist Zukunftsängste und versprechen zugleich eine Lösung durch Ablaßprogramme. Beispiele sind Klimaschutzprogramme der Geowissenschaften oder unverhältnismäßige Schutzprogramme gegen Infektionserreger in der Epidemiologie.

Scheinwissenschaften, die nicht die Definition axiomatischer Naturwissenschaft erfüllen (siehe oben), können auch eine kognitiv anspruchsvolle und vielschichtige Mathematik und Informatik benutzen, mit denen sie die komplexen Systeme zufälliger und chaotischer Ereignisse beschreiben und Vorhersagen über langfristige Geschehnisse treffen. Auf diese Weise werden Klimamodelle erstellt und eine durch den Menschen hervorgerufene Zunahme des lebenswichtigen Spurengases CO_2 als Verursacher eines globalen Klimawandels erkannt. Weitgehend unbeachtet bleiben dabei unter der Vielzahl klimabeeinflussender Faktoren die nicht vom Menschen beeinflußbaren astronomischen, abgesehen von der Sonnenenergie.

Die Wissenschaft der Klimamodellierung beachtet nicht die grundsätzliche Forderung axiomatischer Naturwissenschaft nach einem experimentellen Beweis ihrer Thesen. Als Ersatz für den experimentell-physikalischen Nachweis eines naturgesetzlichen Phänomens sind ausgewählte wissenschaftliche Teilexperimente sowie die ständige Anpassung der mathematischen Programme an gesellschaftliche Prozesse und eine empathische Schilderung von Wetterereignissen nicht erlaubt. Daher sind die Klimamodelle in ihrer Gesamtheit als wissenschaftliche These nicht falsifizierbar und wissenschaftstheoretisch als hochkomplexe Scheinwissenschaft einzuordnen. Dies hat das Nobelpreiskomitee im Jahre 2021 aber nicht gehindert, die mathematische Modellierung des Klimas unserer Zeit neben die großen Nobelpreise der Vergangenheit zu stellen und damit zu demonstrieren, wie tief der metaphysische Materialismus in die westliche Gesellschaft eingedrungen ist.

Zudem steht vor allem das anthropogene CO_2 im Mittelpunkt der Modellierung und öffnet so dem Eindringen gesellschaftlicher Ideologie die Tür. Infolgedessen erfüllen die wissenschaftlichen Thesen zugleich die Merkmale einer Viruswissenschaft. Die große Virulenz dieser Viruswissenschaft zeitigt politische Folgerungen: progrediente Besteuerung der industriellen CO_2-Emission, Energiegewinnung aus Sonnenstrahlen und Wind, Einschränkung des Individualverkehrs zugunsten eines Kollektivverkehrs.

Glaube als Melange immanenter und transzendenter Weltbilder

Die Erfindung der Methodik einer axiomatischen Naturwissenschaft, die sich in Europa und der europäischen neuen Welt nach der Renaissance entwickelt hat, bewirkte eine tiefgreifende Veränderung der materiellen und geistigen Grundlage der Menschheit und des Lebens auf dem Globus überhaupt. Sie bildete die Voraussetzung für die Entstehung der europäischen Aufklärung. Wissenschaftsgeschichtlich schufen die neuen methodischen Regeln eine Voraussetzung für die evolutionäre Befreiung von herkömmlichen Wissenschaften, die sich in einer Vielzahl methodischer Schulen auf der Grundlage spezifischer kultureller, weltanschaulicher oder religiöser Eigenarten an unterschiedliche Teile der Menschheit richten. Im Vergleich dazu sind die neuen Regeln der axiomatischen Naturwissenschaft universell gültig. Sie werden von allen Menschen auf diesem Globus verstanden und benutzt. Im 21. Jahrhundert eröffnet diese historische Innovation einen Weg, mit Hilfe ihrer axiomatischen Methodik quasi als geistige Inkarnation der universellen Materie die Grenzen der Kohlenwasserstoffchemie des Lebens zu verlassen, um sich mittels der Digitaltechnologie als intelligente, aber unbewußte Materie außerhalb des menschlichen Gehirns in Form anderer elementarer Strukturen zu organisieren und fortzuentwickeln.

Die axiomatische Naturwissenschaft erkennt und beschreibt das Denken im neuronalen Netz des menschlichen Gehirns und programmiert ein Weltbild für die Menschen unserer Zeit. Unbestreitbar behalten daneben viele kulturelle, religiöse und metaphysische Programme ihren Platz. Diese Vielfalt bestimmt das Dasein des Menschen. Auffällig ist aber, daß mit der Entwicklung der modernen Naturwissenschaft auch andere Programme, insbesondere die religiöser Weltbilder, verändert worden sind – offenbar als Reaktion auf diese Entwicklung. Immer mehr Menschen, vor allem in den westlichen Sozialstaaten, bekunden Zweifel an ihrem von den Eltern erworbenen transzendent-religiösen Glauben, wenn sie die Welt der modernen Naturwissenschaft kennengelernt haben. Viele bezeichnen sich dann als Atheisten oder Agnostiker, also als Menschen, die an die Existenz eines transzendenten, meist christlichen Gottes nicht glauben.

Allerdings bezeugt das Bewußtsein vieler Menschen über ihren Glauben eine mangelnde Kenntnis des kognitiven Betriebssystems des menschlichen Gehirns. Um diese Fehleinschätzung zu verstehen, ist ein banaler Vergleich mit einem digitalen Rechner geeignet. Auch hier ist häufig auf der Anwenderebene zu beobachten, daß von dem Gerät die gewünschten Ergebnisse geliefert werden, ohne daß die Abläufe im Hintergrund, die zur Entstehung der Phänomene führen, bekannt sind. Ebenso ist auch den meisten Menschen der zerebrale Ursprung der moralischen, ethischen und religiösen Überzeugungen, die ihr Denken und Handeln bestimmen, nicht bewußt, zumal er aus vielen Quellen gespeist wird.

Infolgedessen ist es nur ahnungslose Vermessenheit, die Menschen zu der Aussage verleitet, sie seien Atheisten. Denn sie berücksichtigt nicht, daß religiöse Weltbilder Teile eines vielfältigen Programms für ethische und moralische Grundsätze sind. Als fundamentale Bausteine des zerebralen Betriebssystems zur Aufrechterhaltung sozialen Verhaltens sind sie existentiell für die Gesamtfunktion des Gehirns und können aus dem glaubenden Bewußtsein nicht einfach gelöscht, sondern nur verändert oder durch einen anderen Glauben ersetzt werden. Meist bestehen Mischprogramme aus transzendent- und immanent-religiösen Überzeugungen.

In der westlichen Welt verbreitet ist der teilweise Ersatz der christlichen Religion, die an die Existenz eines Gottes im Jenseits glaubt, durch einen metaphysischen Materialismus, der eine göttliche Instanz im Diesseits anerkennt und seinen Glauben in immanent-religiöser Mission aggressiv verbreitet. Daher begreifen strenggläubige Anhänger diesseitiger Religionen ihre Dogmen ebenfalls als göttliche Gebote ihres gesellschaftlichen Kollektivs. Überzeugte Atheisten, etwa ein Komitee der Bolschewiki-Marxisten, haben also ihren Glauben nicht verloren, sondern lediglich gewechselt.

Scheinwissenschaft: Die Bibel des metaphysischen Materialismus

Ein tiefgreifender Unterschied zwischen transzendenter und immanenter Religion wird in den Wechselwirkungen mit der modernen Naturwissenschaft deutlich. Transzendente Religionen wie die jüdisch-christliche schließen ihre Grenzen, um das Eindringen der Ideen dieser subjektunabhängigen Wissenschaft zu verhindern. Ideen, die dennoch einzudringen drohen und in dogmatischem Widerspruch stehen, werden bekämpft, allerdings ohne den Versuch, sie mit Argumenten moderner Naturwissenschaft zu widerlegen. So wird die Schilderung in der Bibel, daß Jesus Christus auf dem Wasser schreitet, ohne zu versinken, nicht naturwissenschaftlich erklärt. Sie ist allein legitimiert durch Gottes Sohn und Gegenstand christlichen Glaubens, nicht physikalischen Wissens. Auch hat die christliche Kirche der Erkenntnis des tiefgläubigen Galileo Galilei, daß sich die Erde um die Sonne drehe und nicht umgekehrt, nicht mit Argumenten aus einer Disputation über Astronomie widersprochen, sondern sie verlangte von ihm, Aussagen der kopernikanischen Lehre, die dem Klerus der Inquisition durchaus bekannt war, zu widerrufen, weil sie Auswirkungen auf den christlichen Glauben der Menschen haben, nämlich deren christliche Seelen verwirren würde. Daher ist die Jahrhunderte später erfolgte Forderung, die katholische Kirche müsse nun endlich die physikalische Wirklichkeit anerkennen, das fehlerhafte und ungerechte Urteil gegen Galilei aufheben und seine Schriften vom Index nehmen, eigentlich überflüssig – denn die Kirche hat nicht über die Physik geurteilt, sondern über die Einhaltung von Glaubensregeln. Die Interaktion zwischen christlicher Religion und moderner Naturwissenschaft ist also vergleichbar derjenigen zwischen zwei Billardkugeln, die einander zwar abstoßen, aber beide in Substanz und Form unversehrt bleiben. Dieses Zusammenspiel war entscheidend für die Entfaltung der axiomatischen Naturwissenschaft und offenbart, daß sich diese Wissenschaft innerhalb der jüdisch-christlichen Gesellschaft der westlichen Welt entwickelt hat – und nur dort.

Anders als bei der christlichen Religion verschmelzen beim metaphysischen Materialismus die Grenzen zwischen Glauben und Wissen. Inhalte werden aus den exakten Wissenschaften übernommen, aber wie Elemente einer Religion behandelt. Als immanente Religion verwendet der metaphysische Materialismus Themen und

Fragestellungen, die auf ihrem wissenschaftlichen Gewand Oberflächenstrukturen besitzen, die es ermöglichen, die Grenzen moderner Naturwissenschaft zu durchdringen und an der wissenschaftlichen Argumentation teilzunehmen, das heißt, sie infiltrieren in Gebiete der Wissenschaft und vermindern deren Qualität, vergleichbar mit der Wirkung von Viren in biologischen Zellen.

Ein biologisches System bekämpft solche Viren durch einen Abwehrmechanismus der Immunisierung, also durch Erkennen solcher viralen Strukturen und Bildung von Abwehrstoffen gegen diese. Eine ähnliche Abwehrstrategie wäre erforderlich, um die exakten Wissenschaften im gesellschaftlichen System vor immanent-religiöser Weltanschauung zu schützen. Dazu gehört aber die Fähigkeit, schein- und viruswissenschaftliche Denkstrukturen durch eine aufgeklärte Diagnostik zu erkennen und auf eine strikte Einhaltung der methodischen Regeln axiomatischer Naturwissenschaft zu achten.

Eine virale Infiltration von Scheinwissenschaft in die Naturwissenschaft und deren Perversion kann an vielen Beispielen aus der politisch-medialen Öffentlichkeit Deutschlands gezeigt werden. So wird aus der Radioaktivität instabiler Isotope mit sehr gut meßbaren physikalischen Kenngrößen und gut bekannten strahlenbiologischen Wirkungen ein immanent-religiöses Höllenfeuer, dessen Risiken bei technologischer Nutzung der freigesetzten Energie in vielen Menschen bis ins Panische gesteigerte Angstzustände hervorrufen. Ein zweifelnder Widerspruch gegenüber solchem Empfinden und eine Forderung nach angemessener Bewertung des Risikos verwandeln die aus der christlichen Religion bekannte

Verwünschung »Du bist ja des Teufels!« in eine immanent-religiöse: »Du bist ja verstrahlt!«

Auch aus anderen Bereichen, etwa der Genetik und der Geowissenschaft, werden nach naturwissenschaftlichen Regeln anerkannte Befunde scheinwissenschaftlich pervertiert und in die Dogmen des immanent-religiösen Sozialismus aufgenommen. Dabei bereitet dem Sozialismus insbesondere die Einsicht in die genetische Vererbung kognitiver Fähigkeiten als Ursache sozialer Ungleichheit ebensolche Probleme wie der christlichen Religion in der Vergangenheit die Vereinbarkeit von Erbsünde und Nächstenliebe.

Darüber hinaus ist in den letzten Jahrzehnten des 20. und Anfang des 21. Jahrhunderts die Biologie der Ökologie an einer chronischen Infektion mit Viruswissenschaften erkrankt. Viruswissenschaften liefern seither ökologische Argumente, die hinter einer Maske exakter Naturwissenschaft an der politisch-medialen Diskussion teilnehmen und Programme einer sozialistischen Umverteilung von den Habenden zu den Nichthabenden mit Forderungen nach einer besseren Umwelt verkleiden. Die Grundthese besagt, daß die industrielle Umwelt der Habenden Schäden verursacht, unter denen die Nichthabenden zu leiden haben und für die sie daher entschädigt werden müssen. Viruswissenschaften versorgen so den metaphysischen Materialismus mit Argumenten, die er für seine sozioökonomischen Ziele nutzt. Intensiv eingebunden in diesen Vorgang ist die kontaminierte Geowissenschaft. Mit spekulativ-prognostischen Modellrechnungen erstellt sie ein scheinwissenschaftliches System anthropogener Klimaänderung, das an deutschen

Schulen und Universitäten vor allem in den Kultur- und Geisteswissenschaften kritiklos gelehrt wird und auf die Energiepolitik der Industrienation fatalen Einfluß hat.

Virale Wissenschaften als Instrument immanent-religiöser Ablaßprogramme

Eine jegliche Religion hat neben der spirituellen zwei weitere Säulen – die biologische und eine ökonomische –, die unabdingbar sind, um ihre dauerhafte Existenz zu ermöglichen. Die biologische Säule wird von den religiösen Regeln bestimmt, die während der Schwangerschaft und der Geburt den Schutz des Lebens gewähren und so über die Geburt möglichst vieler Kinder einer Verbreitung der religiösen Überzeugung den Weg bereiten. Die ökonomische Säule ruht auf einem effizienten Ablaßprogramm, das es gläubigen Menschen der Gesellschaft ermöglicht, sündhaftes Verhalten durch Geldzahlungen wiedergutzumachen. Das Ablaßprogramm ist um so leistungsfähiger, je weniger die Mitglieder der Gesellschaft sich der Teilnahme an dem Programm bewußt werden. Damit dieses Ziel in einer Gesellschaft des metaphysischen Materialismus erreichet werden kann, haben virale Wissenschaften eine wichtige Funktion: Sie umhüllen die politisch-ökonomisch ausgewiesenen Ambitionen mit Wissenschaftlichkeit und verbergen so den religiösen Kern.

Die Geschichte der christlichen Religion offenbart, daß der Ablaßhandel auch einen entscheidenden theologischen Einfluß auf die Entstehung einer neuen Konfession haben kann. Die protestantische Augsburger Konfession entstand auch deswegen, weil sich das römische Papsttum aus ökonomischen Gründen nicht vom Ablaßhandel lossagen wollte. Virale Wissenschaften waren an dem damaligen Diskurs im transzendenten Christentum zweifellos nicht beteiligt. Sie sind eine Erscheinung des metaphysischen Materialismus unserer Zeit. Martin Luther hat im 16. Jahrhundert allein auf der theologischen Grundlage der Bibel das päpstliche Ablaßprogramm kritisiert. Jedoch hätte das in hohem Maße säkularisierte Papsttum der Renaissance mit der Absegnung der rein theologischen Argumente Luthers wohl keine Probleme gehabt, wenn Luther nicht hartnäckig gefordert hätte, sie sollten den Ablaßhandel einstellen. Ein Verzicht darauf hätte für Rom jedoch bedeutet, daß der große Vermögensstrom aus allen gesellschaftlichen Schichten Mitteleuropas nachgelassen hätte.

Im Deutschland und im Europa des 21. Jahrhunderts bilden virale Wissenschaften dogmatische Bestandteile des religiösen Materialismus als Legitimation des modernen Ablaßhandels. Diese wichtige Rolle der Viruswissenschaften ist aus der Entstehungsgeschichte der immanenten Religion als metaphysische Entsprechung der physischen Aufklärung zu verstehen, ist also objektiv eine religiöse Antithese als Reaktion auf die europäische Idee einer axiomatischen Naturwissenschaft, die den obligaten Keim und eigentlichen Motor der westlichen Aufklärung und Zivilisation darstellt.

Die physische Aufklärung ist auch die entscheidende Kraft für die Ausbildung einer Sozialstruktur, die bestimmt wird von der Entdeckung der Naturgesetze und insbesondere der unterschiedlichen Teilhabe des einzelnen Menschen an deren zivilisatorisch-technischer

Umsetzung. Heute ist deutlich erkennbar, daß zwar im 19. und 20. Jahrhundert aus den unteren sozialen Schichten der Feudalzeit ein sozialer Aufstieg vieler Talentierter erfolgte, daß aber dieser Prozeß der sozialen Umschichtung im 21. Jahrhundert weitgehend beendet ist und infolge einer nicht veränderbaren genetischen Ungleichheit der kognitiven Fähigkeiten zu einer neuen biologisch stabilen Schichtung geführt hat. So steht eine Mehrheit der Menschen vor den unüberwindbaren Schranken der physischen Aufklärung und bildet die metaphysische Quelle für die Ideen des Marxismus, der mittlerweile in Europa das Christentum als dominierende soziale Religion abgelöst hat.

Die metaphysische Mission des Marxismus ist die Schaffung einer diesseitigen Welt sozialer und biologischer Gleichheit der Menschen, verbunden mit vielen Versuchen, die biologischen Naturgesetze der physischen Aufklärung zu widerlegen. Viruswissenschaften erfüllen dabei eine wichtige Funktion: Sie infiltrieren in die axiomatische Naturwissenschaft, verfälschen deren Regeln und haben das Ziel, den Gläubigen der immanenten Religion eine wissenschaftliche Basis zu demonstrieren. Schon während der Herrschaft des stalinistischen Marxismus gab es Bemühungen, mit Hilfe eines ›wissenschaftlichen Materialismus‹ die Gültigkeit der Mendelschen Gesetze zu entkräften, um zu beweisen, daß eine erfolgreiche Optimierung des Menschen durch den religiösen Materialismus auch an die Nachkommen vererbt wird. Die aggressive Ablehnung der naturwissenschaftlichen Genetik bleibt auch im Kulturmarxismus des 20. und 21. Jahrhunderts unverändert.

Ein weiteres Beispiel für die Infiltration einer Viruswissenschaft in eine axiomatische Naturwissenschaft ist die Klimakunde, die eine anthropogene globale Erwärmung voraussagt. Sie wurde in großen Teilen von der viralen Klimaforschung in Besitz genommen und liefert einer kulturmarxistischen Politik die Begründung für eine nationale Energieversorgung ohne Kernenergie und Nutzung des planetaren Kohlenstoffs sowie für den Aufbau eines gewaltigen CO_2-Ablaßhandels.

Die Infiltration des metaphysischen Materialismus in die Wissenschaft

Aus der westlichen Geschichte ist die Konfrontation zwischen der Religion und der sich entwickelnden modernen Naturwissenschaft bekannt. Der Widerstand des Christentums ist inzwischen überwunden, auch weil diese Religion als eine der jüdischen Religionen ein strukturelle Toleranz gegenüber Wissenschaft und Forschung besitzt. Die Folge ist, daß Vorgänge der Natur heutzutage nicht mehr vorwiegend religiös-mythisch, sondern vor allem nach den Regeln der naturwissenschaftlichen Aufklärung wahrgenommen werden.

Der Verlust der Deutungshoheit über Phänomene der Natur durch die christliche Religion ist in Europa auch verbunden mit einer Verlagerung anderer göttlicher Kategorien aus dem Jenseits ins Diesseits. Dazu gehören die gemeinschaftsbildende Rolle von Religion, Ethik und Moral sowie die Abhängigkeit von einer absoluten und heiligen Autorität. So ist im Diesseits eine immanente

Religion entstanden, deren Anhänger subjektiv überzeugt sind, die Religion der Transzendenz überwunden zu haben, und zudem Wissenschaft als Begründung einer atheistisch gedeuteten Weltanschauung benutzen.

Für die Naturwissenschaft bestehen die Folgen dieser Entwicklung nicht nur darin, daß ihre Inhalte bei politischen Entscheidungen herangezogen werden – dies ist durchaus vorteilhaft und geschieht in Technik, Medizin und Industrie mit großem Erfolg. Eine Gefahr droht allerdings in der weltanschaulich geprägten politisch-medialen Gesellschaft dadurch, daß immanent-religiöse Überzeugungen über Entscheidungen politischer Parteien in den Kern wissenschaftlich-methodischer Regeln exakter Wissenschaft infiltrieren und eine schleichende Anpassung der naturwissenschaftlichen Forschung an gesellschaftswissenschaftliche Denkregeln bewirkt. Auf diese Weise wird nicht nur das Was, das heißt der Gegenstand wissenschaftlicher Forschung, beeinflußt, sondern auch das Wie der Methodik wissenschaftlicher Untersuchungen, das heißt deren viruswissenschaftliche Anpassung an die erwarteten Ergebnisse.

Der Einfluß des metaphysischen Materialismus auf den Betrieb der Gesellschafts- und Geisteswissenschaft ist in den westlichen Sozialstaaten strukturelle Wirklichkeit. Darüber hinaus gewinnt eine Forderung zunehmend Gewicht, die den Bürger auch an der Themenstellung und den Entscheidungsprozessen naturwissenschaftlicher Forschung beteiligen will. Diese ›Bürgerwissenschaft/Citizen Science‹ erhebt den Anspruch, über Forschungspläne, -strategien und -methoden des Wissenschaftlers ›basisdemokratisch‹ mitzubestimmen. Eine Veränderung der axiomatischen Naturwissenschaft durch Anpassung ist deutlich erkennbar an folgenden Symptomen:

1) Die Fragestellung der wissenschaftlichen Forschung wird durch den gesellschaftlichen Zeitgeist gelenkt. So wird in der Bundesrepublik Deutschland die Forschung über Stromgewinnung aus Sonne und Wind staatlich gefördert, die über Stromgewinnung aus instabilen radioaktiven Isotopen jedoch erschwert. Auch die geowissenschaftliche Forschung über Klimaveränderungen wird in der deutschen Gesellschaft unterstützt, die Entwicklung gentechnischer Methoden dagegen mit Hindernissen und Schikanen begleitet, weshalb deutsche Forschungsprogramme und Wissenschaftler der Gentechnik in die Vereinigten Staaten ausweichen.
2) Immer häufiger ist zu beobachten, daß komplexe Systeme mit einem Netzwerk vieler Wirkungen und Wechselwirkungen in einem einzigen, alles umfassenden Programm wissenschaftlich bearbeitet werden. Dies mißachtet Grundregeln naturwissenschaftlicher Forschung, weil ein experimenteller Beweis für den untersuchten Prozeß so nicht möglich ist und zudem plausibel angepaßte Interaktionen postuliert und dafür nicht-axiomatische Kenngrößen mathematisch bearbeitet werden. Mathematik wird so zum Potemkinschen Dorf einer Naturwissenschaftlichkeit, hinter deren Fassade der Bürger in der Regel nicht schaut.
3) Der hohe Anteil wissenschaftlicher Arbeiten geringer Qualität hat die Gesamtzahl der Veröffentlichungen

in den letzten Jahrzehnten gewaltig gesteigert. Erst durch Veröffentlichung in einem formalisierten, objektiven und neutralen Verfahren zur Wahrung der wissenschaftlichen Qualitätsstandards bekommen Ergebnisse naturwissenschaftlicher Forschung und die dahinterstehenden Wissenschaftler ihre Bedeutung. Die eindeutigen Maßstäbe der Publikationswürdigkeit einer naturwissenschaftlichen Arbeit werden jedoch in vielen kleinen Schritten aufgeweicht, und es werden Verfahren zugelassen, die sich denjenigen außerhalb der Naturwissenschaft in der politisch-medialen Öffentlichkeit angleichen. So prüfen mittlerweile Verlage auch renommierter Zeitschriften eingesandte wissenschaftliche Artikel auf gesellschaftlich-mediale Lukrativität, bevor sie über die Weiterleitung zu Fachgutachtern entscheiden. Bekannt wurde, daß in der Zeitschrift *Nature* ein Artikel über die Wirkung homöopathischer Dosen veröffentlicht wurde, obwohl nach den Naturgesetzen der Chemie in den benutzten hochverdünnten Lösungen keine Wirksubstanz mehr vorhanden sein konnte.

In Bereichen der Geowissenschaft ist der politische Einfluß auf den Publikationsprozeß schon weit fortgeschritten. Das weltanschauliche Anliegen kommt bereits in der thematisch begrenzten Bezeichnung einiger der Publikationsorgane zum Ausdruck (etwa *Climate Change*, *Climate Dynamics*, *Energy Policy*, *Global Change Biology*). Hier ist ein politisch-gesellschaftlicher Hintergrund erkennbar, der deutlich macht, daß eine scheinnaturwissenschaftliche Schule die Hoheit hat. Dies kann zur Folge haben, daß bei der Begutachtung von Beiträgen für eine Veröffentlichung primär die Übereinstimmung mit der dominanten Denkschule im Vordergrund steht. So besteht die große Gefahr, daß eine nicht ausreichende naturwissenschaftliche Qualität oder gar Fälschungen übersehen oder in Kauf genommen werden. Folgerichtig wurde in dieser wissenschaftlichen Szene die Notwendigkeit einer Begutachtung von Beiträgen nach dem Peer-Review-Verfahren in Frage gestellt und die Publikation nicht tendenzkonformer Beiträge abgelehnt.

Mißbrauch der Mathematik als Fake in Schein- und Viruswissenschaften

Die Mathematik ist als kulturneutrale und subjektunabhängige exakte Geisteswissenschaft ein essentieller Teil der Struktur moderner Naturwissenschaft. Aber ihr Gebrauch bei naturwissenschaftlichen Fragestellungen ist vielfach fehlerhaft. In der Praxis können zwei grundsätzliche Verstöße gegen die Regeln axiomatischer Naturwissenschaft unterschieden werden: zum einen die Verwendung nicht geeigneter mathematischer Gesetze, zum anderen die mathematische Behandlung von Kenngrößen, die eine Rückführung auf die Axiome der Physik und Chemie nicht erfüllen (engl. Garbage In, Garbage Out, kurz GIGO, das Phänomen ›Müll rein, Müll raus‹, das als ›Empirie‹ der Gesellschaftswissenschaften allerdings gang und gäbe ist).

Die Ergebnisse einer fehlerhaften Anwendung und Interpretation von Mathematik bilden die ideologische

Grundlage für eine Vielzahl von Vorstellungen in der politisch-medialen Öffentlichkeit. Sie lenken gesetzliche Regelungen und die aktive Politik in Deutschland. Einige Beispiele seien hier aufgeführt:

Der Dreisatz-Fake einer biologischen Wirkung

Es soll der signifikante Unterschied des Merkmals X zwischen verschiedenen Gruppen, die aufgrund des Merkmals Y gebildet wurden, ermittelt werden. Ein interessierender Unterschied für das Merkmal X wird dann errechnet und ursächlich auf das gruppenbildende Merkmal Y zurückgeführt, obwohl sich die Gruppen in vielen anderen Merkmalen unterscheiden, die als Ursache sowohl des Merkmals Y als auch des Merkmals X in Betracht kommen können. In der klinischen Medizin und, außerhalb der modernen Naturwissenschaft, in der empirischen Sozialwissenschaft und Psychologie bildet diese Methode die Basis ergebnisorientierter Untersuchungen. Bei diesem Vorgehen ist meist der Wunsch der Vater des statistischen Ergebnisses.

Ein einfaches Beispiel zeigt die typische Handhabung: In Deutschland werden Familien untersucht, die sich im beruflichen Einkommen unterscheiden (Merkmal Y). Es soll nachgewiesen werden, daß Kinder aus Familien mit einem höheren Einkommen signifikant häufiger auf höheren Schulen und Universitäten vertreten sind als solche aus Familien mit geringerem Einkommen (Merkmal X). Also werden zwei entsprechende Gruppen unterschiedlichen Einkommens gebildet, und es wird erwartungsgemäß ein statistisch signifikanter Unterschied das Merkmal X betreffend zwischen diesen Gruppen berechnet, also festgestellt, daß Kinder aus Familien mit höherem Einkommen häufiger höhere Bildungseinrichtungen besuchen. Sodann wird in abhängiger Plausibilität gefolgert, daß die Einkommenshöhe sowie davon abhängige Umweltbedingungen die Ursache des Unterschieds seien. Die ideologische Bindung verhindert eine andere Erklärung, etwa die, daß eine differente genetische Disposition der Eltern beider Gruppen ursächlich ist für beides: ein höheres Einkommen und einen größeren schulischen Erfolg der Nachkommen.

Der LNT-Fake

Insbesondere in der medizinisch-biologischen Wissenschaft ist nicht selten zu beobachten, daß die für einen bestimmten Dosisbereich nachgewiesene Wirkung eines Agens auf einen anderen Bereich erweitert wird – unter der unbewiesenen Annahme einer transformierbaren mathematischen Linearität. Dies gilt insbesondere für solche Agenzien, deren experimentelle Effekte infolge mangelnder Spezifität bei niedrigen Dosen nicht gemessen und belegt werden können. Dennoch wird dann mit Hilfe eines mathematischen Dreisatzes aus einer Wirkung hoher Dosen, die experimentell nachgewiesen ist, eine solche gleicher Spezifität bei niedriger Dosis berechnet. So wird für das Agens eine qualitativ gleiche Wirkung über den gesamten Dosisbereich vorausgesetzt.

Der naturwissenschaftliche Fehler beruht auf dem weitverbreiteten Linear-No-Threshold-(LNT)-Fake, der verkennt, daß in biologischen Systemen für die Wirkung eines Agens in der Regel nur über einen Teilbereich des gesamten Wirkungsspektrums ein mathematisch transformierbarer linearer Zusammenhang experimentell belegt werden kann. Nicht selten unterscheiden sich Effekte in verschiedenen Dosisbereichen nicht nur quantitativ, sondern auch qualitativ (positiv oder negativ). Allgemein bekannt ist dieser Mechanismus von der Wirkung der Glucose, die innerhalb eines definierten Konzentrationsbereiches physiologisch ist, aber oberhalb davon ein Coma diabeticum und unterhalb davon einen diabetischen Schock hervorruft.

Diese biologische Tatsache wird bei der Beschreibung der Folgen radioaktiver Strahlung auf den Menschen in vielen Veröffentlichungen und bei der Festlegung gesetzlicher Grenzwerte typischerweise nicht beachtet. So wird eine strahlenbiologische Wirkung auf die Häufigkeit von Krebserkrankungen und Mißbildungen in der Bevölkerung für niedrige Dosen und auch im Bereich der natürlichen Strahlenexposition angenommen, und zwar dergestalt, daß die Häufigkeit des Effektes, die bei hohen Strahlendosen belegt ist, für eine niedrige Dosis ohne Kenntnis der Wirkung in diesem Bereich errechnet wird. Das Ergebnis wird dann häufig als absolute Zahl der Krebserkrankungen und Mißbildungen, die in einer Population durch diese Strahlendosis verursacht sein sollen, öffentlichkeitswirksam angegeben.

Der LNT-Fake spielt eine wichtige Rolle bei der scheinwissenschaftlichen Verkleidung von unteren biologischen Grenzwerten industrieller Emissionen, die gesetzlich festgelegt werden sollen. Die Einhaltung solcherart ermittelter Grenzwerte wird mit medizinischer Argumentation gefordert, dient aber vornehmlich ideologisch-politischen Zielen, meist um industrielle Prozesse in Deutschland zu verhindern oder zu verändern.

Es ist aber nötig zu verstehen, daß diese As-low-as-(ideologically)-achievable-These nicht nur einen ökonomischen, sondern auch einen gesundheitlichen Schaden in der Bevölkerung bewirken kann. Besonders deutlich sind die biologischen Auswirkungen bei der Festlegung der Grenzwerte im Strahlenschutz, die ohne Beachtung biochemischer Kenntnisse über molekulare Reparaturmechanismen der menschlichen Zelle erfolgt sind. Denn seit Anbeginn des Lebens auf unserem Planeten hat die Anwesenheit der Radioaktivität die Entwicklung des Lebens bestimmt. So vollziehen sich abhängig von der Körpermasse in jedem Menschen viele tausend radioaktive Zerfälle in der Minute allein durch die Beteiligung instabiler Isotope an Stoffwechselprozessen. Hinzu kommt die das Leben auf der Erde umgebende energiereiche Strahlung aus dem All. Das Erkennen und die Reparatur solcher molekularen Veränderungen durch radioaktive Energie ist ein natürlicher Teil des Zellstoffwechsels, der heute weitgehend und bis auf die molekulare Ebene hinunter verstanden wird. Auch die Reparatur solcher Veränderungen, die zur Bildung und Ausbreitung von Tumorzellen führen, gehört dazu. Während des gesamten menschlichen Lebens werden, beginnend mit der Verschmelzung von Samen- und Eizelle, Abweichungen physiologischer Prozesse korrigiert. Die Funktionserhaltung dieses Reparatursystems ist von vitaler Bedeutung.

Experimentelle Untersuchungen deuten darauf hin, daß die Anwesenheit einer dauernden radioaktiven

Einwirkung erforderlich ist, um die Effektivität dieses Reparatursystems zu verbessern – vergleichbar mit der notwendigen Wirkung einer anderen Naturkonstante, des Schwerefeldes der Erde, auf das menschliche Skelettsystem, dessen Stoffwechsel und Funktion nur durch die Gegenwart der Schwerkraft physiologisch erhalten bleibt. Entsprechend wird durch eine angemessene radioaktive Dosis das Reparatursystem stimuliert und einer Inaktivitätsatrophie vorgebeugt. Die Dosis sollte so bemessen sein, daß sie oberhalb der natürlichen, die uns umgibt, und unterhalb derjenigen, für die pathologische Reaktionen experimentell belegt sind, eingestellt ist.

Die Ergebnisse eines ungeplanten Großversuchs mit Cobalt-60 bestätigen, daß die geltenden internationalen Strahlenschutzgrundsätze einer Revision bedürfen. So waren in Taiwan etwa zehntausend Menschen durch Baumaterial in ihren Häusern mehr als ein Jahrzehnt lang einer Cobalt-60-Strahlung ausgesetzt, bevor dies erkannt wurde. Und in einer Studie haben Berechnungen auf Basis der deutlich höheren Strahlenexposition (im Mittel 20, max. 200 Mikrosievert pro Stunde) ergeben, daß entgegen der statistisch zu erwartenden Anzahl von jährlichen Todesfällen durch Tumorerkrankungen deutlich weniger Fälle beobachtet wurden.

Eine Akzeptanz der Forderung nach höheren Grenzwerten für radioaktive Strahlung ist allerdings im politisch-medialen Milieu Deutschlands bisher nicht gegeben. Auch außerhalb Deutschlands wurden zwar von der Internationalen Strahlenschutzkommission (ICRP) die Strahlenschutzgrundsätze als ein Phantom beschrieben (»spekulativ«, »unbewiesen«), aber eine Petition an die Nuclear Regulatory Commission der USA, höhere physiologische Grenzwerte zur Vermeidung von Tumorerkrankungen festzulegen, wurde abgewiesen.

Die LNT-Regel benutzt also ein mathematisches Hilfsmittel für einen fiktiven biologischen Mechanismus, der experimentell widerlegt ist, und wird so musterhaft zu einem Element der Scheinwissenschaft. Viele Wissenschaftler, die diese Regel anwenden, sind sich allerdings der Scheinwissenschaftlichkeit ihres Handelns nicht bewußt. Insbesondere innerhalb der Sentenzwissenschaften wird die Grenze zur axiomatischen Naturwissenschaft nicht erkannt und unkritisch überschritten. Hier zeigt sich die entgrenzende Wirkung des metaphysischen Materialismus, der in die axiomatische Wissenschaft eindringt, deren Erkenntnisse benutzt und diese für ideologische Ziele verfälscht. Virale Pseudowissenschaft wird auf diese Weise zum Dogma einer immanenten Religion, die sich politisch in den Ideen des Bolschewiki-Marxismus manifestiert und die Gesellschaft verändern will.

In Deutschland hat dieser historische Prozeß nach der Aufnahme der sozialistischen DDR in die Bundesrepublik einen großen Schub erlangt und die Industriekultur der Gesellschaft durch die Repression in die Zukunft weisender Technologien und durch eine schleichende Auflösung der Marktwirtschaft verändert. Symptomatisch ist der Umgang mit der naturkonstanten Existenz instabiler Isotope, der nicht rational erfolgt, also auf Basis einer wissenschaftlichen Dosis-Wirkung-Räson mit Definition eines medizinischen Grenzwertes zwischen natürlicher und begründbar schädlicher Exposition, sondern irrational mit immanent-religiösem Abscheu gegen *jegliche* Strahlung. Infolgedessen werden in Deutschland gegen die weltweite Entwicklung instabile Isotope nicht für die Energiegewinnung genutzt und bestehende Kraftwerke entsorgt.

So schreitet der Prozeß kulturmarxistischer Destruktion voran, und er betrifft in der ersten Hälfte des 21. Jahrhunderts auch die deutsche Schlüsselindustrie des Automobilbaus. Wiederum sind hier LNT-Fake-basierte Grenzwerte Gegenstand scheinwissenschaftlicher Argumentation. Abgaskonzentrationen von Kohlendioxid, Stickoxiden und Feinstäuben und – zudem gefälschte – Messungen dieser Stoffe begründen die staatliche Lenkung eines Abbaus der hochentwickelten deutschen Autos mit Benzinmotor zugunsten von Autos mit Batterien, von denen behauptet wird, sie seien umweltfreundlicher. Dieser Vorgang auf Grundlage eines ökologischen Sozialismus verfolgt als strategisches Ziel die Verdrängung des Individualverkehrs durch Kollektivverkehr. Der industrielle Umbau vollzieht sich artgemäß ohne effektiven Widerstand der deutschen Bevölkerung und auch der Manager der Automobilindustrie, die allerdings als globale Anywheres alternativ die Produktionsstätten in andere Länder verlegen können.

Die Fälschung einer mathematischen Information durch Skalenschiebung

Das menschliche Gehirn ermöglicht es, zwei- und dreidimensionale Korrelationen in mathematischen Bildern anschaulich zu begreifen. Eine multivariate Diskriminanz über das Dreidimensionale hinaus ist dem bildhaften Verständnis des Menschen entzogen. Daher werden in der Wissenschaft graphische Darstellungen in der Regel nur in Form einer bildhaft-anschaulichen Dimension verwendet, zum Beispiel um die Zeitabhängigkeit von Kenngrößen zu zeigen, also deren Veränderung durch Zunahme oder Abnahme. Insbesondere bei zyklischen Veränderungen können so Ausschnitte des Gesamtverlaufs dargestellt werden, die vollständig unterschiedliche Informationen vermitteln. Bei einer Sinuskurve, die positive und negative Kurvensteigungen enthält, wird dies deutlich. In dem Fall, daß eine Ausgleichsgerade für einen größeren Zeitabschnitt waagerecht verläuft, lassen sich dennoch kleinere Zeitabschnitte auswählen, für die, abhängig vom gewählten Abschnitt der Zeitskala, Anstiege oder Abfälle der Kurve demonstriert werden können. Dieser einfache mathematische Zusammenhang wird von einer ergebnisorientierten Wissenschaft genutzt. Vor allem in der Klimaforschung werden zur Beschreibung eines Weltklimawandels aus dem erdgeschichtlich großen Zeitraum kleinere Episoden insbesondere der jetzigen Zeit gewählt, um so eine durch den Menschen bedingte, industrielle Ursache zu belegen.

Beispiele gibt es viele. Besonders augenfällig ist dieser mathematische Winkelzug, wenn die Bedrohung der Menschheit durch einen Anstieg des Meeresspiegels gezeigt werden soll. Die beträchtliche zyklische Veränderung des Meeresspiegels zwischen den Eiszeiten wird dabei ignoriert, und durch Darstellung des Ozeananstiegs nur der letzten Jahrhunderte unserer Zeit wird die geowissenschaftliche Aussage verfälscht. So war vor etwa 7 000 Jahren zum Ende der letzten Eiszeit der Meeresspiegel um etwa 120 Meter niedriger und es bestand eine Landverbindung zwischen dem europäischen Festland und den gegenwärtigen Britischen Inseln. Mit dem Übergang in die zwischeneiszeitliche Warmzeit und dem dadurch bedingten Schmelzen des Eises stieg der Meeresspiegel an, zunächst stärker und dann immer weniger, in den letzten Jahrhunderten um etwa 20 Zentimeter im Jahr. Es ist nicht vorhersehbar, ob im 21. Jahrhundert der zeitliche Abstand zur nächsten Eiszeit kürzer ist als zur letzten. Im Vergleich zur Klimaprophetie unserer Tage ist die zyklische Wiederkehr der Eiszeit jedenfalls eine erdgeschichtliche Wirklichkeit. Bei ihrem Eintritt wird der Meeresspiegel jedoch wieder fallen und eines der kleineren Probleme sein, welche die Menschheit dann erwarten.

Mathematik mit nicht-axiomatischen Kenngrößen

Die Mathematik wird auch außerhalb der axiomatischen Naturwissenschaft als methodisches Hilfsmittel zur Beantwortung von komplexen Fragen herangezogen, denen ein umfangreiches System ineinandergreifender wechselwirkender Elemente zugrunde liegt. Dieses Vorgehen ist vor allem in der Ökonomie und der Soziologie geläufig und wird von der politisch-medialen Gesellschaft erwartet. Das Fehlen eines objektiven Maßstabes zur Bewertung der Ergebnisse hat nicht selten zur Folge, daß verschiedene Schulen dieser Wissenschaften über Richtigkeit oder Mangel kontrovers argumentieren.

Zunehmend wird aber auch in den Naturwissenschaften beobachtet, daß Versuche unternommen werden, mit mathematischen Modellen Fragen zu beantworten, die von vielen unbekannten, nicht axiomatisch rückführbaren Einflußgrößen abhängig sind. So werden für die Untersuchung komplexer oder auch chaotischer Systeme mathematische und informatorische Schablonen benutzt, in der Erwartung, durch eine solche Bearbeitung zugänglicher Daten exakte Ergebnisse zu erhalten. Begünstigt wird dieses Vorgehen durch die immer leichtere Verfügbarkeit von leistungsfähigen Rechnersimulationen.

In der gesellschaftlichen Öffentlichkeit werden derlei häufig prognostisch-spekulative Aussagen für das exakte Ergebnis einer modernen Naturwissenschaft gehalten, ohne daß die zugrundeliegende wissenschaftliche Methodik hinterfragt wird. Um die unzureichende naturwissenschaftliche Qualität solcher Ergebnisse bewerten zu können, sollen im folgenden einige der Verstöße gegen die strikten Bedingungen der axiomatischen Wissenschaft genannt werden.

1) Die Bausteine des komplexen Systems und ihre Wechselwirkungen sind nicht axiomatisch rückführbar definiert. Für eine Untersuchung werden dennoch nach subjektiver Vorgabe Ausschnitte des Systems herangezogen und andere Bereiche entweder ignoriert oder bestritten. Die Auswahl der Algorithmen erfolgt dann auf Basis einer ergebnisorientierten Lösung der wissenschaftlichen Fragestellung.
2) Die Schaltstellen der Algorithmen werden nach digitaler Maßgabe (positiv oder negativ) mit einer Kombination aus axiomatischen Kenngrößen und

solchen gelenkter Plausibilität hybrid programmiert. So entsteht ein scheinnaturwissenschaftliches Modell, das es systemimmanent erlaubt, durch angepaßte Einstellungen signalverstärkender Rückkopplungen ein Szenario so zu entwickeln, wie es beabsichtigt ist, etwa derart, daß der Flügelschlag eines Schmetterlings in Deutschland in Südostasien einen Taifun auslöst.

3) Die Ergebnisaussagen sind experimentell nicht beweisbar und nicht widerlegbar und allein damit als Scheinnaturwissenschaft charakterisiert. Fehlt ein axiomatisches Fundament, so ist die Durchführung eines naturwissenschaftlichen Experiments nicht möglich. Dennoch wird die politisch-mediale Öffentlichkeit mit wissenschaftlichen Untersuchungen überflutet, die mit Unverständnis und in tiefem Widerspruch zur Idee und Logik axiomatischer Maximen versuchen, durch die Anwendung von Mathematik oder Informatik ein naturwissenschaftliches Ergebnis zu erhalten. Nicht selten soll mit diesem Vorgehen die erfüllende Begründung einer zeitgeistigen Problemstellung geliefert werden. Somit mißachtet die weltanschauliche Erwartung den Geist moderner Naturwissenschaft und räumt die grundsätzliche Idee aus dem Weg, Vorgänge in der Natur allein nach ihren Gesetzen zu erkennen und nur aus der Wissenschaft selbst entstehende Fragen zu untersuchen.

Im 20. und 21. Jahrhundert ist die Nichtbeachtung der experimentellen Regeln guter Naturwissenschaft weit verbreitet. Vor allem in den Paranaturwissenschaften und der klinischen Medizin werden Studien, die keine oder nur teilweise axiomatische Kenngrößen berechnen, selbstverständlich akzeptiert. Auch das Gebot der Minimalreduktion der beteiligten Elemente eines Experiments wird regelmäßig nicht eingehalten, das heißt die Beschränkung der Versuchselemente auf eine Zahl, die ausreichend ist, um ein beweisbares Ergebnis zu erhalten. Im Gegenteil, die Planung der Untersuchungen in solchen Wissenschaften ist bestrebt, eine möglichst hohe Zahl von Versuchsteilnehmern einzubeziehen (Megastudien) – in der Annahme, so die Exaktheit des Ergebnisses zu steigern. Groß ist das Vertrauen in die Mathematik der Wahrscheinlichkeit, mit deren Hilfe die grundsätzliche Unschärfe bei einer größeren Zahl von experimentellen Wirkungen und Wechselwirkungen im komplexen System eliminiert werden soll. Auch ist der vergebliche Versuch unausrottbar, unterschiedliche Ergebnisse aus vielen vergleichbaren Studien durch statistische Berechnungen aller Ergebnisse zusammen zu korrigieren.

Ganz allgemein steht der wissenschaftlich Tätige unserer Zeit vor der Tatsache, daß sich gute Naturwissenschaft einerseits in kleinen Schritten vollzieht – durch die Erstellung einer Vielzahl von einzelnen Bausteinen, um so eine feste Struktur subjektunabhängiger Wissenschaftsarchitektur zu erreichen –, daß aber andererseits der Zeitgeist hohe Sprünge und elegante Pirouetten verlangt, die von der Wissenschaft und der Gesellschaft wahrgenommen und bewundert werden. Die Erfüllung dieses Verlangens eröffnet zudem lukrative Angebote für den beruflichen Werdegang des Wissenschaftlers. Daher ist es ein Kennzeichen der Zeit, daß am Stellen und der Beantwortung großer gesellschaftlicher Fragen in einem umfassenden Wurf, die eigentlich den Gesellschaftswissenschaften vorbehalten sein sollten, immer häufiger auch Naturwissenschaftler beteiligt sind.

Ein historisches Beispiel für ein immanent-religiöses Gesellschaftsspiel, das in Deutschland auf allen Bühnen aufgeführt wird und an dem sich willige Naturwissenschaftler in der Rolle des überzeugten Scheinwissenschaftlers beteiligen, ist im 20. und 21. Jahrhundert das Drama über den menschengemachten Wandel des gesamten Klimas auf dem Planenten. Inzwischen treten im Heer der jugendlichen Statisten sogar gemütskranke Halbwüchsige auf, die als Jeanne d'Arcs des metaphysischen Materialismus infantile Maßnahmen gegen eine drohende Katastrophe für unser Leben auf dieser Erde fordern.

Die Grundlagen der Dramaturgie des ›Klimawandels‹ bilden jedoch scheinwissenschaftliche Modelle aus den Laboren der geowissenschaftlichen ›Klimaforschung‹. Im Hintergrund steht dabei eine neue Definition des Begriffs ›Klima‹. Traditionell wird als Klima das durchschnittliche Wetter über einen längeren Zeitraum bezeichnet, das in den verschiedenen Zonen der Erde unterschiedlich ausgeprägt ist und ebenso unterschiedlich erlebt wird. Hinzugekommen ist ein theoretisches ›globales Klima‹, das vom menschlichen Sensorium allerdings nicht wahrgenommen wird.

Die entscheidenden Klimafaktoren beruhen auf solaren und anderen astronomischen Ursachen sowie auf der globalen Lage und werden in kleinen Teilbereichen nur unvollständig verstanden. In seiner globalen Gesamtheit ist das Klima – als komplexes chaotisches System – nach naturwissenschaftlichem Maßstab nicht zu beschreiben. Ein scheinwissenschaftlich errechnetes Konstrukt der mittleren globalen Temperatur dient als Ersatz (siehe unten). Naturgesetzlich sicher sind nur der Wandel des Klimas in der Erdgeschichte und deutliche Hinweise auf einige zyklische Verläufe. Die globale Welt wäre daher aus den Fugen, wenn sich das Klima nicht verändern würde – ebenso wie das Wetter.

Auf Basis des globalen Klimakonstruktes schätzen politisch vernetzte und medial fokussierte Geowissenschaftler einige Naturbeobachtungen der letzten Jahrzehnte als für die Zukunft bedrohlich ein. Obwohl es sich um einen erdgeschichtlich winzigen Beobachtungszeitraum handelt, werden episodische Veränderungen aufgrund ihrer Parallelität mit der zunehmenden industriellen Entwicklung als vom Menschen verursacht angesehen. Errechnet wird vor allem eine Korrelation zwischen erhöhter atmosphärischer CO_2-Konzentration (durch Oxidation des planetarischen Kohlenwasserstoffs bei anthropogenen Prozessen) und dem Anstieg der globalen Temperatur, die als repräsentative Größe für das Klima postuliert wird. So wird eine vom Menschen gemachte fortschreitende Erderwärmung beschrieben, und es werden politische Maßnahmen dagegen gefordert.

Nach den Maßstäben axiomatischer Wissenschaften erfüllt die ›Klimaforschung‹ die Bedingungen moderner Naturwissenschaft nicht. Die Methoden dieser Art von Forschung führen zu einem ›Ergebnis‹ in Form einer Prophezeiung, die nicht widerlegbar ist. Selbst eine vage Einschätzung zukünftiger Klimaentwicklung, die als Diskussionsgrundlage dienen könnte, ist damit nicht möglich, da die Bereitschaft zur kritischen Kontrolle und Widerlegung nicht gegeben ist. Dies gilt um so mehr, als eine neutrale naturwissenschaftliche Einschätzung zeigt: Nur sehr wenige CO_2-Moleküle, nämlich etwa 0,0025 Volumenprozent, sind industriellen Ursprungs – das sind etwa 7 Moleküle in 1 Million Luftmoleküle. (Als Kohlensäure gelöst ist das CO_2 in den Ozeanen etwa 50mal mehr als in der Luft und innerhalb eines gemeinsamen Kompartiments mit dem atmosphärischen CO_2 temperaturabhängig verteilt.) Dies spricht eher dafür, daß ein Treibhauseffekt aufgrund des menschengemachten Anteils des CO_2-Spurengases vernachlässigt werden kann. Außerdem können die beobachteten Klimaveränderungen innerhalb der Breite natürlicher zyklischer Schwankungen erklärt oder auf die tatsächlich effektiven astronomischen Einflüsse zurückgeführt werden.

Daher erstaunt, mit welcher Aggressivität die These einer vom Menschen gemachten, bedrohlichen Erderwärmung vertreten wird. Widerspruch wird kaum geduldet, und eine Diskussion wissenschaftlicher Gegenargumente, die angesichts der Grenzen der eigenen naturwissenschaftlichen Methodik geboten wäre, wird meist zurückgewiesen. Dabei werden Begriffe verwendet, die im naturwissenschaftlichen Diskurs nicht anerkannt, aber aus der politischen und religiösen Argumentation bekannt sind. Wissenschaftler, die eine Methodik als unwissenschaftlich und fehlerhaft monieren, sind somit Abweichler, Leugner, Skeptiker oder politisch Rechte, und eine behauptete

Mehrheit in der wissenschaftlichen Szene und der gesellschaftlichen Öffentlichkeit gilt als Argument.

Die wissenschaftliche Argumentation in der Klimaforschung verläßt somit die Ebene naturwissenschaftlicher Klarheit und tritt ein in den schmutzigen Nebel politisch-ideologischer Überzeugungen und deren strategischer Ziele. Hier liegt denn auch der Schlüssel zum Verständnis des gesellschaftlichen Vorgangs: Die Wissenschaft der Klimaforschung und die partizipierenden Wissenschaftler sind nur nützliche Werkzeuge. In der öffentlichen Diskussion predigen sie vor der immanent-religiösen Gemeinde über ihre scheinwissenschaftlichen Studien und politische Akteure planen deren gewinnbringende Nutzung durch nationale und internationale Umverteilung. Auf den internationalen Konferenzen des ökologischen Sozialismus herrscht kein wissenschaftlicher Streit. Über die drohenden Auswirkungen eines durch den Menschen verursachten globalen Klimawandels sind sich die Profiteure einig, aber um die finanzielle Höhe der Umverteilung wird heftig gerungen.

Die CO_2-Chemie der Atmosphäre: Kompatibilität von Viruswissenschaft und Ablaßprogramm

Das Wetter ist launisch und mit naturwissenschaftlichen Methoden nur für einige Tage vorherzusagen. Die Ursache hierfür liegt in einer Vielzahl von physikalischen und chemischen Einflüssen, deren qualitative und quantitative Wirkung – und deren chaotische Interaktion – nur in Teilen verstanden werden. Die *mögliche* wissenschaftliche Beschreibung der Wetterphänomene erfolgt daher zumeist für regionale Bereiche des Globus und wird aufgrund ihrer Bedeutung für das tägliche Leben durch die Medien mitgeteilt. Angegeben werden vor allem Tages- und Nachttemperaturen sowie das Auftreten von Sonne, Regen, Wolken und Wind. Ein langfristiger Vergleich der Wetterphänomene in den einzelnen Regionen zeigt eine große Vielfalt. Retrospektiv über Jahre beobachtete mittlere Kenngrößen des Wetters definieren das regionale Klima. Das heißt: Ein regionales Klima ist die Summe der Wetterlagen dieser Region über einen größeren Zeitraum.

Die heutige Klimaforschung hat jedoch darüber hinaus den Begriff eines ›globalen‹ Klimas eingeführt und so die Existenz des Klimas über die Region hinaus auf den gesamten Globus ausgedehnt. Ein globales Klima kann der Mensch aber nicht selbst beobachten und die Annahme eines solchen Klimas entzieht sich dem unmittelbaren experimentellen Beweis. Damit hat die Klimaforschung eine Tür geöffnet, die das Eindringen von Viruswissenschaften erleichtert.

Für die Definition des globalen Klimas wird repräsentativ vor allem die Lufttemperatur benutzt. Es handelt sich dabei um eine rechnerisch-theoretische Größe aus den verschiedenen regionalen Temperaturen. Dadurch ergibt sich jedoch die methodische Schwierigkeit, daß die Temperaturmessung abhängig ist von Tages- und Jahreszeit, Höhe der Meßstelle in der Atmosphäre sowie von der völlig inhomogenen und wechselnden Lokalisierung der Meßstellen auf dem Globus, so daß die

Berechnung einer mittleren ›globalen‹ Temperatur nur mit Willkür und großer Fehlerbreite möglich ist. Allerdings lassen die meisten bisherigen Veröffentlichungen erkennen, daß dieses Problem kaum beachtet wird. Offensichtliche experimentelle Mängel werden unter Nichtbeachtung der GIGO-Regel durch mathematische Korrekturfaktoren ›ausgeglichen‹, die in kaum einer anderen axiomatischen Naturwissenschaft geduldet würden. Schon dies dokumentiert, daß die Wissenschaft der ›Klimaforschung‹, in der auf morscher Datenbasis errechnete globale Veränderungen in Bruchteilen von Temperatureinheiten dennoch als experimentelles Ergebnis mitgeteilt werden, tief von einer Viruswissenschaft durchdrungen ist.

Um die scheinnaturwissenschaftlichen Mechanismen der Viruswissenschaft zu erkennen, ist es zunächst notwendig, den naturgesetzlichen Rahmen ihrer Aktivität zu beschreiben. Im Mittelpunkt steht das Kohlenstoffatom, insbesondere gebunden in Form des Kohlenstoffdioxids (CO_2).

Es ist eine dogmatische Mission des weltweiten Kulturmarxismus im 21. Jahrhundert, die Freisetzung von CO_2 durch wirtschaftlich-industrielle Prozesse zu verhindern. Begründet wird dies mit dem Argument, eine durch den Menschen bedingte Abgabe des Moleküls in die Atmosphäre bewirke einen ›Klimawandel‹. Ziel sind die ›Entkarbonisierung‹ und die ›CO_2-Neutralität‹ der Wirtschaft. Der Energiebedarf einer Industriegesellschaft soll wie in vorindustrieller Zeit aus Wind- und Sonnenenergie gewonnen werden.

Der Weg der Natur: Umwandlung der Sonnenenergie in die chemischen Verbindungen des Kohlenstoffs

Aufgrund des Gesetzes der Erhaltung von Energie und Materie (und der Nichtexistenz planetarer Kernfusion) kann das erdgeschichtliche Vorkommen der gesamten Kohlenstoffmasse als konstant angenommen werden. Eine Beeinflussung aus dem Weltall käme allenfalls unter Berücksichtigung astronomischer Zeitdimensionen in Betracht.

Der globale Kohlenstoff befindet sich größtenteils in drei Kompartimenten, wobei die politisch-mediale Aufmerksamkeit auf das Luft-Wasser-Kompartiment gerichtet ist. Aus diesem gelangt der Kohlenstoff des CO_2 – nach einer kurzen Existenz in den polymeren Kohlenwasserstoffen des vor allem pflanzlichen Lebens – in das Kompartiment der fossilen Lager von Erdöl, Kohle und Gas. Die Energie für diesen globalen Werdegang des Kohlenstoffs liefert die Sonne. Eine prophezeite Knappheit des fossilen Kohlenstoffs für den industriellen Gebrauch, wie ihn zum Beispiel das zeitgeistige Narrativ des Club of Rome beschreibt, ist von der axiomatischen Geowissenschaft nicht belegt.

Ferner besteht ein großes Kompartiment des Kohlenstoffs in Hydrogencarbonat, das in den Ozeanen gebunden und gelagert ist. Für die Entstehung dieses Kompartiments bildet vorwiegend das Erdinnere die Energiequelle.

Das CO_2 ist der Grundbaustein der Kohlenwasserstoffchemie des Lebens auf diesem Globus. Das Chlorophyll der Pflanzen nutzt die Sonnenenergie zur Bildung von Kohlenhydraten und somit von chemischer Energie, die in den vielfältigen molekularen Metabolismus des pflanzlichen und tierischen Lebens weitergegeben wird. Auf der Erdoberfläche befindet sich die Energie der Sonne also in chemischen Verbindungen. In dieser Form wurde die Sonnenenergie für den Aufbau des Lebens erdgeschichtlich verfügbar gemacht, und so wird sie genutzt für die Existenz des Lebens auf dem Planeten. Wenn tierisches Leben die notwendige Energie über die Nahrungsaufnahme von Kohlenwasserstoffen zuführt, dann ist das prinzipiell der gleiche Vorgang, wie wenn ein technisches Gerät mit Erdölderivaten betankt wird. Im Vergleich dazu ist die ideologisch geforderte Nutzung der Sonnenenergie unmittelbar aus der Sonnenstrahlung durch Umwandlung in elektrische Energie ein simpler rückständiger Prozeß mit geringem Wirkungsgrad und beschränktem Potential der Energiekonservierung.

Grundlage für die Umwandlung der Sonnenenergie in chemische Energie ist die Reaktion des CO_2 mit Wasser, bei der auch der Sauerstoff der Luft entsteht, den wir atmen und ohne den ein höher entwickeltes Leben auf dem Globus nicht vorhanden wäre. Daher ist die staatlich-bürokratische Einstufung des CO_2 als Schadstoff, der mit einer Steuer belastet werden müsse, Ausdruck einer immanent-religiösen Ignoranz der Naturgesetze, der Denkregeln der modernen Naturwissenschaft – und ein Zeichen der intellektuellen Dominanz des metaphysischen Materialismus.

Um die CO_2-Konzentration in der Atmosphärenluft ranken sich zwei prognostische Thesen, die den Einfluß auf die Lebensbedingungen des Planeten beschreiben: Es wird sowohl ein Anstieg als auch ein Abfall der CO_2-Konzentration prognostiziert. Ein Vergleich dieser prophetischen Thesen läßt beispielhaft erkennen, welche Kriterien erfüllt sein müssen, damit eine solche These geeignet ist, die Entwicklung zu einer Viruswissenschaft und die Aufnahme in die Dogmen des religiösen Materialismus zu erfüllen.

Narrativ der erdgeschichtlichen CO_2-Abnahme

In den letzten 500 Millionen Jahren der Erdgeschichte war der CO_2-Gehalt der Luft höher, vielfach sogar deutlich höher als heute. Daher besagt die eine These, daß die Abnahme des CO_2 in der Luft weiter fortschreitet und so weit sinkt, daß die Reaktionen, an denen das CO_2 im Chlorophyll beteiligt ist, vermindert ablaufen und dann nicht ausreichend Kohlenwasserstoffpolymere und Sauerstoff für das irdische Leben gebildet werden können. Folglich könne in der Erdgeschichte die Notwendigkeit entstehen, zur Erhaltung des Lebens verstärkt CO_2 in die Atmosphäre freizusetzen, zum Beispiel aus fossilen Lagerstätten. Schon heute wird der Effekt, daß ein höherer CO_2-Gehalt der Luft das Wachstum steigert, bei der Kultivierung von Pflanzen in geschlossenen Gewächshäusern genutzt.

Bekanntlich ist diese These über die zukünftigen Auswirkungen einer Abnahme von CO_2 in der Atmosphäre kein Gegenstand viruswissenschaftlicher Ideen. Es wird kein politisch-medialer Alarm geschlagen und es werden keine gesetzlichen Maßnahmen zur Vermeidung der Folgen gefordert. Offensichtlich fehlen hier die Eintrittspforten in das geowissenschaftliche System, um scheinwissenschaftliche Konstrukte entwickeln zu können. Anders als bei der These über das Desaster eines CO_2-Anstiegs sind hier die Voraussetzungen, die den Nährboden für die Entstehung einer dogmatischen Viruswissenschaft bilden, nicht erfüllt. Dafür gibt es drei Gründe:

a) Die prognostizierten Erscheinungen liegen in weiter Ferne und werden nicht als bedrohlich empfunden. Die Erklärung der erwarteten Wirkungen ist naturwissenschaftlich rational und ein immanent-religiöser Zusammenhang kaum herzustellen.
b) Eine Beziehung zwischen der These und wiederkehrenden Naturereignissen kann einer Laienschar zu Lebenszeiten nicht unmittelbar plausibel gemacht werden. Auch fehlt hier – im Gegensatz zu der These einer Klimaveränderung durch CO_2-Anstieg – die Möglichkeit, auf globale Wetterkatastrophen zu verweisen.
c) Bei der CO_2-Abfall-These sind Konstrukte einer sozial ungleichen Auswirkung auf die Menschen nicht herstellbar. Eine viruswissenschaftliche Zuordnung prognostizierter Folgen zu den Opfern, die entschädigt werden, und Tätern, die eine Entschädigung leisten müssen, ist somit erschwert. Es entfällt also die wichtige Option eines Ablaßhandels und damit ein immanent-religiöses Instrument, mit dem durch soziale Umverteilung eine marxistische Gerechtigkeit erreicht werden kann.

Bei der CO_2-Anstiegs-These ist das anders. Aus wissenschaftlicher Distanz außerhalb des aufgeregten politisch-medialen Interesses sind zwei Eigenschaften dieser These sehr eindeutig zu identifizieren: Sie besitzt den Charakter einer Scheinnaturwissenschaft und zugleich den einer Viruswissenschaft.

Um die Merkmale einer Scheinwissenschaft zu erkennen, ist es nicht notwendig, als Experte die Details der errechneten Prognosen zu widerlegen – was allerdings häufig genug geschieht. Ein Beispiel soll dies verdeutlichen: Um die Aussagen der Astrologie als scheinwissenschaftlich kenntlich zu machen, müssen nicht einzelne Behauptungen entkräftet werden, etwa: »Der Aszendent im Waagezeichen und die Venus als Herrscherin im Steinbock beeinflussen das Verhalten der Menschen.« Vielmehr belegt die Architektur dieser Wissenschaft mit ihren Denkregeln und nicht beweisbaren Annahmen ihre Scheinwissenschaftlichkeit. Der Vergleich mit der Astrologie veranschaulicht auch den Unterschied zwischen Schein- und Viruswissenschaft. Eine Viruswissenschaft ist die Astrologie – im Gegensatz zur CO_2-Klima-These – nämlich nicht mehr. So findet auch keine Infiltration der Astrologie in die axiomatische Astronomie statt, und es sind keine raumfahrttechnischen Unternehmungen bekannt, die den Aszendenten im All aufspüren wollen.

Die Grundlage der CO_2-Klima-These ist also keine Wissenschaft, sondern eine Weissagung in wissenschaftlichem Gewand – es fehlen die Merkmale, die für eine axiomatische Naturwissenschaft unabdingbar sind (siehe unten). Insofern zeigt diese These eine wissenschaftstheoretische Struktur, die derjenigen der Astrologie verwandt ist. Das wissenschaftliche Gewand der CO_2-Klima-These hat das folgende Design:

1. Es handelt sich im Kern nicht um naturgesetzliche Beschreibungen über Zustände und Abläufe von gegenwärtigen Klimaprozessen, die sich aus Ergebnissen axiomatisch-wissenschaftlicher Untersuchungen ergeben. Vielmehr beruht die These vor allem auf abgeleiteten Interpretationen projektierter Berechnungen, die aus ausgesuchten meteorologischen Daten der Vergangenheit und Gegenwart für die Zukunft ermittelt werden. Solche Daten werden dazu benutzt, mit Hilfe von Rechnern Prognosen darüber zu erstellen, wie sich das Klima unseres Planeten in der Zukunft entwickelt. Diese grundsätzliche Methodik der Generierung von Aussagen über weit in der Zukunft liegende Ereignisse bildet den Kern der scheinnaturwissenschaftlichen Systematik.
2. In unserer Zeit ist die Informatik eine wichtige Hilfswissenschaft für Aussagen über eine virtuelle Zukunft. Es werden Computerprogramme für klimatische Prozesse geschrieben, denen eine chaotische Vielzahl physikalischer und chemischer Wechselwirkungen zugrunde liegt, die wiederum nur in kleinen Teilen verstanden werden. Die Algorithmen sind somit von einer Datenmischung geprägt, die neben geowissenschaftlichen Messungen auch plausibel erscheinende Annahmen enthält.

3. Das Herzstück einer axiomatischen Naturwissenschaft ist das Experiment. Prinzipiell sind aber prophetische Aussagen über das zukünftige Klima experimentell nicht beweisbar und damit auch nicht durch naturwissenschaftliche Methoden falsifizierbar. Da Datenerhebungen in Verbindung mit meteorologischen Projektionen außerhalb der axiomatischen Wissenschaft stehen, sind sie disponibel für Interessen der Politik. Deshalb werden ideologische Begriffe aus diesem Milieu gegen die Widersprüche aus der Wissenschaft benutzt, etwa ›Leugnung‹, ›Skeptizismus‹ oder ›Verschwörungstheorie‹.
4. Das Fehlen einer detailgenauen Reproduzierbarkeit der prognostischen Berechnungen durch andere Wissenschaftler erfüllt nicht die Grundregel experimenteller Naturwissenschaft. Die veröffentlichten Angaben über die Programme, die von den Großrechnern für die häufig wechselnden und komplexen Berechnungen der prognostischen Aussagen benutzt werden, sind meist sehr allgemein, wenig transparent und im Detail nicht nachvollziehbar.

Beispielhaft wird so an den zeitgeistigen Klimamodellierungen deutlich, daß keineswegs hochkomplexe Mathematik mit hohen kognitiven Anforderungen die Merkmale axiomatischer Naturwissenschaft definiert oder gar ersetzt. Naturwissenschaft, die neue Einblicke in naturgesetzliche Phänomene öffnet, ist anders charakterisiert: Sie ist häufig mathematisch einfacher, muß aber das Gebot erfüllen, daß mathematische Berechnungen nur mit axiomatischen Kenngrößen erlaubt sind.

Weissagungen begleiten die Menschheit in Vergangenheit und Zukunft. Meist im Auftrag einer Religion verkünden Propheten eine Botschaft für die Zukunft, die in der Regel bei der Gestaltung des politischen und sozialen Zeitgeistes eine wichtige Rolle spielt. Im antiken Griechenland war Delphi so eine Weissagungsstätte. Das Ablaufmuster in Delphi zeigt eine deutliche Ähnlichkeit mit den Prophezeiungen der CO_2-Klima-These. Die Entstehung des Orakels erfolgt in einem kleinen, abgeschlossenen Milieu der Gesellschaft, in Delphi an einem Altar des Apollontempels im dunklen Umfeld von Priestern, Pythia umhüllt von berauschenden Dämpfen, und heute im Umfeld von Großrechnern, die mit Daten aus einer Scheinnaturwissenschaft versorgt werden. Durch die Verkündigung gelangt der Orakelspruch an das gesamte Volk und entfaltet dort, kompatibel mit dem Geist der Zeit, seine Wirkung.

Schon im antiken Griechenland wurde das Orakel benutzt, um politische Absichten auf den Weg zu bringen. So soll laut einem Bericht des griechischen Schriftstellers Plutarch der spätere Alexander der Große vor dem Perserfeldzug das Orakel befragt und von Pythia die erwartete Antwort erhalten haben, er sei »unüberwindlich«.

Im 20. und 21. Jahrhundert ist der metaphysische Materialismus eine neue Quelle der Prophetie. Anders als in der antiken und christlichen Vergangenheit Europas werden nun die prognostischen Verkündigungen vom Volk nicht als religiöse, sondern als zukunftsweisende wissenschaftliche Aussagen wahrgenommen. Das beruht zum einen auf der Unfähigkeit zur Differenzierung zwischen axiomatischer Naturwissenschaft und

Pseudowissenschaft vor allem im politisch-medialen Komplex Deutschlands, zum anderen auf der wissenschaftlichen Mimikry der Verlautbarungen, die eine laientäuschende Ähnlichkeit mit moderner Naturwissenschaft besitzen.

Die tiefere Ursache dafür, daß die Vorhersagen dieser immanenten Religion scheinwissenschaftlicher Natur sind und wissenschaftliche Rituale benutzen, liegt allerdings in ihrer religiösen Entstehungsgeschichte, die sie als Sozialreligion an die europäische Erfindung und Entwicklung der axiomatischen Naturwissenschaft und Technologie bindet. Westliche Technologie hat zwar die gegenständliche Welt des Globus dramatisch umgestaltet, aber keineswegs das metaphysisch-religiöse Denken verändert. Die materiellen Prozesse des menschlichen Gehirns, die zu Erkenntnissen in der Physik führen, vollziehen sich auch in der Metaphysik in neurologischen Sequenzen, denen dieselben morphologischen Strukturen sowie dieselben chemischen und physikalischen Prozesse zugrunde liegen. Insofern ist die biologische Verschmelzung von Denkprozessen, die physikalische oder metaphysische Ergebnisse haben, ein natürliches Geschehen, und die eindeutige Unterscheidung zwischen Erkenntnissen der Physik und Ideengebäuden der Metaphysik ist erst möglich geworden durch die Schaffung und Einhaltung der grundlegenden Regeln der axiomatischen Wissenschaft. Dies war die entscheidende Voraussetzung für die Entwicklung der Maßstäbe der physischen Aufklärung. Daher verlangt der aufgeklärte Mensch unserer Zeit wissenschaftliche Maßstäbe, um an eine Prophezeiung zu glauben, und sein nun zeitgemäßes Verlangen wird vom metaphysischen Materialismus in Form einer prophetischen Scheinwissenschaft erfüllt.

Das CO_2-Fasten als immanent-religiöse Askese des metaphysischen Materialismus

Die Versuche des industriellen Zeitalters, eine anthropogene Emission von CO_2-Molekülen in die Atmosphärenluft zu verhindern, um so das Klima zu verändern und es zu ›retten‹, tragen wesenhaft religiöse Merkmale. Dazu gehört auch eine asketische Disziplinierung der Gesellschaft mit dem Ziel, einen als höherwertig erachteten Auftrag zu erfüllen. Aus den transzendenten Religionen, etwa dem Christentum und dem Islam, ist eine Vielzahl vergleichbarer asketischer Bräuche bekannt, die vor allem eines beinhalten: Verzicht und Kontrolle.

Die Freiwilligkeit der Teilnahme an der asketischen Praxis ist stark eingeschränkt durch den religiösen Gruppenzwang. Allerdings sind die Belohnungssysteme der transzendenten und der immanenten Religion unterschiedlich. Bei einer Religion, die ein Leben nach dem Tode als wichtiges Glaubenselement enthält, dient asketisches Streben der Eigenvorsorge für eine bessere Existenz im Jenseits. Das Ausmaß der Askese ist hier vor allem eine individuelle Entscheidung und die zu erwartende Auswirkung betrifft allein das Individuum. Eine immanente Religion mit göttlicher Instanz im Diesseits fordert und überwacht dagegen die Askese aller Menschen. Die Belohnung wird für das gesamte

Kollektiv in Gegenwart und Zukunft erwartet, aber eben im Diesseits.

Die politische Macht der Population regelt die Einhaltung der asketischen Bedingungen des Kollektivs. Gesetze bilden die Grundlage der exekutiven Maßnahmen. Ein Urteil des Bundesverfassungsgerichts (Pressemitteilung Nr. 31/2021) setzt den Maßstab für Deutschland. In der Absicht, die industrielle CO_2-Emission zu verringern, werden mit planwirtschaftlichen Methoden vor allem die Erzeugung und der Verbrauch von Energie sowie die Freizügigkeit der Verkehrssysteme verändert, also eingeschränkt. So wird die deutsche Automobilindustrie durch ideologische Gesetze gezwungen, den Antrieb ihrer Fahrzeuge auszutauschen. Anstelle des Verbrennungsmotors, bei dessen Konstruktion Deutschland eine globale Führungsposition einnimmt, sollen weniger komplexe, batteriebetriebene Elektromotoren eingesetzt werden – mit der illusionären Begründung, daß dann weniger CO_2 erzeugt werde. Die Erzeugung des Stroms soll durch die natürlichen Energieformen, also durch Sonneneinstrahlung und Wind, erfolgen, während die Nutzung von Energieformen, die eine Industrie erst ermöglicht haben, verhindert werden soll. Betroffen sind fossile Brennstoffe, in denen die Sonnenenergie chemisch gebunden ist, und instabile Isotope.

Die Folgen des immanent-religiösen Eingriffs in die technologische Entwicklung der Industrie sind eine Schwächung der ökonomischen Leistungsfähigkeit und die Beschränkung der mobilen Freizügigkeit der Menschen. Dennoch werden von der Mehrheit der deutschen Population die technologischen Veränderungen begrüßt und akzeptiert. Die schulische Erziehung über viele Jahrzehnte und die politisch-mediale Kommunikation haben den Weg bereitet. Kritiker dieser immanent-religiösen Welt werden als ›Leugner‹ und ›Rechte‹ ausgesondert und es wird eine Spaltung der Gesellschaft beklagt. Somit bleibt die physische Aufklärung ohne Erfolg – aufgrund der kognitiven Unfähigkeit der überwiegenden Mehrheit der Menschen, eine dogmatische Scheinwissenschaft zu erkennen.

Sprache, Alltag und ›gefällige Wissenschaft‹ werden zunehmend von einem grün-marxistischen Weltbild durchdrungen. Die Rolle des Christentums, das einst in der feudalen Gesellschaft das Leben der Menschen prägte, wird in der westlichen Welt des 21. Jahrhunderts vollends vom metaphysischen Materialismus abgelöst. Die Narrative kreisen nun nicht mehr um die Furcht vor der Hölle, sondern vor dem Klimawandel oder den CO_2-Fußabdrücken der einzelnen und der Gesellschaft – mit dem Zweck, die Bereitschaft zur Askese zu erhöhen und die Notwendigkeit der zivilgesellschaftlichen Kollektivierung zu maximieren.

Religionen verlassen die Geschichte nicht aufgrund von Veränderungen menschlicher Überzeugungen, sondern weil sie von anderen Religionen verdrängt werden. Im Deutschland und im Europa des 21. Jahrhunderts ist die biologische Demographie der zentrale Motor des gesellschaftlichen Geschehens. Sein Treibstoff kommt ebenfalls aus der ideologischen Energiequelle des grünen Marxismus, der durch Öffnung nationaler Grenzen eine unkontrollierte Besiedlung auf europäischem Territorium unterstützt. So bereitet sich die immanente

Religion ihr suizidales Ende, das von einer Mehrheit der Menschen islamischen Glaubens bestimmt wird. Auf einen Glaubensübertritt der islamischen Neusiedler oder gar auf eine Honorierung für die Bereitstellung des Siedlungsgebietes zu vertrauen wäre ein Beitrag zu den tragikomischen Treppenwitzen der jüngsten deutschen und europäischen Geschichte.

Der politisch-mediale Einfluß auf die axiomatische Geowissenschaft

In der CO_2-Klima-These hat das Modell der temperatursteigernden CO_2-Wirkung ›wie im Treibhaus‹ eine zentrale Stellung. Die Anwendung dieses Modells auf das nicht geschlossene, zum Weltraum offene System der Erdatmosphäre wird durch gute Wissenschaft widerlegt, aber in der politisch-medialen Öffentlichkeit propagiert und in der Schule gelehrt. Das Treibhausmodell ist jedoch als gesellschaftliche Metapher geeignet, nämlich um die Wirkung gesellschaftlicher Vorgänge zu verstehen, die in ein logisches System wissenschaftlicher Regeln eindringen und dort die Kultur einer Scheinwissenschaft begünstigen.

Rechnerprogramme zu entwickeln, die Wetter und Klima vorhersagen, und deren wissenschaftliche Qualität zu prüfen ist sicherlich eine interessierende Problemstellung der Meteorologie. Innerhalb eines beweiskräftigen Systems guter Naturwissenschaft ist es allerdings geboten, die Grenzen solcher Berechnungen zu beachten. Die Klimaforschung unserer Zeit tut dies nicht. Folgende Annahmen und Maßnahmen belegen ihre dogmatischen Thesen:

- Es wird doktrinär postuliert, daß die menschenbedingte Zunahme des CO_2-Spurengases in der Atmosphärenluft um etwa 28 Moleküle pro 1 Million Luftmoleküle einen Einfluß auf das ›globale Klima‹ habe. Bei Einhaltung der Regeln einer guten Wissenschaft müßte in Betracht gezogen werden, daß die Wirkung des CO_2 auf das Klima – im Vergleich mit der Vielzahl anderer, auch unbekannter Einflüsse – nicht signifikant unterscheidbar ist vom Grundrauschen aller Einflüsse insgesamt. Die Berechnung einer Korrelation aus den weichen Daten einer CO_2-Emission bei fortschreitender Industrialisierung und fragwürdigen Temperaturmessungen allein begründet keine Kausalität. Hier ist ein Verhalten zu erkennen, das einen kritisch-wissenschaftlichen Zugang ausschließt und statt dessen den metaphysischen Einfluß widerspiegelt, der diesem CO_2-Molekül eine zentrale, im Grunde religiöse, quasiverschwörungstheoretische Bedeutung zumißt.
- Es fehlt der Wille, vorurteilsfrei die Ergebnisse von Wissenschaftlern wahrzunehmen, die axiomatisch-wissenschaftliche Befunde vorlegen oder die CO_2-Klima-These in Frage stellen bzw. widerlegen. Von Albert Einstein, als er nach opponierenden Fachkollegen gefragt wurde, ist die Antwort überliefert: »Wieso Hunderte? Wenn die Relativitätstheorie falsch ist, reicht einer.«

Diese wissenschaftliche Denkweise ist in der immanent-religiös kontaminierten Geowissenschaft offensichtlich nicht maßgebend. Denn es müßten vor allem zwei mit verschiedenen Methoden erhobene wissenschaftliche Ergebnisse entweder widerlegt oder von einer seriösen Wissenschaft in ihre Aussagen einbezogen werden. Zum einen sind in der Erdgeschichte sowohl höhere Temperaturen bei niedrigeren CO_2-Kozentrationen der Atmosphärenluft als auch niedrigere Temperaturen bei höheren CO_2-Konzentrationen als in heutiger Industriezeit bekannt. Zum anderen zeigen Untersuchungen von Eisbohrkernen zwar in den vergangenen 570 Millionen Jahren eine Korrelation zwischen CO_2-Gehalt der Atmosphäre und Temperatur, aber dergestalt, daß der Temperaturanstieg einem CO_2-Anstieg vorausging, der wahrscheinlich astronomisch bedingt war. Dieser Zusammenhang kann auf der Basis einfacher exakter Chemie erklärt werden, und zwar dadurch, daß eine geringere Löslichkeit der Kohlensäure im Ozeanwasser bei höheren Temperaturen zu einem Konzentrationsanstieg des gasförmigen CO_2 in der Atmosphäre geführt hat.

– Die Denkregeln der Beweisführung neuzeitlicher Naturwissenschaft werden im wissenschaftlichen Diskurs nicht eingehalten. Die Tatsache, daß sich Belege und Beweise wissenschaftlicher Aussagen nur innerhalb der Logik axiomatischer Struktur bewegen dürfen, wird grob mißachtet. Beispielhaft ist dies schon an der Darstellung von wissenschaftlichen Ergebnissen zu erkennen – und an ihrer Diskussion in der spezifischen Szene. Die Qualität einer wissenschaftliche Aussage wird meist danach beurteilt, ob sie sich in eine Denkschule einreiht und ob auch andere, möglichst viele zu gleichen oder ähnlichen Ergebnissen gelangt sind.

Dieses Streben nach Gleichgesinnung steht in tiefem Widerspruch zu den Maximen einer axiomatisch-wissenschaftlichen Argumentation. So gilt in der axiomatischen Wissenschaft allein ein sachlicher Zusammenhang als Argument, das heißt der regelhaft systematische Beleg und die Beweisführung, mit der eine Problemstellung untersucht wird. Zitiert werden Wissenschaftler deshalb, weil sie zuvor ebenfalls an diesem Problem gearbeitet, zur Aufklärung beigetragen oder eine Erfindung gemacht haben.

Jedoch hat die Persönlichkeit des genannten Autors oder die Autorenschaft, der er zugehört, selbst keinerlei argumentative Qualität, weder frühere Leistungen dieses Wissenschaftlers noch eine Vielzahl von ihnen mit ähnlichen Aussagen – es zählt allein die Beweiskraft nach den argumentativen Regeln der Wissenschaft. Verweise auf Aussagen wie »Schon in der Bibel steht«, »Karl Marx hat festgestellt« oder »Es gibt einen Regierungsbeschluß« verstoßen gegen diese Regel, auch wenn eine noch so große gleichgesinnte Mehrheit sie für richtig hält, und sind Argumente aus der Kultur-, Gesellschafts- und Geisteswissenschaft.

Ein aufschlußreiches Beispiel konsensueller pseudonaturwissenschaftlicher Argumentation ist ein Sonderbericht des International Panel on Climate Change (IPCC) der UN aus dem Jahre 2018. Von diesem Gremium sind Tausende Publikationen, die zum Thema gehören, ausgewählt und quantitativ ausgewertet worden, und zwar derart, daß ein Vertrauensniveau der wahrscheinlichen Richtigkeit von Aussagen ermittelt wurde – mit Bewertungen zwischen ›sicher‹, ›wahrscheinlich‹ und ›unwahrscheinlich‹. Es sollte die Frage beantwortet werden, ob eine globale Erwärmung um 1,5 Grad, im Vergleich mit einer um 2 Grad, für den ›Klimawandel‹ und die Beseitigung der Armut relevant sei. Eine Offenbarung wie »1,5 Grad globaler Erwärmung gegenüber vorindustriellem Niveau« wird hier zu einem Fetisch des religiösen Materialismus, der in viruswissenschaftlichem Gewand die erdgeschichtliche Zukunft rituell voraussagt.

Argumentationen aus der Klimaforschung mögen wissenschaftlich absurd sein, doch ihre immanent-religiöse Effizienz ist weitreichend. Hier gilt: Ist es auch ein wissenschaftlicher Wahn, so hat es doch Methode. Diese Methode hat besonders in Deutschland maligne Wirkungen und bildet die Betriebsanleitung für einen wichtigen politischen und ökonomischen Motor der kulturmarxistischen Gesellschaft.

Einen historischen Meilenstein markiert ein Urteil des Bundesverfassungsgerichtes im Jahre 2021 (BVerfG, Beschluß des Ersten Senats vom 24. März), das die Instrumentalisierung der unabhängigen richterlichen Gewalt durch eine parteioligarchische exekutiv-legislative Staatsgewalt sichtbar macht. Vorausgegangen war die fortlaufende Besetzung der Richterstellen dieses Verfassungsorgans mit parteipolitischen Repräsentanten, zuletzt mit einem Präsidenten des hohen Gerichtes, der nie zuvor Richter, aber jahrelang Mitglied einer regierungsbildenden Parteifraktion des Bundestages war. In diesem Urteil wurde das kulturmarxistische

Ziel eines »Klimaschutzes« verfassungsrechtlich verankert (nach Art. 20a GG) und als Maßstab für zukünftige Gesetze und richterliche Urteile festgelegt. Die Begründung durch das Bundesverfassungsgericht offenbart ein Gemisch aus juristischer Ignoranz bezüglich axiomatisch-wissenschaftlicher Denkregeln, also kritikloser Übernahme der scheinwissenschaftlichen Argumente für einen anthropogenen Klimawandel, und der gezielten Absicht, politische Prozesse in Deutschland kulturmarxistisch zu gestalten. Damit wurde das Bundesverfassungsgericht zu einem politischen Gericht. »Künftig können selbst gravierende Freiheitseinbußen zum Schutze des Klimas verhältnismäßig und verfassungsrechtlich gerechtfertigt sein«, und »entsprechend wird ein CO_2-relevanter Freiheitsgebrauch immer stärkeren, auch verfassungsrechtlich gebotenen Restriktionen ausgesetzt sein« (Pressemitteilung Nr. 31/2021). In dem Urteil zeigt sich zum einen, daß Scheinwissenschaften der Kern immanent-religiöser Dogmen sind – neben das Virus in der Corona-Krise tritt nun das CO_2-Molekül in der Atmosphärenluft, um kulturmarxistische Restriktionen der Grundrechte zu rechtfertigen –, zum anderen die ideologische Mission, nicht nur Deutschland, sondern die ganze Welt für die Zukunft zu verändern, ergo vor Unheil zu bewahren. Denn die Entscheidung des Gerichts soll auch Menschen betreffen, die in der Zukunft geboren werden, und solche außerhalb des deutschen Rechtgebietes, vom Gericht gendergerecht formuliert: »Die zum Teil in Bangladesch und Nepal lebenden Beschwerdeführenden [...].« Politische Opposition gegen die Klimapolitik oder wissenschaftliche

Kritik an der Klimaprophezeiung gelten nach diesem Urteil als Bestrebungen, die gegen das Grundgesetz verstoßen.

Schon immer in der Menschheitsgeschichte sind religiöse Dogmen und ihre ökonomischen Auswirkungen in der Gesellschaft symbiotisch verschmolzen. Unter der Hoheit des metaphysischen Materialismus entstanden im Deutschland des 21. Jahrhunderts neben dem CO_2-Ablaßhandel auch die alternative Energiegesetzgebung für eine planwirtschaftliche Nutznießung von Photovoltaik- und Windkraftanlagen sowie Vorschriften ›energiesparender‹ Maßnahmen in der Bauwirtschaft.

Die Nachhaltigkeit politischer Maßnahmen auf der Grundlage dogmatischer Ideen wird vor allem durch ihr Potential zur dauerhaften ökonomischen Nutzung durch die Allgemeinheit bestimmt. So war der ökologische Wahn vom ›Waldsterben‹ in Deutschland zwar auch hysterisch-intensiv, aber nur von relativ kurzer Dauer, weil von der Allgemeinheit kein wirtschaftlicher Vorteil (über die Forst- und Landwirtschaft hinaus) gesehen wurde. Auch die hohen Kosten für Stromgewinnung aus den ›alternativen Energien‹ zeigen die Grenzen der naturgesetzlichen Wirklichkeit. Insgesamt ist somit deutlich zu erkennen, daß Dogmen des religiösen Materialismus, ebenso wie die Dogmen transzendenter Religionen, zwar eine Vielzahl profitierender wissenschaftlicher Mitläufer generieren und zeitlich begrenzte sozioökonomische Triebkräfte entfalten mögen, daß diese aber nicht von Dauer sein können, weil sie die Regeln der physischen Aufklärung mißachten.

Der kulturmarxistische Ablaß von der Klimasünde

Die Prophetie der CO_2-Klima-These gründet auf dem erdgeschichtlich dauerhaften Wandel eines Naturphänomens, in der Annahme, in unserer Zeit sei dieser Wandel durch den Menschen verursacht. Die verborgene immanent-religiöse Grundidee sagt daher verhängnisvolle Folgen für die Menschheit voraus und unterstellt, diese selbst könne durch Einhalten der religiösen Regeln das drohende Schicksal abwenden. Da dies dem Menschen nicht möglich ist, eröffnet ihm die Religion zumindest die Möglichkeit, sich von der Sünde zu befreien, indem er bei Nichteinhaltung der Regeln durch finanzielle Bußen Abbitte leistet. Für den Kulturmarxismus ist dieser gewaltig wachsende Ablaßhandel ein wesentliches Element seiner sozialen Politik. Um die Integration der CO_2-Klima-These in die marxistische Politik zu verstehen, ist es daher notwendig, sich das Grundmuster des strategischen Vorgehens vor Augen zu führen.

Immanent-religiöses Endziel ist die soziale Gleichheit aller Menschen – als Individuen, in der Nation, in der Europäischen Union, der UN und weltweit. Im kulturmarxistischen One-World-Reich herrscht nur *eine* politische Gewalt. Sie verwirklicht eine Demokratie der kontrollierten gleichen Gesinnung. Um in diesem globalen Reich die offensichtliche Ungleichheit der Menschheit aufzuheben, ist es allerdings geboten, nicht nur materielle Güter umzuverteilen, sondern auch die störenden Grenzen zwischen den Geschlechtern, Kulturen, Religionen und Ethnien der Menschen einzuebnen.

Der religiöse Kern marxistischer Politik ist also die Umverteilung zwischen Habenden und Nichthabenden, um ›soziale Gerechtigkeit‹ zu erreichen. Der Masterplan, der zu diesem Ziel führen soll, wurde vom Bolschewiki-Marxismus entworfen. Der Versuch der Stalinschen Variante, ebenso erfolgreich zu sein, ist jedoch gescheitert. Nach ihrem wirtschaftlichen Versagen hat die ökonomische Theorie des Bolschewiki-Marxismus an Überzeugungskraft verloren. In den Vordergrund getreten ist nunmehr eine ökologische Theorie. Sie bietet eine ergiebige scheinnaturwissenschaftliche Quelle politischer Argumente für eine notwendige Umverteilung. Mit Hilfe der Trotzkischen Modifikation des Bolschewiki-Marxismus, des latenten Entrismus, hat sie in alle Bereiche der Gesellschaft infiltriert und sich vor allem in der Klimatologie als scheinwissenschaftliche Forschung über die Wirkung des CO_2 in der Atmosphäre global ausgebreitet.

Die wichtige Funktion der CO_2-Klima-These besteht darin, daß sie in ihrer Folgedoktrin den Habenden und Nichthabenden ihre Rollen zuweisen kann. Die Habenden sind demnach vor allem die westlichen entwickelten Industrienationen, die durch starke CO_2-Emission für einen anthropogenen Klimawandel verantwortlich gemacht werden. Die Nichthabenden nehmen die Rolle des Opfers ein, die unter den Folgen zu leiden haben, zum Beispiel durch Klimakatastrophen, wirtschaftliches Elend in Afrika oder einen erhöhten Meeresspiegel in der Südsee. Bei vielen internationalen Konferenzen des 20. und 21. Jahrhunderts, die von der UN organisiert werden, kommen Tausende kulturmarxistische Delegierte zusammen, um Beschlüsse über die Entschädigung der Nichthabenden durch umverteilenden Ablaßhandel zu fassen.

Die UN-Klimakonferenz in Paris im Jahre 2015 ist ein Beispiel. Sie verwendet in ihren Beschlüssen naturwissenschaftliche Begriffe wie einen Fetisch und offenbart die politische Gedankenwelt der immanenten Religion. Möglichst unter 2 Grad soll eine globale Erwärmung begrenzt werden. Dazu müsse bis zum Jahre 2060 die industrielle CO_2-Emission vollständig gesenkt und das CO_2 wieder aus der Atmosphärenluft entfernt werden. Eine entscheidende Vereinbarung dieser Regelung ist die materielle Unterstützung finanzschwacher Staaten mit insgesamt einer halben Billion Dollar in den Jahren 2020 bis 2025. Die deutsche Regierung, deren Politik vom Geist des ökologischen Sozialismus dominiert wird, hat den Vertrag als eine der ersten ratifiziert und benutzt ihn für die nationale und internationale Umverteilung.

Das Instrument der CO_2-Klima-These wird auch in der globalen Migrationspolitik benutzt, um eine Verbindung zu den Ursachen der Migration und den dafür verantwortlichen Menschen herzustellen. Die UN begründet in ihrer Replacement-Migration-Strategie die Massenmigration aus arabischen und afrikanischen Ländern in die europäischen Staaten, insbesondere Deutschland, auch mit den verschlechterten Lebensbedingungen durch einen ›Klimawandel‹ in den Herkunftsländern der Migranten, der durch die Industriepolitik der europäischen Staaten verursacht sei.

Die hohe Compliance der indigenen deutschen Population bei dieser UN- und EU-Strategie ist ein latentes Symptom der endogenen Depression dieses Kollektivs. Wie ein Individuum in suizidalem Verlangen nutzt sie das verfügbare tödliche Instrument. So werden die Außengrenzen des deutschen Staates schuldbewußt geöffnet und das deutsche Territorium den arabischen und afrikanischen Menschen als Siedlungsgebiet angeboten. Damit wird jedoch die wirkliche Ursache der Migration verdrängt, nämlich die Wucht der Menschenvermehrung in den arabischen und afrikanischen Populationen sowie deren Bestreben, durch Nutzung der Ressourcen der europäischen Zivilisation einen eigenen Staat europäischen Maßstabs zu errichten, und die historischen Beispiele für die Irrationalität deutscher Politik werden um ein weiteres, allerdings letztes ergänzt.

Literatur

Symptom der Zeit

Bundesministerium für Umwelt, Naturschutz und Reaktorsicherheit (Hrsg.): Modelle, Annahmen und Daten mit Erläuterungen zur Berechnung der Strahlenexposition bei Ableitung radioaktiver Stoffe mit Luft oder Wasser zum Nachweis der Einhaltung der Dosisgrenzwerte nach § 45 StrlSchV, Stuttgart u. a. 1992.

Foer, Jonathan Safran: *We Are the Weather. Saving the Planet Begins at Breakfast,* New York 2019.

Latif, Mojib: Heißzeit. *Mit Vollgas in die Klimakatastrophe – und wie wir auf die Bremse treten,* München 2020.

Schellnhuber, Hans Joachim: *Selbstverbrennung. Die fatale Dreiecksbeziehung zwischen Klima, Mensch und Kohlenstoff,* München 2015.

Thunberg, Greta: *Ich will, daß ihr in Panik geratet!,* Frankfurt am Main 2019.

Analyse der Zeit

Ball, Tim: *The Deliberate Corruption of Climate Science,* Mount Vernon 2014.

Bolz, Norbert: *Die Avantgarde der Angst,* Berlin 2020.

Crichton, Michael: *State of Fear. A Novel,* New York 2004.

Lüdecke, Horst-Joachim: *Energie und Klima. Chancen, Risiken und Mythen,* Tübingen [4]2020.

Popper, Karl: *The Logic of Scientific Discovery,* London und New York 2002 [1959].

Sanders, Charles L.: *Radiation Hormesis and the Linear-No-Threshold Assumption,* Berlin und Heidelberg 2010.

Spencer, Roy W.: *The Great Global Warming Blunder. How Mother Nature Fooled the World's Top Climate Scientists,* New York und London 2012.

VI.
DIE PSYCHOSOMATISCHE DESTRUKTION DER NATION

Pathologische Mechanismen auf dem Weg zum nationalen Exitus

Ein deutliches Kennzeichen, das auf eine imperial-suizidale Psychose der deutschen Population hinweist, sind der historisch kurze Verlauf der Phasen und die schnellen Phasenübergänge. Nur zwölf Jahre dauerte die Herrschaft des braunen Sozialismus. In dieser Zeit infiltrierte die Ideologie ohne besondere Schranken bis in die feinsten Verästelungen der geneigten Gesellschaft. Heute, nur dreißig Jahre nach der Wiedervereinigung der deutschen Teilstaaten und der Wiedererlangung der politischen Selbständigkeit des deutschen Reststaates, begeht eine Regierung im Geiste des roten Sozialismus vielfachen Rechtsbruch und öffnet vollständig die Grenzen des Landes, um einen millionenstarken Strom orientalischer und afrikanischer junger Männer an den durchschleusenden oder sich abriegelnden anderen europäischen Nationen vorbei auf das deutsche Territorium zu leiten. Historisch einmalig – und kennzeichnend für den kitschigen Verfall nationaler Verantwortungsethik in Deutschland während der suizidalen Phase der kollektiven Psychopathie – sind die Bilder bzw. ›Selfies‹ einer Bundeskanzlerin Kopf an Kopf mit männlichen Einwanderern, die für eine Teilhabe am deutschen Sozialstaat bei offenen nationalen Grenzen werben.

Solchen Manifestationen der neuen politischen und gesellschaftlichen Strukturen ging ein ideologischer Phasenübergang der deutschen Zeitgenossenschaft voraus. Dieser Wechsel von alter zu neuer Gesinnung vollzog sich erstaunlich rasch und effektiv, gleichsam wie ein Blitzsieg bei einer militärischen Operation. Nach der bedingungslosen Kapitulation der Wehrmacht wurde die alte Gesinnung schnell repariert und den alliierten Siegerstaaten in Ost und West angepaßt. In der jahrhundertelangen Tradition deutscher Kleinstaaterei standen genügend Höflinge bereit, um zwei nunmehr im Auftrag der Siegermächte verfeindete staatliche Ordnungen zu errichten.

Eine größere Rolle der Frauen in Beruf und Gesellschaft ergab sich nach dem Zweiten Weltkrieg von Anfang an, nämlich durch den Ausfall der geschlagenen männlichen Soldaten, die entweder gefallen, in Gefangenschaft geraten waren oder sich in Kellern verbargen. Der männliche Mensch stand dem weiblichen nicht mehr als Schutz zur Verfügung, weder bei der massenhaften Vergewaltigung der Frauen durch Soldaten der Siegermächte noch Jahrzehnte später bei den sexuellen Angriffen Hunderter nordafrikanischer Migranten in der Kölner Silvesternacht des Jahres 2015.

Frauen bestimmten die deutsche Öffentlichkeit – ob beim Wegräumen der Häusertrümmer oder als willig umerzogenes ehemaliges Mitglied des braunen BDM, jetzt ethnotolerant in sozialen Kontakten mit den Besatzungssoldaten. Das Streben nach beruflichem Erfolg wird zunehmend zum höchsten Glück der Frauen und verdrängt so den Wunsch nach einem Kind. Die Übernahme ehemals männlicher Funktionen und männlicher Vorstellungswelten sowie männlicher Berufs- und Lebensziele durch Frauen verleiht Deutschland in seiner suizidalen Phase Gestalt. Denn die Bedeutung der Frauen in der Gestaltung der gesellschaftlichen Öffentlichkeit, später auch in der aktiven Politik, korreliert mit zwei entscheidenden Veränderungen:

1) Sie hat eine für die Gesellschaft tödlich niedrige Geburtenrate zur Folge, und
2) sie schwächt in der suizidalen Phase durch Effemination von Politik und Gesellschaft eine erfolgreiche Abwehr der maskulinen Gegner europäischer Aufklärung, Kultur und nationaler Identität. Weibliches Kümmern um den sozialen Augenblick beherrscht den gesinnungsethischen Zeitgeist und verdrängt eine männliche Verantwortungsethik für die Zukunft der deutschen Population.

Richtschnur für die sozialistische Gestaltung der deutschen Nachkriegsgesellschaft und -politik sind vor allem die folgenden gesellschaftlichen Ziele:

1. staatliche Sozialfürsorge für alle Menschen, auch solche außerhalb der eigenen Nation, und
2. kulturmarxistische Ausweitung der individuellen Menschenwürde auf gesellschaftliche Kollektive und Streben nach leistungsunabhängiger Gleichheit.

Die Rebellion der Achtundsechziger oder Die Sehnsucht der Deutschen nach Erlösung von ihrer Schuld

In diese fortschreitende Entwicklung fiel in den sechziger Jahren eine Episode, die sich wie eine nachgezogene männliche Revolte gegen die Väter der imperialen Phase deutscher Vergangenheit ausnimmt und seither als Legende eines pubertären Reifeprozesses als ›achtundsechziger Zeit‹ in das politisch-mediale Narrativ eingegangen ist. Den Anstoß gab eine studentische Bewegung an US-amerikanischen Universitäten vor dem Hintergrund des Vietnamkrieges. Diese führte an deutschen Universitäten zu endlosen Diskussionen männlicher Redeführer, die in marxistisch-epigonaler Welterklärung insbesondere das verwerfliche Verhalten der USA darlegten.

Frauen hatten in diesen Abläufen zunächst vorwiegend die Rolle von Kaffeebedienungen oder Sexgenossinnen. Später waren sie aktiv dabei, als die Ideologie außerhalb der Universitäten die Milieus der Gescheiterten, der Journalisten und des Boulevards erreichte und in gespenstischer Bonnie-und-Clyde-Manier versucht wurde, eine Revolution gegen die deutsche Vergangenheit nachzuholen.

Einen Einblick in psychotische Mechanismen deutscher Gesellschaft geben nicht nur diese Episode selbst, sondern vor allem die unangemessen aufgeregte Reaktion auf sie und ihre romantisch-illusionäre Verklärung zu einem Umbruch durch die Befreiung aus der Vergangenheit und den Aufbruch in eine neue Zukunft. Dies wird deutlich, wenn man die Herkunft der Akteure der achtundsechziger Zeit betrachtet, die mehrheitlich Söhne und Töchter aus der Mitte der Gesellschaft waren, und erkennt, daß eine schweigende Menge von Sympathisanten ihre Ideen und Taten beobachtet hat. Den Ideologen aus dem Reservoir der ›Achtundsechziger‹ öffnete die deutsche Gesellschaft ihre Türen und stellte damit nach einem kurzen ›Marsch durch die Institutionen‹ der Parteien das Heer der staatlichen Gehaltsempfänger.

Im Grunde erfüllten die ›Achtundsechziger‹ den tiefen Wunsch des deutschen Volkes, seinen mangelnden Widerstand gegen die Ereignisse in der imperialen Phase wiedergutzumachen. Dafür spricht auch die Beobachtung, daß die virtuelle Gegenwehr gegen politische Unterdrückung und Verbrechen aus der Zeit des braunen Sozialismus in dem Maße weiter wächst, wie sich der zeitliche Abstand zu dem vergangenen Geschehen vergrößert (Johannes Gross). Zum Zeitpunkt des realen Geschehens war sie kaum vorhanden. Der anschließend begonnene, nicht zu gewinnende Kampf gegen einen nicht mehr vorhandenen Feind von gestern, besiegt durch andere, ist ein auffälliges Symptom und offenbart die psychotische Flucht des Kollektivs vor der Verantwortung gegenüber dem realen Feind der Gegenwart.

Folglich wurde nach dem Zweiten Weltkrieg der gesellschaftliche Diskurs in beiden deutschen Teilstaaten von den Ereignissen in der vorausgegangenen Phase der bipolaren Psychose beherrscht und nun auf der Grundlage einer ideologisch antagonistischen Gesinnungshoheit wahrgenommen. Mitbürger, die die geänderte Gesinnung nicht teilten, wurden als homolog erhaltene Beispiele der vergangenen Phase entlarvt und dienten in skandalisierten Szenarien als Ersatzgegner der früheren, nun ungefährlichen Originale.

Politische Verunglimpfungen des Gegners bewegen sich zumeist innerhalb des geschlossenen Systems eines sozialistischen Käfigs, der von den Konfessionen des roten und braunen Sozialismus beherrscht wird, und umfassen Bezeichnungen wie ›Rechter‹, ›Linker‹ und Homologe aus den umfangreichen Listen diskriminierender Begriffe dieser Milieus. Die Einnahme eines Standpunkts, der eine Beobachtung und Bewertung des sozialistischen Käfigs von außen erlaubt, wird nicht gebilligt und mit Argumenten abgewehrt, die aus dem Käfig stammen.

Dieses gesellschaftliche Verhalten ist vergleichbar mit Reflexen, die aus biologischen Systemen bekannt sind. Reflexe werden durch viele differente Ereignisse ausgelöst, die aber nur einen stereotypen Mechanismus der Reflexantwort bewirken. So erzeugt ein Streßereignis, dem die unterschiedlichsten physischen und psychischen Begebenheiten zugrunde liegen können, stereotyp ein hormonelles Reaktionsmuster mit Adrenalinfreisetzung verschiedenen Ausmaßes. Die Reflexantwort ist unspezifisch und unabhängig von der Qualität des auslösenden Ereignisses. Sie charakterisiert sich selbst, aber keineswegs den Auslöser des immer gleichen schablonenhaften Ablaufs.

Zumeist erscheint der Kampf zwischen den sozialistischen Gesinnungspolen wie das obskur-religiöse Gegenstück zu den geschichtlich bekannten Konflikten innerhalb von Konfessionen und Sekten transzendenter Religionen, etwa zwischen Sunniten und Schiiten oder Protestanten und Katholiken. Die historische Erfahrung lehrt, daß innerreligiöse Feindseligkeiten bis zur letalen Erschöpfung ausgetragen werden.

Die marxistische Waffe des nationalen Suizids

Das weltanschauliche Instrument der achtundsechziger Revolte bildet vor allem die neomarxistische ›Frankfurter Schule‹, die an den Universitäten als Philosophie des metaphysischen Materialismus gelehrt wird. Sie beschreibt ein modifiziertes Weltanschauungssystem des Marxismus, jetzt allerdings in einem großbürgerlichen Milieu, weiterentwickelt für »feine Leute« (Golo Mann), und findet daher bevorzugt in den intellektuellen Milieus der Gesellschafts- und Geisteswissenschaften ihre Mitglieder. Unberührt von den Regeln der exakten Naturwissenschaft, insbesondere von deren Fundamenten aus den Axiomen der Physik und Chemie, sowie von der unabdingbaren Notwendigkeit experimenteller Beweise, befaßte sich die Frankfurter Schule ›wissenschaftlich‹ auch mit materiellen Phänomenen und entwickelte in der ersten Hälfte des 20. Jahrhunderts eine ›Kritische Theorie‹ der Gesellschaft auf der Basis eines ›Materialismus‹. Sie repräsentiert den Zeitgeist jener Jahre und benutzt vorwiegend politisch-gesellschaftliche Symptome aus der naturwissenschaftlich-technischen Moderne für ein Konstrukt kulturmarxistischer Welterklärung, die insbesondere eine Erlösung von nationaler Herrschaft beschreibt und auch Elemente der Freudschen Psychoanalyse einfügt.

Diese ›materialistische‹ Philosophie begreift sich in polemischem Widerspruch zu der Philosophie des deutschen Idealismus, ohne das objektive Eingebundensein ihres ›Materialismus‹ in eine Ideenwelt der Metaphysik zu erkennen. Mangels Einblick in die Denkregeln der axiomatischen Naturwissenschaft, die auf atomarer und molekularer Ebene den metaphysisch angenommenen Widerspruch von Natur und Technik aufhebt, wird ein sozialer Mythos des technologisch-ökonomisch Faktischen als Ursache moderner Herrschaft und totalitärer Ideologien postuliert und als »Dialektik der Aufklärung« beschrieben. Dabei wird die eigentliche Dialektik, die auf dem Widerspruch zwischen physischer und metaphysischer Aufklärung beruht, nicht wahrgenommen.

Im Kern jedoch ist der Kulturmarxismus eine immanente Religion des metaphysischen Materialismus, die die göttliche Instanz ins Diesseits der menschlichen Kollektive verlagert hat und die soziale Mechanismen nicht etwa nur beschreibt, sondern in ›kritischer‹ Mission vor allem deren Veränderung in allen Bereichen der westlichen Gesellschaft anstrebt. Dabei achtet die Frankfurter Schule nicht den kategorischen Imperativ Kants, der verlangt, daß die Maxime menschlichen Handelns stets das allgemeine Gesetz repräsentieren soll. Bei Kant wird das allgemeine Gesetz durch die Ethik und Moral der abendländischen Aufklärung bestimmt.

Der Maßstab der Frankfurter Schule ist ein anderer. Ihr ›Neuer Mensch‹ wird charakterisiert durch sein reziprok kommunikatives Verhalten im Kollektiv. Als ›Homo communicativus‹ handelt er gemäß dem, was die Partner eines divinisierten Kollektivs untereinander erwarten. Das Ziel ist seine Prägung zum paritätischen Teil einer kulturmarxistischen Gesellschaft. Erst wenn er diese Erwartung erfüllt, ist die Voraussetzung für seine Mitgliedschaft in einer endgültig gesinnungsdemokratisch definierten Ordnung gegeben. Er verhält sich dann ›demokratisch‹.

Die immanente Religion der Frankfurter Schule ist das Fundament für eine universalistische Moral, deren Regeln für Mitglieder aller Gesellschaften gültig sein sollen – unabhängig von kulturellen, transzendent-religiösen und ethnischen Differenzen. Anders als in einer westlich-abendländischen Demokratie, deren Verfassung durch Gewaltenteilung und begrenzende Amtszeit die pluralistische Beteiligung differenter politischer Überzeugungen an der staatlichen Macht ermöglichen soll, wird die kommunikative Demokratie von nur einer politischen Gesinnung repräsentiert, die eine immanente Staatsreligion verkörpert und das moralische Gebot der staatlichen Macht stellt.

Wie alle Religionen verfügt auch die immanente über eine klerikale Schicht, die eine Verbindung zwischen dem Volk und der göttlichen Instanz des Kollektivs herstellt, das heißt, die als selbsternannte Elite dem Kollektiv den Glauben erklärt und es zum Glauben erzieht. Auch in der Vergangenheit wurde die Mission des Marxismus von einer elitären Führung des göttlichen Kollektivs getragen. Eine der charakteristischen Verhaltensweisen der Elite tritt besonders dann hervor, wenn ihre marxistische Welterklärung auf fehlende Einsicht oder gar politische Opposition trifft.

Das hierdurch in Gang gesetzte Reaktionsmuster geht auf den Bolschewiki-Marxisten Trotzki zurück und ist gekennzeichnet durch den primären Verdacht mangelnder intellektueller Fähigkeit des Uneinsichtigen. Dieser Mechanismus führte in der Sowjetunion im Extremfall zur Diagnose einer Geisteskrankheit bei Oppositionellen bis hin zur Einweisung in eine psychiatrische Anstalt. Aber auch nach dem Zusammenbruch des Bolschewiki-Marxismus im real existierenden Sozialismus sind die alten Wurzeln deutlich sichtbar in der deutschen politisch-medialen Öffentlichkeit, und sie offenbaren deren Durchdringung mit dieser immanenten Religion. Folglich wird sowohl bei oppositionellen Politikern als auch bei deren Wählern gemeinhin eine verminderte geistige Urteilskraft unterstellt.

Die kulturmarxistische Gewißheit der geistigen Überlegenheit kommt in einem mokanten bis diffamierenden Umgang mit Individuen ebenso wie mit Gesamt- und Teilpopulationen zum Ausdruck. Solchermaßen wurde Helmut Kohl, der als Bundeskanzler die nationale Vereinigung gegen den Willen kulturmarxistischer Politiker verfolgt hat, als »Birne« verlacht und die Wählerschaft des US-Präsidenten Donald Trump, der den Kulturmarxismus bekämpfte, als »White Trash«.

Auch abgemilderte Symptome dieser immanent-religiösen Überzeugung sind überall sichtbar, etwa wenn die Nomenklatura der Hauptstadt sich wohlwollend um die »Bevölkerung draußen im Lande« kümmert und die Zurückgebliebenen »dort abholen will, wo sie sich befinden«.

Grob wird die Sprache jedoch, wenn eine Opposition aus dem Volk den Machtanspruch des Kulturmarxismus in Frage stellt. Wie in feudalen Zeiten ist dann »Pack« eine Bezeichnung für das Volk, und es wird Anstoß daran genommen, daß »Populisten« im Sinne der Vox populi tätig sind. ›Populismus‹ ist einer der verächtlich machenden Kampfbegriffe der Kulturmarxisten im 21. Jahrhundert.

Kennzeichnend für eine kulturmarxistische Gesellschaft ist das Bestreben, alle demokratisch definierten Abläufe auf die Gesamtgesellschaft auszudehnen und ein angepaßtes ›demokratisches‹ Verhalten auch für das private, familiäre, schulische und berufliche Leben zu fordern. ›Demokratisch sein‹ ist die Gesinnung, die überall gilt. Damit pervertiert sie eine Staatsform zu einer politischen Ideologie, die von der Gesellschaft eingehalten werden muß. Im Kulturmarxismus schafft erst die Verwirklichung einer ›gerechten‹ Gesellschaftsordnung auf der Grundlage ›richtiger‹ Überzeugungen die Voraussetzung für eine demokratischen Gesellschaft. Diese immanent-religiöse Vorbedingung stellt somit die Antithese einer demokratischen Verfassung europäisch-abendländischer Tradition dar, wie sie etwa in der Verfassung der Vereinigten Staaten und als dingliche staatliche Struktur von Montesquieu niedergelegt worden ist.

Metaphorisch wird die Differenz dieser demokratischen Architekturen mit Begriffen aus der digitalen Technologie verdeutlicht. Demnach formt die Verfassung, wie sie in den USA verwirklicht wurde, die Hardware eines Nationalstaates, dessen Betriebssystem so gestaltet ist, daß sie mit unterschiedlichen politischen Anwenderprogrammen betrieben werden kann. Voraussetzung ist nur, daß die Rahmenbedingungen der Hardware – die Regeln der Verfassung – eingehalten werden. Dagegen fordert der marxistische Staat nur eine Software, die er als demokratisch definiert und die für den programmatischen Einsatz in verschiedenen nationalen Strukturen gedacht ist, so daß ein Staat aus vielen Völkern entstehen kann, der für alle dasselbe politische Programm benutzt. Historische Beispiele für so geformte Staatsstrukturen sind die UdSSR und die zu einem verfassungslosen Staat wachsende Europäische Union. Die politischen Ziele solcher Vielvölkerstaaten sind missionarisch, und sie sind für eine Aufnahme weiterer Staaten geplant, das heißt, sie sind grundsätzlich imperialer Natur.

Eine Grundbedingung für die Existenz sozialistischer Staatsgebilde sind der Abbau nationaler Identitäten innerhalb der Union (»No Borders, No Nations«-Dogma) und die Präsenz einer zentralen Armee für die Gewährleistung eines dauerhaften Bestandes (z. B. der Roten Armee), um weiterbestehende nationale Widerstände auch mit militärischer Gewalt unterbinden zu können.

Das Bestreben, solche Potemkinschen Demokratien als Megastaaten einer immanenten Religion zu errichten, läßt klar erkennen, daß die zugrundeliegende Denkstruktur nicht Teil der westlichen Aufklärung ist, sondern andere historische Wurzeln hat. Denn sie mißachtet und konterkariert einen zentralen Erfolg der Aufklärung, der vor allem auf der Trennung von religiöser und staatlicher Macht beruht. Erst gegen den Widerstand der transzendenten christlichen Religion wurde in der europäischen Welt das Primat von Recht und Gesetz des Staates errichtet. Dies war nur deswegen realisierbar, weil der christlichen Religion ein Rückzug in die Transzendenz möglich ist, also dorthin, wo sich ihre göttliche Instanz und die Welt ihres Glaubens befinden. Dieses Rückzugsgebiet steht der immanenten Religion mit ihrer göttlichen Instanz im Diesseits nicht zur Verfügung. Sie will das Reich Gottes auf Erden verwirklichen. Daher verschmelzen in einem Staat säkularen Glaubens diesseitige Religion und weltliche Macht zu einem homogenen politischen System. Folglich durchdringen politisch-religiöse Ideen die Gesetze, und deren rechtliche Anwendung wird primär von der Übereinstimmung mit der moralischen Gesinnung der immanenten Religion bestimmt.

Die europäische Nation ist daher der natürliche Feind der Philosophie der Frankfurter Schule, die im Kern eine Trotzkische Variante des Bolschewiki-Marxismus lehrt. Die Nation ist der historisch erfolgreiche Gegner der kulturmarxistischen Gesellschaft. Allein die Nation bildet den Rahmen für eine demokratische Struktur, die einen Machtwechsel unterschiedlicher politischer Überzeugungen vorsieht, sowie für ein Rechtssystem, das national gegebenes Recht über universelle ideologische Moral stellt. Vor allem die Akzeptanz eines Machtwechsels ist für den Kulturmarxismus keine Option. Nationen und ihre lebenswichtigen gesellschaftlichen Strukturen sind daher sein destruktives Ziel.

Die europäische Nationenbildung hat die Voraussetzung für kulturelle und wissenschaftliche Höchstleistung geschaffen. Dazu gehört die Erfindung der axiomatischen Wissenschaft in Natur und Technik, die wiederum Voraussetzung war für die globale Ausbreitung der europäischen Zivilisation. Erst durch die Entstehung nationaler Grenzen und nationaler Identitäten wurde die Integration einer territorialen Bevölkerung zu einem homogenen Volk möglich, und es wurde hierdurch auch der archaischen Bildung von multiplen Grenzen zwischen kulturell, religiös und ethnisch differenten Menschen innerhalb der Nation entgegengewirkt. Dieser historische Prozeß einer Nationenbildung ist in der Neuzeit beispielhaft an der Entwicklung der Vereinigten Staaten und deren kulturellen und zivilisatorischen Höchstleistungen zu erkennen.

Die heute betriebene nationale Entgrenzung in der Europäischen Union begibt sich jedoch auf den umgekehrten Weg der historischen Rückentwicklung. Die Eingliederung sprachlich und kulturell differenter Menschen und Nationen in eine Staatenunion führt zu einer Staatsstruktur, die vergleichbar ist mit derjenigen in der Mitte Europas vor der Existenz der Nationen.

Eine Begründung für die Auflösung der Nationen ist die Vermeidung von Kriegen zwischen den Nationen der europäischen Vergangenheit, wobei die Zunahme des sozialistischen Gewaltpotentials innerhalb der nationalen Staatsgebilde als mögliche Kriegsursache keine Beachtung findet. Ohne den nationalen Rahmen entwikkelt sich jedoch ein Zustand, der aus der Geschichte der pränationalen Zeit bekannt ist und einen Höhepunkt im Dreißigjährigen Krieg erreichte, in dem zwar keine Nationen gegeneinander kämpften, aber Warlords verheerende Schlachten führten.

Der Kulturmarxismus begründet die Forderung nach der Auflösung der Nationen mit dem Verweis auf das Elend durch soziale Ungleichheit in den Nationalstaaten und auf das Leid durch zwischenstaatliche Kriege, wie sie in der europäischen Geschichte der Nationenbildung und während des 20. Jahrhunderts stattfanden. Dabei werden jedoch die im Kern nicht nationalen, sondern vorwiegend politisch-religiösen Ursachen insbesondere der beiden großen Kriege verkannt. Die europäischen Nationen waren im 20. Jahrhundert lediglich das Instrument eines Kampfes zwischen den verschiedenen politischen Manifestationen des metaphysischen Materialismus. Schon im Ersten Weltkrieg wurden die Handlungen der politischen Akteure vom kollektivistischen Furor der Massen beeinflußt, verdeckt durch die militärischen Ereignisse, die die historiographische Journalistik zwar detailliert, aber symptomatisch und weltanschaulich gebunden beschreibt. Nur 21 Jahre später, im Zweiten Weltkrieg, zeigte sich dann deutlich der Kampf der politischen Sekten des metaphysischen Materialismus. Um die Ziele des braunen und des roten Sozialismus zu verwirklichen, wurden die Grenzen der Nationen nicht respektiert, sondern mit militärischer Gewalt beseitigt. Die Nationen waren als parasitär befallene Wirtsorganismen nur effektives Hilfsmittel auf der imperialen Suche nach Raum oder für das Führen eines vaterländischen Krieges.

Die Denkrichtung der Frankfurter Schule hat in den letzten Jahrzehnten die ideologische Hoheit in der deutschen Gesellschaft erlangt. Ihre Ausbreitung wurde begünstigt durch den fehlenden Widerstand einer psychisch traumatisierten Gesellschaft – anders als in den USA, wo diese Philosophie zwar innerhalb der Universitäten Brutstätten ihrer aggressiven Mission gebildet hat, aber außerhalb auf den Widerstand einer Mehrheit der Bevölkerung stieß. Darüber hinaus bewirkte in Deutschland die mit der Wiedervereinigung verbundene Aufnahme eines marxistisch sozialisierten Teilstaates eine Beschleunigung des Prozesses.

Symptome, die auf die marxistische ›Kritische Theorie‹ zurückgehen, sind in der gleichgesinnten politisch-medialen Öffentlichkeit und im Erziehungssystem Deutschlands mittlerweile so dominierend, daß dies vielen Mitläufern nicht bewußt ist – weil selbstverständlich. Auch die politischen Verlautbarungen der christlichen, besonders der evangelischen Kirche, die in vielen Bereichen mit denen der sozialistischen Parteien übereinstimmen, machen innerhalb der alten Amtsstrukturen eine tiefe Durchdringung mit den Ideen des Kulturmarxismus deutlich. Viele Amtsträger der deutschen Kirchen suchen und finden nun die Erlösung in der immanenten Religion des metaphysischen Materialismus.

Die kulturmarxistische Mimikry der deutschen Gesellschaft

Obwohl der Marxismus in der Bolschewiki-Gestalt und in seiner heutigen Erscheinungsform als Kulturmarxismus nicht zu den geistigen Bausteinen der christlich-abendländischen Aufklärung gehört, ist seine Entstehungsgeschichte – als politische Reaktion auf gesellschaftliche Veränderungen – an die physische Aufklärung gebunden. Die marxistische Reaktion auf die Aufklärung ist letztlich eine biologische, nämlich eine Folge der naturgesetzlichen Umschichtung der feudalen Gesellschaftsstruktur zu einer bürgerlichen. Der entscheidende historische Prozeß war die Einführung der staatlichen Schulpflicht, die in Deutschland seit Jahrhunderten allen Menschen Zugang zu den Bildungseinrichtungen gewährt. Damit wurde die biologisch-kognitive Funktion des Gehirns die treibende Kraft für die Bildung neuer gesellschaftlicher Schichten. Da diese Funktion, wie alle biologischen Funktionen, prädeterminiert ist, entstanden in Deutschland weitgehend revolutionsresistente Gesellschaftsstrukturen. Deren nunmehr erreichter endgültiger

Stabilität versucht seit den sechziger Jahren die Bildungspolitik erbittert entgegenzuwirken, und zwar mit Hilfe einer rasanten Steigerung der Anzahl formal höherer Bildungsabschlüsse durch fortschreitende Senkung des kognitiven Anspruchs.

Für die Unterlegenen im gesellschaftlichen Wettstreit bietet der Marxismus eine säkular-religiöse Rechtfertigung und Begründung ihres Anspruchs auf sozial gerechte Teilhabe. Im real existierenden Sozialismus des Ostblocks jedoch ist die politische Bewirtschaftung dieser gesellschaftlichen Forderung offensichtlich gescheitert, vor allem wegen einer marxistisch-klerikalen Elite, die in Stalinscher Bolschewiki-Tradition die Entwicklung von Marktwirtschaft, moderner Naturwissenschaft und Technik verhinderte. Die Systemfrage der zwanziger Jahre nach dem Tode Lenins stellte sich somit erneut.

Der Kulturmarxismus unserer Zeit ist eine historische Anpassung an diese Erfahrung und basiert auf dem Faktum, daß die isolierte Organisation einer marxistischen Gesellschaftsordnung dauerhaft nicht eigenständig bestehen kann, sondern einer marktwirtschaftlichen Wirtsstruktur bedarf, die ihre parasitäre Fortexistenz gewährleistet. Gemäß der polemischen Erkenntnis Konrad Adenauers, daß »alles, was die Sozialisten vom Geld verstehen, die Tatsache ist, daß sie es von anderen haben wollen«, bleibt nur der Trotzkische Weg einer parasitären Infiltration des Bolschewiki-Marxismus in lebensfähige Institutionen erfolgversprechend. In der praktischen Politik ist daher die verdeckte Infiltration in die Geldquellen westlicher Gesellschaften ein wichtiges strategisches Ziel. Dieses Ziel wurde im 21. Jahrhundert international erreicht, beispielhaft zu erkennen im Ablauf der Corona-Krise.

In biologischen Systemen werden die Nutznießer eines Wirtsorganismus als Parasiten bezeichnet. Sie sind meist hochgradig angepaßt und können den Wirt zwar schwächen, bewirken aber nicht seinen Tod – dies in der Regel aus eigenem Überlebensinteresse und aufgrund langer Optimierung. Für den gesellschaftlichen Parasitismus des Kulturmarxismus gilt dies nur bedingt. Er verfolgt in religiöser Mission die Notwendigkeit einer gesellschaftlichen Veränderung und ist nicht an Naturgesetze gebunden, sondern benutzt die Anpassung an Wirtsstrukturen als strategisches Instrument zum Erreichen seines missionarischen Ziels.

Der Kulturmarxismus besteht neben den beiden transzendenten Religionen, Christentum und Islam, als weitverbreitete immanente Religion der europäischen Bevölkerung. Er ist zwar nicht mehr alleinige Staatsreligion wie sein Bruder, die Stalinsche Variante des Bolschewiki-Marxismus, hat aber aufgrund seines hohen Anteils an den Mischprogrammen der Weltbilder deutscher und europäischer Eliten einen bedeutenden Einfluß auf deren Politik. Bemerkenswert und charakteristisch ist jedoch die alltägliche Leugnung dieses Einflusses. Sie zeigt den Erfolg des latenten Entrismus. Die Menschen des vereinten Deutschlands wiegen sich in dem Glauben, in einer Zeit des Postkommunismus zu leben.

Nach dem Zusammenbruch des real existierenden Sozialismus erscheint eine Berufung auf den Marxismus offenbar als marketingpolitisch untauglich, während die parasitäre Nutzung schon vorhandener Wege der kapitalistischen Wirtsstruktur lukrativ erscheint. Nicht nur wurde die Kommunistische Partei oder die Sozialistische Einheitspartei danach in Die Linke umbenannt: Eine bürgerliche Regierungspartei Deutschlands hat einer sozialistisch geprägten kinderlosen Frau aus der aufgelösten stalinistischen DDR die historische Gelegenheit geboten, sich als objektiver DDR-Sleeper an die Partei anzupassen und in machtpolitisch günstigen Momenten als Parteivorsitzende und Bundeskanzlerin die deutsche Politik in eine kulturmarxistische umzugestalten.

Nach dem Hochziehen des Eisernen Vorhangs zeigen die europäische und die deutsche Politik immer deutlicher ihr kulturmarxistisches Gesicht, und zwar mit folgenden Merkmalen:

1. Verwandlung des Bundes demokratischer Nationen Europas (»Europa der Vaterländer«) in eine verstaatlichte, verfassungslose Union europäischer Länder unterschiedlicher Sprachen, Kulturen und ökonomischer Leistungsfähigkeit, regiert von einem zentralen Komitee parteipolitischer Nomenklatura
2. Destruktion nationaler staatlicher Strukturen mit dem Ziel einer Stärkung der Europäischen Union; Übergabe deutscher Souveränitätsrechte an die Europäische Union; Population Change durch historisch rasante Ansiedlung arabischer und afrikanischer Menschen auf deutschem Territorium zur Schwächung des Widerstandes nationaler Identität
3. Ausgleich der Schulden staatlicher Politik mittels marktentkoppelter Schaffung gewaltiger Geldmen-

gen ohne Verzinsung durch eine dem nationalen Recht entzogene Staatsbank der Europäischen Union; dadurch verstärkter Geldfluß in die Verteilungsmasse einer kulturmarxistischen Finanzwelt sowie verdeckte Enteignung und Umverteilung des bürgerlichen Vermögens

4. Falsches Zeugnis von deutschen Bischöfen hybridreligiösen Glaubens durch schrittweise Übernahme der immanent-religiösen Zielsetzungen nach einer Gleichstellung transzendenter Götter in Form einer multireligiösen Partnerschaft des christlichen Glaubens mit dem des Islam.

Der unheilbare Prozeß

Wie alle Religionen, ob transzendent oder immanent, duldet der metaphysische Materialismus prinzipiell keine andere neben sich. Allerdings zeigt eine Rückschau auf die europäische Religionsgeschichte, daß Religionen, wo immer sich ihre vergöttlichte Instanz befinden mag, zu einer Koexistenz bereit sein können, wenn dies strategisch unabwendbar ist. So wurde die christliche Religion während der Bildung der Nationalstaaten aus ihrer Stellung als feudale Staatsreligion zunehmend in die reine Transzendenz verdrängt. Der entscheidende historische Prozeß, der dies bewirkte, war die europäische Erfindung der axiomatischen Naturwissenschaft. Sie bildete die Basis eines neuen, aufgeklärten Weltbildes, hatte aber auch, als Reaktion darauf, das Entstehen der immanentreligiösen Ideen des metaphysischen Materialismus zur

Folge. Gemische aus transzendentem Christentum und immanent-religiösen Ideen beherrschen daher die weltanschaulichen Programme der Bürger und Gesellschaften europäischer Nationalstaaten.

Die Entwicklung europäischer Aufklärung und Demokratie war nur in einem nationalen Rahmen möglich. Aufklärung und europäische Nationen sind in Höhen und Tiefen untrennbar miteinander verbunden. Einerseits setzte die Entwicklung einer demokratischen Staatsform westlicher Aufklärung eine nationale Struktur voraus, andererseits bildete sich in den Nationen eine göttliche Verehrung sozialistischer Kollektive, die zu immanent-religiösen Ursachen europäischer Kriege wurden.

Der Kulturmarxismus mit seinem »No Borders, No Nations«-Dogma hat die Bühne der Religionsgeschichte als bisher letzter betreten, nachdem sich die europäischen Nationalstaaten in metaphysisch-materialistischen Kriegen bis zur Erschöpfung bekämpft hatten. Schon im letzten großen Krieg des 20. Jahrhunderts war der Marxismus – damals der offizielle – ein entscheidender politisch-religiöser Motor gewesen.

Die Destruktion nationaler Strukturen durch den Marxismus beginnt mit dem Zerfall der Familien und der ideologischen Lenkung der schulischen Erziehung, also dort, wo die Grundwerte nationaler Gemeinschaft geprägt werden. In der deutschen Nation ist der familiäre Auflösungsprozeß schon weit fortgeschritten, so daß seine biologische Folge, der Tod der Population aufgrund einer Geburtenrate unterhalb des Point of no return, nicht mehr aufgehalten werden kann. Die Neuansiedlung von Menschen vorwiegend aus arabischen und afrikanischen Ländern ist daher in vollem Gange, teils um den Schwund der autochthonen deutschen Bevölkerung durch Maßnahmen ahnungsloser Gesinnungsethik zu kompensieren (»Wir bekommen Menschen geschenkt«), teils um in kulturmarxistischer Überzeugung die nationale Destruktion zu beschleunigen (»Der baldige Abgang der Deutschen aber ist Völkersterben von seiner schönsten Seite«). Der Kulturmarxismus wird so zwar zum Steigbügelhalter des Islam in Deutschland, verkennt aber seinen eigenen biologischen Tod durch Verlust seines politisch-religiösen Reservoirs. Der Pathologe weiß: Mit dem Tod eines Patienten stirbt auch dessen Erkrankung.

Ein Gespenst geht um in der Welt: Inszenierung einer Pandemie

Als kulturmarxistisches Lehrstück wurde die saisonale Verbreitung des Virus SARS-CoV-2 in den Jahren 2020/21 auf der großen Weltbühne als angsteinflößende Pandemiekrise inszeniert. Das Drehbuch ähnelte dem des bekannten Theaterstücks über die katastrophalen Auswirkungen des Klimawandels. Jedoch war das Szenario der Bedrohung ein anderes, sehr viel unmittelbareres und individuelleres. Nicht die Menschheit, sondern der einzelne Mensch war in der Rolle des Opfers. Daher wurden die Handlungsschritte auf einen sehr kurzen Zeitraum komprimiert, und mit der Bedrohung durch eine Seuche wurde große Angst bei den Menschen erzeugt. Der kurze Zeitraum erleichtert allerdings nunmehr eine Überprüfung an der Wirklichkeit und eignet sich für eine Darstellung im Detail.

Die Dramaturgie

Die Aufführungen dieses Agitprop-Schauspiels sind durch eine typische dramaturgische Trias gekennzeichnet:

1. Grundlage des Handlungsablaufs ist eine dogmatische Scheinwissenschaft; bei der Covid-19-Epidemie eine Mischung aus naturwissenschaftlicher Medizin und Mathematik mit vagen, plausibel erscheinenden Kenngrößen aus der Epidemiologie gemäß dem Garbage-In-Garbage-Out-Phänomen (GIGO).
2. Ein wichtiges Element ist das Erzeugen eines kollektiven Angstzustands in der Bevölkerung durch Meldungen, die von der politisch-medialen Öffentlichkeit als wissenschaftlich begründet verbreitet werden. In der Covid-19-Epidemie konnte dieser Angstzustand angesichts der tödlichen Perspektive der Erkrankung schnell erreicht werden. Zweifel aus der unabhängigen Wissenschaft fanden vor den ideologisch kontaminierten Institutionen des Staates und der medialen Industrie kein Gehör – es wurden nur genehme Erklärungen einer Hofwissenschaft zugelassen. So entstand mit Hilfe der Erinnerung an vergangene Seuchenzüge und aktueller Todesangst die Inszenierung einer Krise globalen Ausmaßes. Diese Inszenierung demonstriert eine schon weit fortgeschrittene gesellschaftliche Durchseuchung globaler Bürokratien, die sich von der Kommunistischen Partei Chinas bis hin zu den

kulturmarxistischen Eliten der westlichen Staaten ausbreitet.

3. Der finale Akt umfaßte staatliche Maßnahmen und begründete die Notwendigkeit des Überschreitens gesellschaftlicher und individueller Grenzen. Mit scheinwissenschaftlichen Argumenten wurde erklärt, daß restriktive Eingriffe in die Grundrechte des einzelnen unabdingbar seien und zum Vorteil des Bürgers erfolgten. Wie in einem Lehrstück wurden die Lehren für die Zukunft gezogen; es wurde ein gesellschaftlicher »Reset« und eine »Große Transformation« gefordert. Danach blieben die gesetzlichen Bestimmungen der Krise in Form eines »Bevölkerungsschutzgesetzes« als Blaupausen für kommende Ereignisse erhalten.

Oberflächlich zeigte die Viruskrise alle klassischen Merkmale einer marxistischen Planungsorganisation, beginnend in der kommunistischen Gesellschaft Chinas und fortgesetzt durch den Kulturmarxismus westlicher Institutionen. Es wurde versucht, durch zentrale bürokratische Regelungen für alle Menschen den Ablauf eines komplexen, teils chaotischen Prozesses zu beeinflussen. Bekannt ist dieses Vorgehen aus der Planwirtschaft des kommunistischen Ostblocks und auch aus dem irrationalen Kampf gegen einen globalen Klimawandel im 21. Jahrhundert. Allerdings ist es nach den Gesetzen der naturwissenschaftlichen Epidemiologie nicht möglich, die Ausbreitung eines Virus, das nur bei Menschen mit einem geschwächten Immunsystem pathogen ist, in der menschlichen Population effektiv zu verlangsamen oder gar zu verhindern, da dieses Kollektiv der Immungeschwächten durch den ewigen Zustrom der Alten und Kranken erhalten bleibt. Auch eine aktive Immunisierung bleibt durch die Schwächung der Immunantwort nur bedingt erfolgversprechend. Daher ist der individuelle Schutz im Kollektiv der Gefährdeten die ideologiefreie Therapie der Wahl (passive Immunisierung, Prävention jeglicher Infektion, Dezentralisierung der Unterbringung). Aber nicht nur in Deutschland stand die Einschränkung der Grundrechte aller im Vordergrund, während die staatliche Bürokratie es unterließ, die eigentlich Gefährdeten ausreichend vor Infektion und Erkrankung zu schützen. Aus den Pflegeheimen, dem letzten Aufenthaltsort vieler Menschen in der säkularisierten Gesellschaft, wurden die bei weitem meisten der »Corona-Toten« gemeldet.

Der Handlungsablauf im einzelnen

In Deutschland waren zwar alle Akte des Covid-19-Dramas durch unterschiedliche, teilweise sogar gegensätzliche politische Entscheidungen gekennzeichnet, sie trugen aber nur eine Handschrift. Zunächst wurden die Virulenz des sich aus China nähernden Erregers und seine Gefährlichkeit für Deutschland geleugnet. Vorsorgemaßnahmen wurden nicht rechtzeitig und wirksam ergriffen, weil zunächst befürchtet wurde, daß sie der Politik der nationalen Entgrenzung Deutschlands entgegenstehen würden. Die politischen Entscheidungsträger unterließen es aus diesem Grund, die nationale Außengrenze für potentielle Coronavirus-Träger zu schließen, also deren Einreise aus Hotspots der Epidemie zu verhindern. Erst später, als die angrenzenden Staaten ihre Grenzen geschlossen hatten, war auch die deutsche Regierung in begrenztem Umfang dazu bereit – aber nicht gegenüber Migranten.

Unterlassen wurden jedoch sinnvolle Vorbereitungen eines seuchenhygienischen Schutzes vor dem zunächst unbekannten Erreger, etwa die Beschaffung von ausreichend Schutzkleidung für das medizinische Personal und der rasche Aufbau einer labormedizinischen Kapazität zum Nachweis des Erregers, um in Felduntersuchungen die Ausbreitung und vor allem die Gefährlichkeit des Erregers zu erkennen und Infizierte, falls erforderlich, gezielt abtrennen zu können.

Es stellte sich bald heraus, daß für die naturwissenschaftliche Medizin das Auftauchen einer weiteren Variante der Coronaviren keine besondere Hausforderung bedeutete. Molekulargenetische Untersuchungen zum direkten biochemischen Nachweis der Nukleinsäure sind seit der Erfindung des Methodenprinzips durch Kary Mullis in den achtziger Jahren bekannt und möglich. Sie werden nach gesetzlicher Vorschrift unter anderem bei jeder Blutspende für transfusionsrelevante Viren wie HIV, Hepatitis B und C sowie CMV und andere in Deutschland täglich zu Tausenden durchgeführt.

Nachdem in kurzer Zeit die RNA der unbekannten Virusvariante sequenziert worden war – nicht überraschend in China, wo das Virus erstmals von der politisch-medialen Welt wahrgenommen wurde –, war es möglich, das Virus mit sequenzspezifischen DNA-Oligonukleotid-Primern nach einer RT-PCR zu detektieren. Auch Virusprotein für den enzymimmunologischen Nachweis spezifischer Antikörper stand bald zur Verfügung, so daß die Voraussetzung für die Untersuchung einer stattgefundenen Durchseuchung der Bevölkerung gegeben war. Später wurde ein immunologischer Virusantigentest entwickelt, dessen Sensitivität geringer ist als die des PCR-Tests, dessen hohe Praktikabilität aber Massenuntersuchungen im Selbstversuch erlaubt. Auch Schulkinder führten diesen Test durch.

Um den Einsatz der verfügbaren Methoden in der Corona-Krise bewerten zu können, ist ein Verständnis der laborärztlichen Systematik virologischer Untersuchungen erforderlich. Grundsätzlich sind zwei Gruppen von Methoden zu unterscheiden: der direkte Nachweis eines Virus oder von Teilen davon (molekulargenetisch, immunologisch) und der indirekte Nachweis einer spezifischen Immunantwort auf die Infektion (Vorhandensein spezifischer Antikörper).

1. PCR- und Antigentest weisen die Anwesenheit eines Virus direkt nach (in Körperflüssigkeiten und auf Körperoberflächen). Diese Direktnachweise werden in der Humanmedizin im Rahmen der Differentialdiagnostik bei klinisch-symptomatischen Patienten eingesetzt. Darüber hinaus werden sie bei der Herstellung von Arznei- oder Nahrungsmitteln benutzt. So werden klinisch symptomfreie Blutspender mit diesen Methoden untersucht, um eine Viruskontamination von Blutzell- und Plasmaprodukten zu vermeiden. In der Nutztierhaltung werden Tierpopulationen ebenfalls mit Virusdirektnachweisen getestet, und bei Anwesenheit des Virus wird die Verwendung infizierter Tiere für die Nahrungsmittelherstellung unterbunden.

Die Anwendung dieser Methodik – in Form von Massentests bei symptomfreien Individuen – war die tägliche Quelle der Medienberichte, welche die positiven Ergebnisse von Labortests als ›Neuinfektionen‹ mitteilten und damit das entscheidende Triebwerk für die Seuchenhysterie bildeten. Solche Massentestungen einer symptomfreien Bevölkerung und die täglichen Berichte darüber hatten vor allem ein gesellschaftliches Motiv. Aufgrund der geringen Virulenz des Erregers waren sie klinisch-epidemiologisch nicht indiziert.

2. Durch den Nachweis von spezifischen Antikörpern wird indirekt eine Infektion erkannt und somit ein Kontakt mit dem Virus in der Vergangenheit nachgewiesen. Felduntersuchungen mit dieser Methodik sind in einer Epidemie indiziert, auch um eine subklinische Ausbreitung der Virusinfektion in der Population zu erfassen.

Im anschwellenden Bocksgesang der medialen Öffentlichkeit während der Corona-Krise wurden die genannten Methoden häufig zitiert und interpretiert. Es ist daher notwendig zu erläutern, daß der labormedizinische Nachweis von Erregern im menschlichen Organismus nur deren Anwesenheit und Konzentration zum Ergebnis hat, aber grundsätzlich keine Krankheit nachweist. Zur Beurteilung der pathogenen Wirkung muß der Befund in Kenntnis der naturwissenschaftlichen Medizin und der Krankengeschichte des Probanden interpretiert werden. Im Rahmen einer Virusepidemie ist jedoch das ärztliche Vorgehen im Einzelfall nicht die zentrale Frage –

hier steht die Klärung der allgemeinen Virulenz des Erregers im Vordergrund.

Die PCR-Methodik zum Virusdirektnachweis ist spezifisch und sensitiv geeignet, bei einzelnen Individuen mit Symptomen die ärztliche Diagnose auf eine spezifische Viruserkrankung zu richten. Aber ihr Einsatz in Massentestungen bei Gesunden zur Erkennung von Infektionsketten (der sich in Deutschland auf ein bis zwei Millionen wöchentlich steigerte) war humanmedizinisch kontraindiziert. Hier handelt es sich um eine typische tiermedizinische Strategie zur Abgrenzung von Tierpopulationen. Die so erlangten positiven Ergebnisse wurden fälschlich als Neuinfektionen interpretiert, obwohl die Ausbreitung des SARS-CoV-2-Virus aufgrund der geringen Virulenz des Erregers vor allem subklinisch, das heißt meist unerkannt erfolgte.

Ohne Kenntnis der Primarstruktur der SARS-CoV-2-RNA gäbe es die Diagnose ›Covid-19‹ nicht. Die klinische Symptomatik allein erlaubt kaum eine Differenzierung von ähnlichen Erkrankungen der Atemwege. Wenn tödliche Verläufe nicht signifikant vermehrt auftreten, werden sie nicht erkannt. Erst durch den Nachweis der spezifischen Virus-RNA entstand also eine neue Erkrankung, die sich nicht nur virusepidemiologisch, sondern auch psychisch in der menschlichen Gesellschaft ausbreitete. Die ersten Erkrankungen wurden aufgrund der situativen Gleichzeitigkeit moderner Kommunikation sogleich global wahrgenommen und erzeugten neben individuellen Ängsten bei Politikern auch das dringende Verlangen nach Regelung.

Simple marxistische Planmodelle gewannen in den Bürokratien vieler betroffener Staaten und internationaler Institutionen wie WHO, UN und EU die Hoheit und bestimmten fortan, angefeuert durch die globalen Medienkonzerne, das Vorgehen gegen die Ausbreitung des neuen Virus. Den gebahnten Reflexen der bürokratischen Krokodile standen die Bevölkerungen in einem emotional gelähmten Zustand willenlos zur Verfügung. So wurde in Friedenszeiten global ein Shutdown des öffentlichen Lebens und der Wirtschaft herbeigeführt, der in der Geschichte ohne Beispiel ist.

Die GIGO-Rechnungen

Den subjektiven Maßstab für das Handeln marxistischer Bürokratien bilden typische dogmatisch-wissenschaftliche Leitlinien, die auch in der Covid-19-Epidemie deutlich zu erkennen waren. Ein vergleichbares Vorgehen ist aus der ›Klimaforschung‹ bekannt. Das Material liefern zum einen Ergebnisse exakter Naturwissenschaft, hier der Virologie, zum anderen statistische Zahlen und deren mathematische Computermodellierungen, die eine Prognose oder Prophezeiung erlauben, hier über die Ausbreitung des Virus in den Populationen. Diese Vorgehensweise ist eine Methode des metaphysischen Materialismus in den Gesellschaftswissenschaften, wo sie häufig angewandt wird und somit die wissenschaftliche Grundlage der axiomatischen Naturwissenschaft in eine scheinwissenschaftliche verwandelt. Der Grund für dieses methodische Vorgehen liegt in der Dominanz des intellektuellen *Sentenz-Typs* sowohl in den Gesellschaftswissenschaften als auch im Chor der politisch-medialen

Öffentlichkeit. In dieser Szene ist die Überzeugung weit verbreitet, daß durch Anwendung von Mathematik und Informatik weiche, falsche und nicht-axiomatische Kenngrößen hart- und richtiggerechnet werden können, vergleichbar mit der Aufbereitung des Mülls menschlicher Zivilisation zu neuen Produkten.

Wichtige Daten, die während der Epidemie für epidemiologische Berechnungen und politische Entscheidungen benutzt wurden, waren die Häufigkeit der Neuinfektionen und die der durch SARS-CoV-2 verursachten Todesfälle. Die exakte Erhebung solcher Daten ist beim Auftreten eines neuen Virus keineswegs trivial, denn der Nachweis der Virus-RNA bei auffällig Erkrankten allein gibt wenig Aufschluß über die Verbreitung der Infektionen. Wenn die Virulenz des Erregers noch nicht bekannt ist und durch hohe Kontagiosität besonders viele subklinische Verläufe zu vermuten sind, ist es erforderlich, rasch einen Einblick in die wirkliche Durchseuchung der gesamten Bevölkerung zu bekommen. Da dies nur durch Nachweis der stattgehabten Immunisierung geschehen kann, vor allem den Nachweis spezifischer Antiköper gegen das Virus, muß in Zusammenarbeit mit der qualifizierten Industrie die Entwicklung geeigneter Verfahren forciert und rechtzeitig eine Strategie für informative Felduntersuchungen entwickelt werden.

In Deutschland und weltweit wurde jedoch ein anderer Weg beschritten: Es wurden täglich die statistischen Ergebnisse von Virus-RNA-Nachweisen bei Testpositiven mit und ohne Symptomatik bekanntgegeben, und zwar in kumulativer Darstellung, die durch ihren starken

Anstieg den medialen Alarmismus unterstützte und die Bevölkerung verängstigte. Auch eine alte labormedizinische Erkenntnis fand keine Berücksichtigung, nämlich daß eine hochsignifikante Korrelation zwischen der Anzahl der Testdurchführungen und den positiven Ergebnissen besteht: Mehr Tests führen zu mehr positiven Nachweisen. Insofern ist es wissenschaftlich geboten, während einer Epidemie die Zahl der positiven Testergebnisse in Relation zur Anzahl der durchgeführten Untersuchungen mitzuteilen. Dies geschah durch die deutsche Bundesoberbehörde, das Robert-Koch-Institut, regelmäßig nicht.

Die Bürger verstanden daher die mitgeteilten Zahlen als zunehmende Neuinfektionen der sich stark ausbreitenden Seuche. Später wurde klar, daß ein mehrfach höherer Anteil der Bevölkerung subklinisch mit dem Virus in Kontakt gekommen war und die eigentliche Ausbreitung des Erregers in der menschlichen Population außerhalb des politisch-medialen Theaters erfolgte.

Neben den Zahlen über vermeintliche Neuinfektionen wurden fortlaufend auch solche über die tödlichen Folgen der SARS-CoV-2-Infektionen bekanntgegeben. Es zeigte sich, daß die Altersverteilung der gemeldeten Verstorbenen derjenigen der gesamten Todesfälle in der Bevölkerung entsprach. Betroffen waren also die alten und vorerkrankten Menschen, bei denen auch Virus-RNA festgestellt wurde. Doch das Versäumnis, umfangreiche Obduktionen durchzuführen, erschwerte es, den ursächlichen Anteil der SARS-CoV-2-Infektionen an den gemeldeten Todesfällen zu erkennen und mit internationalen Berichten zu vergleichen.

Auf der Basis schlechter Datenerhebung erfolgten epidemiologische Berechnungen, die von der Bundesoberbehörde den politischen Entscheidungsträgern übermittelt wurden, etwa die Ermittlung der Anzahl der Personen, an die eine infizierte Person im Durchschnitt die Infektion weitergibt (Reproduktionszahl), oder die Zeit, in der sich die beobachteten Fallzahlen verdoppeln. Epidemiologische Berechnungen dieser Art beruhen meist auf einfachen theoretischen Modellen, die in einem äußerst komplexen Geschehen einige plausibel erscheinende Interaktionen beschreiben, um die Verbreitung von Erkrankungen theoretisch zu verstehen. Bei ihrer praktischen Anwendung, etwa zur Vorhersage des Verlaufs einer spezifischen Epidemie, ergeben solche Modelle vage, häufig auch verfälschende Informationen, da ihre vereinfachten Grundannahmen in der Realität nicht vorliegen. So waren ›Neuinfektionen‹ oder ›Inzidenzen‹ in der Corona-Pandemie in Wirklichkeit positive Ergebnisse von PCR-Tests, deren Anzahl von der Menge durchgeführter Tests abhing.

Dennoch wurde mit solchen Zahlen gerechnet, wurden auf Grundlage der Ergebnisse Vorhersagen gemacht, politische Entscheidungen begründet und Forderungen gestellt. Forderungen an Vorhersagen zu knüpfen ist eine bekannte politische Methode. Sie ermöglicht es prinzipiell, künftige Verantwortung für politische Maßnahmen zu leugnen. Denn wenn das Ergebnis einer Vorhersage nicht eintritt, wird die nicht erfüllte Forderung als Grund erkannt.

Schon zu Beginn der ›Pandemie‹ haben die Regierungen vieler westlicher Staaten nach dem Vorbild des kommunistischen China Maßnahmen angeordnet, um die Weitergabe des Virus an andere zu verhindern (Versammlungsverbot, Ausgangssperre etc.), ohne jedoch über die Virulenz des neuen Erregers genau informiert zu sein und ohne prüfenden Vergleich seiner Virulenz mit derjenigen von anderen bekannten Erregern, die ähnliche Symptome bewirken.

In Deutschland erließ das Parlament aufgrund einer »epidemischen Lage von nationaler Tragweite« bereits im März 2020 rasch ein Gesetz, das die Regierung ermächtigte, eine Stillegung der für notwendig erachteten Bereiche des gesellschaftlichen und wirtschaftlichen Lebens anzuordnen und die Kapazitäten des Gesundheitssystems überwiegend für SARS-CoV-2-infizierte Patienten bereitzustellen. Die Folge war, daß sich die Straßen leerten, Flugzeuge auf Landebahnen geparkt wurden und die deutsche Automobilproduktion um etwa 90 Prozent sank.

Alle Macht der Angst

Die Menschen saßen zu Hause in ihren Wohnungen und sahen die Fernsehbilder der Systemmedien, die über viele Tote berichteten. Der Tod holt sich freilich jeden Tag Menschen, in Deutschland fast eine Million pro Jahr. Früher wurde bedenkenlos nicht darüber berichtet, und die unbekannten Sterbenden wurden daher nicht zur Kenntnis genommen. Nun erhielten sie die Bezeichnung ›Corona-Tote‹ – diejenigen, die positiv getestet worden waren. Jetzt wurden sie wahrgenommen und täglich kumulativ veröffentlicht. Fernsehmedien zeigten bewegende Bilder mit vielen Särgen, transportiert in

Kolonnen von Militärlastwagen, auf jedem ein Sarg, in dem sich ein Mensch befand, bei dem Virus-RNA nachgewiesen worden war. Die Infizierten wurden zu zentralen Sammelstellen gebracht, so daß deren medizinische und räumliche Kapazitäten bald erschöpft waren. Dort standen die Kameras.

Den Sterbenden, bei denen vor dem Ende ihres Lebens Virus-RNA gefunden wurde, blieb es versagt, ihren letzten Weg allein im Kreise der Angehörigen zu gehen. Die zuschauenden Bürger bekamen Angst und verlangten staatliche Hilfe und Führung. Den Politikern, die dieses Verlangen erfüllten, waren sie dankbar.

Auf Basis des Infektionsschutzgesetzes schränkte der deutsche Staat wesentliche Grundrechte ein, mit der Begründung, so die Verbreitung des Virus stoppen oder verlangsamen zu können. Dies sei erforderlich, um einer Überlastung der klinischen Kapazitäten entgegenzuwirken und, wie eitle medizinische Rasputins in Aussicht stellten, zu verhindern, daß bei der Behandlung der Betroffenen eine Triage notwendig würde.

»Sie wissen nicht, was sie tun« charakterisiert diese Maßnahmen. Denn in der Humanmedizin setzen Massentestungen – Direktnachweise eines Virus, das endemisch in der Population präsent ist und sich wegen seiner geringen bis mittleren Virulenz hochkontagiös ausbreitet – seuchenhygienische Maßnahmen in Gang, die ein jedes Gesundheitssystem belasten. Also stieg mit anschwellender Zahl der Direktuntersuchungen des Virus die Belastung des Gesundheitssystems. Die dezentral positiv getesteten Menschen wurden bei klinischer Symptomatik zentral in klinischen Einrichtungen zusammengeführt und dort isoliert. Nur ein kleiner, immungeschwächter Teil mußte intensivmedizinisch behandelt werden. Der immerwährende dezentrale Abgang der Sterbenden aus der menschlichen Population, der normalerweise von den nicht betroffenen Lebenden ignoriert wird, wurde so zentralisiert und ein Teil wurde nun durch die Etikettierung mit dem Coronavirus von der Öffentlichkeit erschrocken wahrgenommen. Der massenhafte Virusdirektnachweis zum Erkennen von Infektionsketten erzeugte ein gesellschaftliches Problem, nämlich Angst und den Ruf nach politischer Hilfe. Dabei wurde die zentrale Frage einer Epidemie in den Hintergrund gedrängt: Wie letal ist das Virus?

Aus zeitlichem und rationalem Abstand stellt sich dieses Szenario als übler historischer Spuk dar, abgelaufen nach dem bekannten Muster eines kulturmarxistischen Reflexes und ausgelöst durch Angstmacherei. Wie ein Parasit hat der Kulturmarxismus das sich global nähernde Virus als geeigneten Wirt erkannt und instinktsicher befallen. Die gesellschaftlichen Reaktionsmechanismen wurden vom Ursprungsland des Virus übernommen – dem orthodoxen Marxismus.

Deutlich zu erkennen ist hier das ideologische Urvertrauen, mit Hilfe dogmatischer Scheinwissenschaft das gesellschaftliche und wirtschaftliche System eines Staates lenken zu können. Der Plan, die Wirtschaft einer hochentwickelten Industrienation eine Zeitlang abzustellen, um sie später aufgrund epidemiologisch vager Daten wieder anzustellen und dies gegebenenfalls wiederholt durchzuführen, erinnert an einfache Planphantasien früherer Bolschewiki-Apparatschiks. Das

Weltbild des metaphysischen Materialismus bildete die Grundlage der Entscheidungen über gesellschaftliche und ökonomische Prozesse und offenbarte ein sozialistisches Verfahrensmuster ohne Bedenken bezüglich der Einhaltung verfassungskonformer Grundrechte und einer freien Marktwirtschaft. Dazu gehört immer auch die bauernschlaue Finesse der Politik, eigenes Versagen in Vergangenheit und Gegenwart zu camouflieren – hier, die hysterisierte Corona-Krise als Alibi für wirtschaftliche Folgen der Zukunft zu benutzen, um die eigene Urheberschaft einer jahrelangen und mittlerweile unbeherrschbaren Schuldenwirtschaft zu kaschieren.

Ein Virus gibt dem täglichen Tod seinen Namen

Was ist der rationale Kern der endemischen Ausbreitung von SARS-CoV-2? Während die naturwissenschaftlichen Untersuchungen des neuen Virus auf vorhandene methodische Prinzipien zurückgreifen konnten, erfolgte das epidemiologische Management unter dem Einfluß einer selbstverstärkenden Kakophonie aus der medizinsoziologischen und politisch-ideologischen Tiefe der verängstigten Gesellschaft. Zunächst standen die Ausbreitung des Virus und deren Mechanismen im Vordergrund und die zentrale Frage nach der tödlichen Wirkung des Erregers wurde zu spät fachgerecht gestellt und untersucht. Aber gerade die Anzahl der Todesfälle, die tatsächlich durch das Virus verursacht werden, charakterisiert dessen Virulenz, und ferner der Vergleich seines letalen Potentials mit demjenigen von anderen Erregern. Die Einordnung der Virulenz eines neuen Erregers entscheidet maßgeblich über die Verhältnismäßigkeit der Mittel, die zur Bekämpfung der Seuche angewandt werden müssen.

Schon im Frühjahr 2020 wurde deutlich, daß die Zahl der Sterbenden, bei denen SARS-CoV-2 nachgewiesen wird, jährlich bei etwa 40 pro 100 000 liegen würde. Außerdem war bei neutralem medizinischen Sachverstand deutlich, daß dieses Virus nur bei einem Bruchteil der Verstorbenen die Hauptursache des Todes war. Damit reiht es sich in die Statistik anderer Infektionserreger ein, die vor allem während der Wintermonate zu tödlichen Pneumonien führen können (in Deutschland insgesamt 105 diagnostizierte Fälle pro 100 000 im Jahre 2017), ohne die jährliche Sterblichkeit zu erhöhen und unverhältnismäßige politische Restriktionen zu veranlassen.

Darüber hinaus wurde bei statistisch seriöser Ermittlung keine Zunahme der Gesamtsterblichkeit (›Übersterblichkeit‹) festgestellt (Gill 2021; Kowall et. al. 2021), obwohl vieles unternommen wurde, um eine solche Übersterblichkeit nachzuweisen und die tiefen, Grundrechte außer Kraft setzenden Eingriffe in das Leben der Gesellschaft zu begründen und zu rechtfertigen. Dabei wurden entweder falsche Bezugsgrößen benutzt (etwa durch den Vergleich der Zahlen eines Monats mit den Mittelwerten vorausgegangener Jahre) oder wichtige demographische Veränderungen der Population nicht berücksichtigt. So war laut Angaben des Statistischen Bundesamtes in Deutschland allein das Alterssegment der über 80jährigen – dasjenige mit der bei weitem größten Zahl von Corona-Toten – in den zehn Jahren *vor* der Corona-Krise um 36 Prozent angestiegen.

Außerdem wurden die Menschen auch während der Coronakrise älter. In dem Jahre 2020 stieg das mittlere Sterbealter in Deutschland überdurchschnittlich an (siehe Tabellen des Statistischen Bundesamtes). Seit 1956 wächst in Deutschland das mittlere Sterbealter jedes Jahr. In den letzten dreißig Jahren seit dem Jahre 1990 betrug der jährliche Anstieg im Mittel 0,18 Jahre (Männer und Frauen zusammen). Besonders deutlich war die jährliche Zunahme mit 0,31 Jahren aber im Jahr der Coronakrise 2020. Eine statistisch erfaßbare Vorverlegung des Todeszeitpunkts durch eine Infektion mit SARS-CoV-2 läßt sich also in der deutschen Bevölkerung nicht nachweisen. Dies ist Ausdruck der Tatsache, daß Atemwegserkrankungen, die durch die vielen Erreger grippaler Infekte hervorgerufen werden, die immun-geschwächten und sterbenskranken Menschen auch schon vor der Coronakrise auf ihrem letzten Weg begleitet haben. Zudem zeigte sich, daß das mittlere Sterbealter, das für die »Coronatoten« angegeben wurde, höher war als die Lebenserwartung der deutschen Bevölkerung insgesamt.

Gemäß den Regeln axiomatischer Naturwissenschaft gilt folgendes Gebot: Eine These wird durch einen experimentell nicht belegbaren Teil auch in ihrer Gesamtheit widerlegt. Daher sind ein unverfälschter statistischer Nachweis der Gesamtsterblichkeit und sein Vergleich mit dem früherer Jahre von zentraler Bedeutung. Dieser zeigte für Deutschland und die Schweiz keine Zunahme der Gesamtsterblichkeit gegenüber den Vorjahren – womit eindeutig widerlegt ist, daß es sich bei SARS-CoV-2 um eine ›Epidemie‹ handelte, die wie hochvirulente Seuchen der Vergangenheit die Populationen bedroht.

Es handelte sich lediglich um die Ausbreitung und endemische Präsenz einer Virusvariante, erkannt durch massenhafte Virusdirektnachweise bei überwiegend klinisch gesunden Menschen.

Die fehlende Übersterblichkeit legt zwingend den Schluß nahe, daß die Mehrzahl der Patienten, die in der Statistik der Epidemie als Corona-Todesfälle geführt werden, nicht durch das Virus verstorben ist. Die geringe Zahl der Todesfälle, in denen eine SARS-CoV-2-Infektion – neben einer immer obligaten Immunschwäche – hauptursächlich zum Tode führte, befand sich innerhalb der statistischen Streubreite der Sterberate des Jahres 2020.

Die Analyse der Sterberate deckt auch den eigentlichen Fehler auf, der von Anfang an die Abwehr dieser Virusvariante beherrschte und darin bestand, die zentrale Problemstellung nicht erkannt zu haben. Statt auf zweifelhafte epidemiologische Daten fixiert zu sein, hätte als erstes die Virulenz des Erregers festgestellt werden müssen, das heißt das Ausmaß der Letalität durch Infektion. Aufgrund der raschen epidemischen Ausbreitung gab es früh den Hinweis, daß vorwiegend subklinische Verläufe die Infektionsausbreitung beschleunigen, denn bei hoher Letalität verlangsamen die schwere Erkrankung und der Tod die Ausbreitung, nämlich durch Unterbrechung der Infektionsketten.

Der Einwand der Politiker, die Zahl der Toten infolge SARS-CoV-2-Infektion sei durch Regierungsmaßnahmen gesenkt worden, wird dadurch widerlegt, daß in Staaten, in denen diese Maßnahmen nicht durchgeführt wurden, der Verlauf der ›Seuche‹ ähnlich war. In den Medien dargestellte nationale Unterschiede waren lediglich auf ungleiche statistische Erhebungen und die Qualität des jeweiligen Gesundheitssystems zurückzuführen.

Staatliche Fürsorge durch die politische Macht

Was war die offizielle Begründung der deutschen Regierungsparteien für die staatlich angeordnete Stillegung weiter Bereiche des gesellschaftlichen und wirtschaftlichen Lebens während der Virusepidemie? Im Zentrum stand ein Argument, das in der verängstigten Bevölkerung allgemeine Zustimmung fand. Es hatte den humanitären Schutz der besonders Betroffenen – der definierten Risikogruppe der Alten und Vorerkrankten – zum Gegenstand. So entstand eine öffentliche Diskussion, die einen Gegensatz zwischen Rücksichtnahme auf diese Gruppe und Tolerierung ihrer Gefährdung durch das Virus konstruierte und somit das Kernproblem verdeckte. Denn es ist ein selbstverständliches ärztliches Gebot, jedem Menschen nach Stand der medizinischen Wissenschaft zu helfen – auch einem Multimorbiden, der mit SARS-CoV-2 infiziert ist. Eine Unterlassung dieser ethischen Pflicht, etwa durch Vorverlegung des Todes, ist nicht diskutabel. Außerdem war ein Mangel an verfügbarer medizinischer Kapazität während der epidemischen Krise in Deutschland zu keiner Zeit gegeben, so daß allen Erkrankten geholfen werden konnte.

Allerdings ist die Einsicht unvermeidlich, daß bei jedem alten und erkrankten Menschen der Todeszeitpunkt durch fatale Komplikationen vorverlegt werden kann. Dies geschieht regelmäßig in Gegenwart und Zukunft. »Mikroben werden immer das letzte Wort haben« (Louis Pasteur), während des Sterbens und danach. Zusätzliche

Einflüsse, die sich auf Basis der Grunderkrankungen ursächlich am Eintritt des Endes beteiligen, gibt es viele. Unter ihnen ist SARS-CoV-2 nur ein kleiner Player. Das Influenzavirus aus einer Vielzahl von Infektionserregern ist von größerer Bedeutung, ohne daß zu seiner Abwehr ein vergleichbares staatliches Vorgehen erfolgt.

Ein schweres Versäumnis bei der Anordnung tiefgreifender Maßnahmen zum Schutze der Bevölkerung vor der sich ausbreitenden Epidemie war auch die fehlende Prüfung, in welchem Umfang die Maßnahmen Gesundheit und Leben nicht infizierter, aber behandlungsbedürftiger Patienten beeinträchtigen und deren Tod vorverlegen. Auch für Politiker ohne medizinisch-naturwissenschaftliche Kompetenz ist einleuchtend, daß die obligatorische Bereitstellung therapeutischer Kapazität und intensivmedizinischer Betten ausschließlich für SARS-CoV-2-Infizierte zu Lasten anderer Patienten erfolgt und daß sie Auswirkungen auf die Behandlung insbesondere solcher Erkrankungen hat, die in der Häufigkeitsstatistik der Todesursachen die oberen Ränge belegen. Doch für das Robert-Koch-Institut als deutsche Bundesoberbehörde und die redefreudige medizinsoziologische Beratung von Regierung und Medien lag eine parallele Abwägung der Folgen für Patienten anderer Erkrankungen außerhalb des Wahrnehmungshorizonts. Sie waren auf die epidemiologische Weitergabe der Infektion fokussiert und fixiert und beschränkten sich auf die permanente Mitteilung dazu errechneter Daten, denen fragwürdigen Modellrechnungen zugrunde lagen.

Wo die Bürokratie des metaphysischen Materialismus hobelt, fallen menschliche Späne. Das Handeln der berufenen Akteure während der Corona-Krise bestätigt das

Sprichwort: »Wer als Werkzeug nur einen Hammer hat, der sieht in jedem Problem einen Nagel.« Die Abschätzung der Folgen einer angeordneten millionenfachen Unterlassung operativer und anderer therapeutischer Maßnahmen für die betroffenen Patienten – gesundheitliche Schäden und Todesfälle – muß daher nachträglich durch eine politisch unabhängige Wissenschaft geschehen.

Der tiefe staatliche Eingriff in die gesellschaftlichen und wirtschaftlichen Abläufe des Landes während der SARS-CoV-2-Epidemie ist also aus naturwissenschaftlich-medizinischer Sicht irrational. Allenfalls zu Beginn der Epidemie, als über die Virulenz des Erregers noch Zweifel bestanden, waren begründete Vorbereitungen und verhältnismäßige seuchenhygienische Restriktionen erforderlich. Dazu hatten die politisch Verantwortlichen etwa zwei Monate Zeit, bis die Epidemie Deutschland erreichte. Obwohl dann erkennbar war, daß das neue Virus keine größere Malignität besitzt als andere Viren während einer Grippewelle, wurden Gesetze und Verordnungen erlassen, welche die Grundrechte der Bürger stark einschränkten. Dies geschah zudem zu einem Zeitpunkt, als der Höhepunkt der Infektionswelle des Frühjahrs 2020 schon vorbei war.

Die Rolle der Ärzte

Die medizinische Wissenschaft Deutschlands war in verschiedenen Rollen in der Dramaturgie der Corona-Krise vertreten. Ärztliche Berufspolitiker unterstützten meist die staatlichen Maßnahmen der Politik, zum einen aufgrund mangelnder spezifischer Kompetenz, zum anderen als angepaßte Interessenvertreter der deutschen Gesellschaftspolitik.

Die fachliche Beratung in bezug auf das Regierungshandeln erfolgte selektiv aus den Fachgebieten der Virologie und Epidemiologie. Aus dieser Perspektive wurde der politisch-medialen Öffentlichkeit von wenigen ausgesuchten ärztlichen und naturwissenschaftlichen Experten das gesellschaftspolitisch richtige Vorgehen erläutert. Wissenschaftler eines nichtklinischen Fachgebietes dieser Art sind zur Genüge in der naturwissenschaftlichen Medizin bekannt. Diese Spezialisierung schafft zwar die Voraussetzung für das Eindringen in die Tiefe und die Grundlage für gute Forschung, ist aber nicht selten ›autistisch‹ auf ein Gebiet fokussiert und mit fehlendem medizinischen Gesamtüberblick verbunden. Solcherart spezialisierte theoretische Fachgebiete werden in normalen Zeiten von der politisch-medialen Öffentlichkeit kaum wahrgenommen. Virologen und Epidemiologen versuchen daher seit langem durch Alarmismus (Warnung vor Vogel- oder Schweinegrippe) auf sich aufmerksam zu machen.

Fernsehkompatible Ärzte und fachfremde Wissenschaftler traten nun wie Popstars in den Systemmedien auf und trugen meist zur Unsicherheit und Angst in der Bevölkerung bei. Sie dienten der deutschen Regierung als Instrumente für politische Ziele und verdrängten dabei Stellungnahmen renommierter Wissenschaftler und Ärzte insbesondere aus den angelsächsischen Ländern, welche die nationale und internationale Bedeutung der Epidemie kompetent beurteilen können. Auf diese Weise wurde der wissenschaftliche Horizont auf die Berechnung scheinwissenschaftlicher Kenngrößen aus theoretischen Modellen der Epidemiologie begrenzt. Die Politik honorierte eine solche Limitierung der wissenschaftlichen Problematik und ermöglichte deren Repräsentanten einen Rasputin-artigen Zugang zu höchsten Regierungsstellen.

Das Fehlen einer umfassenden Beurteilung durch die gesamte ärztliche Wissenschaft und die autistische Fokussierung auf das Verständnis einiger ihrer Vertreter bestimmte die Politik und verhinderte die richtige Fragestellung beim Vorgehen gegen die bisher unbekannten Virusvariante: Wie gefährlich ist das Virus für Leib und Leben der infizierten Menschen? Diese Frage hätte in Deutschland schon früh beantwortet werden können, nämlich in den Monaten März und April 2020: Es handelt sich um ein Virus, das in die Reihe der bekannten Viren einzuordnen ist, die bei Immungesunden einen subklinischen Verlauf und bei Immungeschwächten einen meist mittelschweren grippalen Infekt hervorrufen können. Das Virus ist sehr kontagiös und breitet sich so rasch aus, weil die meisten Infektionen so verlaufen, daß die Infektionsketten praktisch nicht unterbrochen werden. Menschen, die durch Erkrankungen und Alter immungeschwächt sind, müssen daher durch spezifisch-individuelle Maßnahmen besonders geschützt werden, etwa durch passive Immunisierung mit spezifischen rekombinanten Antikörpern.

Die Gewährung der verfassungsgemäßen Grundrechte nach Erhalt eines Impf-Sozialscheins

Um die Wirkung eines Virus auf den menschlichen Organismus nicht nur oberflächlich-emotional wahrzunehmen, sind einige Grundkenntnisse über das Zusammenleben von Mensch und Mikroben erforderlich. Die Zahl der Mikroben (Bakterien, Pilze, Viren, Einzeller), die innere und äußere Oberflächen des Menschen besiedeln, ist etwa genauso groß wie die seiner Körperzellen. Der menschliche Organismus benötigt diese Mikroorganismen für sein symbiotisches Dasein. Ein steriler Mensch überlebt nicht. Das Gleichgewicht zwischen der menschlichen Immunabwehr und dem Stoffwechsel eines Mikroorganismus bestimmt die pathologische Wirkung. Die große Mehrheit der Mikroben entfaltet bei einer gesunden Immunabwehr keine klinische Wirkung. Nur sehr wenige werden auch bei normaler Immunabwehr zu Krankheitserregern mit unterschiedlichem Ausmaß. Es lassen sich also zwei Gruppen unterscheiden: Erreger, die auch bei normaler (gesunder) Immunantwort pathogen sind, und solche, die diese Wirkung nur bei geschwächter Immunantwort zeigen. Allerdings können grundsätzlich alle Mikroben zu Krankheitserregern werden, wenn nur die Immunabwehr ausreichend unterdrückt wird. Solch eine Schwächung des Immunsystems geschieht beispielsweise therapeutisch bei einer Transplantation, um die Abstoßung des transplantierten Organs zu verhindern, aber auch begleitend bei verschiedenen Erkrankungen und vor allem im Alter.

Eine Einordnung von SARS-CoV-2 in diese Welt der Mikroben, die den Menschen begleiten, zeigt, daß es sich um eines der vielen Viren handelt, die bei Immungesunden keine oder sehr geringe (subklinische) Pathogenität haben und bei Immungeschwächten eine meist schwache bis mittelschwere Wirkung entfalten. Bei Menschen mit einer ausgeprägten Schwächung des Immunsystems können auch schwere und tödliche Krankheitsverläufe auftreten. Davor müssen sie durch geeignete Maßnahmen wirksam geschützt werden. Es ist daher die Aufgabe des staatlichen Gesundheitssystems, geeignete individuelle Vorsorge zu treffen.

Die Auswahl der medizinischen Maßnahmen zum Schutz der Gefährdeten hängt von der Virulenz der Erregers ab. Es muß das grundsätzliche Prinzip beachtet werden, daß eine Therapie nicht mehr schadet als die Erkrankung selbst. Bei Krankheitserregern mit geringer Virulenz erfolgt daher die Behandlung dezentral, nicht in kollektiven Einrichtungen. Bei Erregern dieser Qualität ist eine zentrale Mobilisierung und Isolierung der Gesamtgesellschaft zur Unterbrechung von Infektionsketten, wie sie bei Seuchenzügen hochvirulenter Erreger erforderlich ist und wirksam sein kann, medizinisch unbegründet und erfolglos. Aufgrund ihrer meist hohen Kontagiosität (kaum Unterbrechung der Infektionsketten) ist eine Durchseuchung der Population mit Erregern dieser Art ohnehin nicht aufzuhalten und gefährdete Menschen werden so nicht geschützt. Der internationale Vergleich hat dies während der Corona-Krise deutlich gemacht und demonstriert, daß in Ländern mit einem massiven ›Lockdown‹ der Gesellschaft die Geschwindigkeit und das Ausmaß der Ausbreitung des Virus keineswegs reduziert wurden.

Welchen Sinn haben Impfungen, um die gefährdeten Menschen vor einer Erkrankung durch das Virus zu bewahren? Impfungen zur Stärkung der Immunabwehr sind eine der segensreichsten wissenschaftlichen Entwicklungen der Menschheit. Mit Hilfe dieser Methode wurde der Erreger der Pocken beim Menschen weltweit aus den Populationen beseitigt. Im Kindesalter werden auch immunkompetente Menschen durch Impfungen vor hochvirulenten Viren geschützt.

Maßstab für die Durchführung kollektiver Massenimpfprogramme, wie sie während der Corona-Krise durchgeführt werden, ist also die Pathogenität des Infektionserregers. Die Indikation für ein staatlich verordnetes Massenimpfprogamm, gesetzlich oder mittels psychischem Druck durchgesetzt, ist dann gegeben, wenn die pathogene Wirkung des Erregers so ausgeprägt ist, daß bei einer Infektion mit diesem Erreger nicht nur Immungeschwächte schwere Krankheitssymptome zeigen, sondern auch alle immungesunden Menschen, und wenn außerdem erfolgreiche therapeutische Maßnahmen zur Behandlung der Erkrankung nicht zur Verfügung stehen. Sind diese Voraussetzungen nicht gegeben, ist ein verfassungswidriger Eingriff in das Grundrecht der körperlichen Unversehrtheit nicht geboten.

Dennoch wurde auch in Deutschland vor dem Hintergrund einer medial verängstigten Bevölkerung ein Impfprogramm für alle Menschen eingeleitet, und zwar so rasch wie möglich. In der pharmazeutischen Industrie stand eine Vakzinierungsmethode zur Verfügung, die zuvor für die Therapie maligner Tumoren entwickelt worden war, dort aber noch nicht effektiv eingesetzt werden konnte. Sie ermöglichte jedoch in relativ kurzer Zeit eine Virusimpfung. Dieses neue Vakzin unterscheidet sich von herkömmlichen Impfstoffen, die abgetötete Erreger oder Teile davon als Antigene einsetzen, dadurch, daß der genetische Code eines bedeutsamen Teils des Virusantigens benutzt wird. Das Virusantigen selbst wird nicht appliziert. Im Rahmen einer prophylaktischen Gentherapie gelangt die korrespondierende mRNA in die menschliche Wirtszelle und induziert dort die Synthese des Virusantigens. Die in der Zelle gebildeten Viruspeptide werden dann auf der äußeren Zelloberfläche dem Immunsystem präsentiert, wodurch das zellgebundene und humorale Immunsystem aktiviert wird. Bei einer individualisierten Tumortherapie nach dieser Methode soll das spezifische Antigen dem Tumorgewebe des Erkrankten entstammen. Die gebildeten Antikörper sollen dann vor allem gegen Tumorzellen gerichtet sein und sie zerstören. Das ›Boostern‹ ist ein wesentlicher Teil dieser Therapie. Es soll den Antikörpertiter erhöhen und den Effekt verstärken.

Beim Einsatz dieser Methode der Vakzinierung mit mRNA zur Abwehr einer Virusinfektion ergibt sich aber das evidente Problem, daß schon zuvor gebildete spezifische Antikörper auch die vakzinierten menschlichen Wirtszellen angreifen, um sie zu zerstören. So entstehen insbesondere bei wiederholtem Boostern Entzündungen. Nicht nur am Ort der Applikation des Impfstoffs, sondern im gesamten Organismus können durch begleitende Aktivierung des Gerinnungssystems Thromben gebildet werden. Nebenwirkungen dieser Art sind im Rahmen des Impfprogramms gehäuft gemeldet worden (z. B. als Herzmuskelentzündungen oder Sinusvenenthrombosen). Allerdings verhinderte die von Ideologie geleitete Politik eine gründliche Abklärung dieses Problems – das mRNA-Vakzin bekam eine Notfallzulassung für die SARS-CoV-2-Impfung.

Das Narrativ der politisch-medialen Öffentlichkeit in Deutschland, aber auch in vielen anderen Ländern hatte als Kern die Vorstellung, daß staatliche Zwangsmaßnahmen während der Corona-Krise so lange notwendig seien, bis durch Massenimpfungen eine Immunisierung der Bevölkerung gegen das Virus erfolgt sein würde. Nun zeigte aber der Verlauf der Virusepidemie, daß fast nur Immungeschwächte, meist Multimorbide höheren Alters, schwer betroffen waren, Immungesunde, insbesondere Kinder und Heranwachsende, dagegen nicht. Eine Impfung von Immungesunden, bei denen die Infektion mit dem Coronavirus subklinisch verläuft, ist somit sinnlos – sie erhält nur deren ohnehin vorhandenen Immunstatus. Auch Immungesunde infizieren sich, reagieren dann aber subklinisch. Sie sind jedoch auch Träger und damit Überträger des Virus. Dies haben Untersuchungen bei Menschen gezeigt, die im Impfprogramm als vollständig geimpft gelten. Bei Immundefizienten hingegen ist eine Impfung möglich und auch sinnvoll. Allerdings kann die Impfantwort reduziert sein oder ganz ausbleiben. Sehr wichtig für das Verständnis ist zudem, daß das Kollektiv der Immungeschwächten sich permanent verändert. Durch Alterung und Erkrankungen wird es ständig ergänzt, durch den Tod dann wieder verringert. Auch ein Lockdown der gesamten Gesellschaft kann das Virus auf seinem Weg zu diesem Kollektiv nicht aufhalten.

Massenimpfungen von Immungesunden mit SARS-CoV-2 werden am Risiko der Gefährdeten somit kaum etwas ändern. Das zeigen sogar Studien, die der Begründung von Grundrechtseinschränkungen dienen sollten – wenn sie nur ideologiefrei interpretiert werden. Sie besagen unter anderem, daß auch Immungesunde, etwa Kinder in Schulen oder während des Besuchs ihrer

Großeltern, als Überträger des Virus in Frage kommen. Das hieraus vom Staat gefolgerte Ziel, durch Massenimpfung eine Herdenimmunität der Bevölkerung zu erreichen, kommt jedoch aus der veterinärmedizinischen Seuchenstrategie und ist humanmedizinisch falsch. Es wäre nur dann angezeigt, wenn der Erreger bei allen Menschen – auch bei Immungesunden – eine schwere klinisch pathogene Wirkung hervorriefe und daher ihre fehlende Immunantwort spezifisch gestärkt werden müßte. Bei einem Virus der Qualität von SARS-CoV-2 ist diese Bedingung nicht gegeben.

Ein Vergleich mit den jährlichen Impfprogrammen gegen das Influenzavirus kann aufschlußreich sein. Wie allgemein bekannt, bestehen Impfprogramme gegen dieses höhervirulente Virus schon seit vielen Jahren. Dennoch wurden während der Wintersaison 2017/18 laut Angaben des Robert-Koch-Instituts 25 100 Todesfälle durch dieses Virus gemeldet, die höchste Anzahl in Deutschland seit dreißig Jahren. Dies verdeutlicht, daß eine staatliche Konzentration auf den Schutz der Risikopersonen vonnöten wäre. Diese besteht vor allem in einer höheren Impfquote der Gefährdeten und der Entwicklung therapeutischer Maßnahmen, besonders durch die Ausweitung einer passiven Immunisierung.

Jedoch machte die deutsche Seuchenhysterie auch vor den ethischen Regeln des hippokratischen Eides nicht halt. So empfahl ein Arzt, der zugleich Mitglied des Deutschen Ethikrates war, Menschen, die eine SARS-CoV-2-Impfung verweigern, im Falle einer Corona-Erkrankung keine intensivmedizinische Behandlung zu gewähren und das Beatmungsgerät »anderen zu überlassen«. Die Tatsache, daß die ärztliche Ethik von jedem Arzt zwingend verlangt, einem jeglichen Menschen unabhängig von seiner charakterlichen oder sonstigen Eigenschaft zu helfen – auch Kriminellen oder feindlichen Kriegern –, wurde durch diese Empfehlung grob mißachtet. Die ethische Verpflichtung schließt ebenso ein, daß ein Verschulden des Patienten an seinem Notstand außer acht zu lassen ist. Eine angemessene Reaktion der zuständigen Ärztekammer auf diese Empfehlung ist gleichwohl nicht bekannt.

Überhaupt ist ideologische Doppelmoral an kaum einem anderen Geschehen besser zu erkennen als am Kampf gegen Infektionserkrankungen. Schon bei der HIV-Pandemie in den achtziger Jahren wurde dies deutlich sichtbar. So ist bis heute eine nachgewiesene HIV-Infektion laut dem Infektionsschutzgesetz der Deutschen nicht meldepflichtig. Außerdem verschleppten staatliche Blutspendedienste in Frankreich lange die Einführung eines Nachweises spezifischer Antikörper bei Blutspendern, weil die Bestimmungsmethoden von Unternehmen in den USA entwickelt und weltweit vertrieben wurden, nachdem das HIV-Virus erstmals im Pasteur-Institut in Paris isoliert worden war. Eine angemessene Klärung der juristischen Verantwortung für die Transfusion vieler mit HIV kontaminierter Blutprodukte blieb jedoch aus.

Scheinwissenschaft sowie nationales, ideologisches und wirtschaftliches Interesse bestimmten auch die politischen Entscheidungen zur Durchführung von globalen Massenimpfungen zum Schutz gegen SARS-CoV-2. Die weltweiten Impfaktionen führten keineswegs zu einem Ende des Seuchenhypes mit seinen täglichen Mitteilungen fragwürdiger epidemiologischer Daten und sogenannter Corona-Toter in den Massenmedien. Das naturgesetzlich stetige Auftreten von Virusmutanten und deren rasche Ausbreitung in der Population wurden nicht als tendenzielle Abnahme der Virulenz des Virus erkannt, sondern dienten als Argument für weitere spezifische Massendirektnachweise des endemischen Virus und für zusätzliche Massenimpfungen nun auch bei natürlich immunen Kindern.

Wichtig für das Verständnis der Strategie sind jedoch die politisch-ideologische Organisation und ihre enge Kooperation mit der globalen Technologie, den monopolistischen Big Tech, Big Data und Big Pharma. Zum Schluß wird ein Impfzeugnis erstellt. Es zeigt die Mitgliedschaft im ›Reisekader‹ an und erlaubt als bigotter Sozialschein die Teilnahme am sozialen Geschehen. Sein Fehlen dagegen weist den ›Coronaleugner‹ und ›Impfgegner‹ aus und hat dessen Stigmatisierung und Ausschluß aus der Gesellschaft zur Folge. So wird die politische Instrumentalisierung der strukturell inszenierten Krise im täglichen Leben konkret, doch ihre Wirkung reicht bis auf höchste politische Ebenen. Besonders erfolgreich war die Lenkung der Präsidentenwahl in den USA während der Corona-Krise im Jahre 2020.

Das veterinärmedizinische Denkmodell der behördlichen Ratgeber

Kritik an der staatlichen Bekämpfung des SARS-CoV-2-Virus ist in der politisch-medialen Öffentlichkeit Deutschlands selten und wird sozial geächtet. Widerstand ist fast nur im Internet erkennbar. Allerdings wird auch hier meist angenommen, daß eine wirkliche medizinische Gefahr durch eine neue Seuche bestehe, aber die behördlichen Maßnahmen unverhältnismäßig seien.

Jedoch ist schon die medizinische Bewertung wissenschaftlich nicht fundiert, das heißt die Annahme falsch, es existiere ein medizinisches Gebot der Bekämpfung des Virus mit den epidemiologischen Maßnahmen, die national und international vollzogen werden. Um die staatlichen Regelungen zu verstehen, ist die Einsicht notwendig, daß es grundsätzlich unterschiedliche Wege der Virusbekämpfung in einem biologischen Wirtssystem gibt. Auf die Bedeutung der Virulenz des fraglichen Virus wurde schon hingewiesen. Aber es muß auch unterschieden werden, ob es sich um die Ausbreitung in einer tierischen oder einer menschlichen Population handelt, wenngleich manche Viren (darunter SARS-CoV-2) sowohl bei Menschen als auch bei Tieren vorkommen.

In der Corona-Krise hat das kommunistische China den Weg gezeigt. Dieser wurde danach auch von den kulturmarxistischen Bürokratien der westlichen Welt beschritten. Die Grundlage bildet ein veterinärmedizinisches Denkmodell. Ein wichtiger Bestandteil ist hier das Erkennen einer Virusausbreitung in Tierpopulationen, vor allem in Nutztierpopulationen. Dazu müssen möglichst viele Stichproben von allen Individuen – auch den symptomlosen – genommen werden. Ein positives Testergebnis hat dann die Abgrenzung des dazugehörigen Kollektivs zur Folge. In der Nutztierzucht werden solche Kollektive (Stallungen) in der Regel getötet. Ziel ist es, das untersuchte Virus vollständig aus der Population zu beseitigen – die Nahrungsmittelproduktion gebietet dies.

Diese veterinärmedizinische Strategie hat ihre eigene notwendige Zielsetzung und muß nicht den Geist und den Stand der humanmedizinischen Wissenschaft beachten. Allerdings ist ein Virus der Virulenz von SARS-CoV-2 (und anderen Varianten der Coronavirus-Familie) in einer menschlichen Population endemisch vorhanden. Seuchenmedizinische Maßnahmen zu seiner Beseitigung aus der Population sind wissenschaftlich unqualifiziert und bleiben erfolglos. Humanmedizinische Maßnahmen umfassen dagegen primär den Schutz und die Therapie der Gefährdeten, das heißt von Patienten mit einer Immunschwäche aufgrund von Alter und Vorerkrankungen. Zu den Maßnahmen gehören auch die aktive Immunisierung dieses Kollektivs, aber vor allem ihre passive Immunisierung (Gabe von spezifischen Antikörpern), nachdem die Virus-RNA bei einer Atemwegserkrankung nachgewiesen worden ist.

Die Versorgung der deutschen Regierung mit ärztlicher Kompetenz obliegt dem Robert-Koch-Institut, das als eine Bundesoberbehörde allerdings kein unabhängiges Wissenschafts- und Forschungsinstitut, sondern an Weisungen des Bundesgesundheitsministeriums gebunden ist. Die Mitteilung epidemiologischer Daten und deren Generierung durch Modellrechnungen müssen gegenüber der vorgesetzten Behörde verantwortet werden. In der Corona-Krise war es daher angesichts der laienmedizinischen Empathie der meisten Politiker und internationaler Vorgaben sicher schwierig, eine wissenschaftlich objektive Darstellung des Geschehens zu geben. Das Robert-Koch-Institut hat jedoch nie den Versuch unternommen, im Rahmen des Möglichen den politisch-ideologischen Direktiven und staatlichen Maßnahmen die Standards einer axiomatischen Wissenschaft gegenüberzustellen. Im Gegenteil, der Vollzug der Aufgaben erfolgte politisch synchronisiert. So wurden epidemiologische Zahlen auf Grundlage angeblicher Neuinfektionen und Todesfälle errechnet und veröffentlicht, die mit Fug und Recht als scheinwissenschaftlicher Fake bezeichnet werden können.

Die Anzahl der positiven Ergebnisse im molekulargenetischen Test der Virus-RNA, die den Gesundheitsämtern von den Laboratorien zugesandt wurde, teilte das Robert-Koch-Institut der Öffentlichkeit als Neuinfektionen mit, ohne aufklärend deutlich zu machen, daß diese Zahl aufgrund der vielfach höheren unerkannten Infektionen nur in Relation zu der Gesamtzahl der durchgeführten Tests interpretiert werden kann. Darüber hinaus wurde nicht eindringlich darauf hingewiesen, daß auf Basis des sehr niedrigen Anteils der Testpositiven an der sehr hohen Gesamtzahl der Untersuchungen unbedingt die Rate der falsch-positiven Ergebnisse berücksichtigt werden muß. Denn in Ringversuchen mit einer für die medizinische Diagnostik noch nicht validierten Methode hat sich unter Beteiligung der Laboratorien, welche die Untersuchungen in Deutschland durchführen, labormedizinisch erwartungsgemäß eine Rate falsch-positiver Ergebnisse zwischen 1 und 2 Prozent gezeigt. Diese Tatsache ist epidemiologisch zu beachten, wenn die Anzahl der Neuinfektionen von der Regierung bekanntgegeben wird. Das heißt, bei einer ermittelten Rate von etwa

1,5 Prozent falsch-positiver Ergebnisse im Ringversuch muß ein solcher Anteil auch bei der Gesamtzahl der Testergebnisse zugrunde gelegt werden. Der errechnete Anteil liegt auch in der Größenordnung der als Neuinfektionen mitgeteilten Ergebnisse. Für die Beurteilung der Irrtumswahrscheinlichkeit eines einzelnen Befundes mag dies weniger erheblich sein, aber bei der Kontrolle eines epidemiologischen Verlaufs durch Neuinfektionen ist dieses Faktum von großer Bedeutung.

Besonders irreführend war die Mitteilung der durch das Coronavirus verursachten Todesfälle. Auch diese Zahl wurde der politisch-medialen Öffentlichkeit vom Robert-Koch-Institut kumulativ, also laienmedizinisch, angezeigt, obwohl den beteiligten Ärzten klar sein sollte, daß in den meisten der angegebenen Fälle die Infektion mit dieser Coronavirus-Variante nicht entscheidend todesursächlich war. Die Centers for Disease Control and Prevention in den USA haben darauf hingewiesen, daß nur bei etwa 6 Prozent der in der Öffentlichkeit verbreiteten Todesfälle die Erkrankung mit dem Coronavirus allein auf dem Totenschein vermerkt war. Um die wichtige Frage der letalen Folgen einer Coronavirus-Infektion eindeutig zu klären und die Gefährlichkeit des Virus zu erkennen, wäre es nötig gewesen, umfangreiche Obduktionen durchzuführen. Doch dies wurde versäumt. Zu Beginn der Epidemie riet das Robert-Koch-Institut sogar von Obduktionen ab. Außerdem hätte das Institut fordern müssen, daß bei der Angabe einer Coronavirus-Erkrankung auf dem Totenschein der ursächliche Beleg einer gravierenden Atemwegserkrankung mit Pneumonie erforderlich ist.

Insgesamt war die Vorgehensweise des Robert-Koch-Instituts während der Corona-Krise primär durch eine seuchenhygienische Strategie bestimmt, die in der Tiermedizin dominierend ist (der Leiter des Robert-Koch-Instituts war Fachtierarzt für Mikrobiologie). Im Vordergrund standen das Erkennen von Infektionen und Infektionsketten mit Hilfe des Virusdirektnachweises durch Massentests sowie eine Abgrenzung aller infektionsgefährdeten Individuen – in der fragwürdigen Absicht, den Erreger aus der Population zu eliminieren oder seine Präsenz so zu vermindern, daß Risikopatienten geschützt würden.

Die Regeln in der Humanmedizin sind jedoch differenzierter. Hier ist es unerläßlich, den offensichtlichen Zusammenhang zu erkennen, daß ein Erreger der Qualität von SARS-CoV-2, der bei Immungesunden keine oder eine sehr geringe Pathogenität besitzt, immer in der menschlichen Population erhalten bleibt. Maßnahmen zur Verhinderung der Ausbreitung wie in der Nutztierhaltung sind nicht möglich, und Massenimpfungen sind nicht indiziert. Auch der Effekt einer aktiven Immunisierung des Gefährdetenkollektivs ist durch das Auftreten häufiger Mutationen und den immerwährenden Zustrom erkrankter und alter Menschen in dieses Kollektiv von begrenzter Dauer und muß daher häufig erneuert werden. Im Vordergrund steht die passive Immunisierung der Erkrankten mit spezifischen Antikörpern.

Der Erreger breitet sich vor allem in der Wintersaison auch unter den Immungesunden rasch aus. Dieses Phänomen konnte während der Corona-Krise bei Massentestung der symptomlosen Menschen an den vielen positiven Testergebnissen erkannt werden und wurde als ›Welle‹ bezeichnet. Es bildete die Grundlage einer politisch-medialen Hysterie. Der Lockdown der Gesamtgesellschaft war als seuchenhygienische Therapie für die eigentlich betroffenen Patienten ohne Erfolg. In der Vergangenheit wurden entsprechende Maßnahmen bei der winterlichen Ausbreitung vergleichbarer Viren, etwa des Influenzavirus, vermieden. Wenn das Instrument dennoch benutzt wird, dann ist dies extrem unverhältnismäßig und ein Beleg für eine maligne Melange aus naturwissenschaftlich-medizinischer Ignoranz und politisch-ideologischer Motivation.

Denn laut dem Gesundheitswissenschaftler und Statistiker John Ioannidis wird ein Lockdown das Virus auf seinem Weg zu den Immungeschwächten nicht aufhalten. Der direkte Schutz dieser Personengruppe – auch vor anderen Infektionserregern – muß im Fokus einer humanmedizinischen Strategie stehen. Es ist aber kennzeichnend, daß in Deutschland während der Corona-Krise die eigentlich notwendige individuelle medizinische Fürsorge der Alten und Kranken zugunsten eines gesellschaftlichen Lockdowns und von Massenimpfungen verängstigter Menschen vernachlässigt worden ist.

Die globalen Anywheres verkünden den Willen der Völker

Der ideologische Treibstoff, der den Motor der deutschen Seuchenpolitik während der Virusepidemie angetrieben hat, kam aus dem politisch Verfügbaren der herrschenden Regierung und war in den Kommentaren der politisch-medialen Öffentlichkeit wahrzunehmen. Sehr schnell wurde deutlich, daß die deutsche Regierung die

Abwehr der Epidemie an eine politische Mission knüpfte, die über eine erfolgreiche Epidemiebekämpfung hinausging. Die politische Links-Rechts-Frontlinie war deutlich erkennbar. Das kulturmarxistische Lager der Gesellschaft in Politik und Systemmedien stand einheitlich hinter dem staatlichen Vorgehen.

Das Vorgehen gegen die Verbreitung des Virus trug eine marxistische Prägung. Große wirtschaftliche Schäden, größtenteils hervorgerufen durch staatliche Erlasse, sollten durch staatliche Subventionen ausgeglichen werden. Die Subventionen waren an Auflagen gebunden und vergrößerten den staatlichen Einfluß auf die Wirtschaft. Eine »Große Transformation« – das Ideal der Bundeskanzlerin – war das strategische Ziel: Nach der ›Pandemie‹ sollte die Gesellschaft nicht wie bisher bestehen bleiben, sondern durch ›Multikulturalität‹ und Einhaltung der ›Klimaziele‹ umgestaltet werden.

Außerdem wurde die Gelegenheit genutzt, den deutschen Staat stärker in die Europäische Union zu integrieren. So übernahmen die deutschen Bürger die Schulden anderer, insbesondere südeuropäischer EU-Staaten durch nicht kreditierte Zahlungsverpflichtungen der deutschen Regierung in großer Höhe. Dieser Schritt vollzog mit beträchtlicher marxistischer Energie einen der vielen Verstöße gegen die Verträge der Europäischen Union sowie gegen den Regierungseid und demonstrierte die höhere Verpflichtung zeitgenössischer deutscher Politik gegenüber dem Machtanspruch der europäischen Vielvölkerunion. Auch die Beschaffung des SARS-CoV-2-Impfstoffes für die deutsche Bevölkerung wurde der EU-Bürokratie überlassen.

Unerläßlich für ein historisches Verständnis ist allerdings die Wahrnehmung der Tatsache, daß dieses Regierungshandeln während der Epidemie von der Mehrheit deutscher Bürger nicht bloß ›ertragen‹ wurde. Vielmehr stieg das Ansehen der politischen Akteure sogar und stimulierte deren Aktionen.

Für die globalen Anywheres der One World ereignete sich die SARS-CoV-2-Epidemie zwar unvorhergesehen, aber sie waren durch adäquate Planspiele geistig vorbereitet. Kennzeichnend ist eine Konferenz, die im Jahr 2019, einige Monate vor dem Beginn der Corona-Krise, in New York von der Johns Hopkins University und der Stiftung eines global verbreiteten Digitalunternehmens sowie dem World Economic Forum ausgerichtet wurde (Event 201) und das globale Vorgehen im Falle von Pandemien zum Thema hatte. Hier bildete ein interaktives Dashboard der Johns Hopkins University, das in Echtzeit die fiktive Ausbreitung eines Coronavirus zeigte, eine online zugängliche Richtschnur für die globale Welt. Mittels wachsender roter Punkte wurde auf der Weltkarte für jedes Land die kumulative Häufigkeit der gefundenen positiven Testergebnisse dargestellt und so für eine globale Synchronisation der Ängste und Aktionen gesorgt. Das teilnehmende Digitalunternehmen des Event 201 machte sodann Vorschläge, wie die Seuche durch digitaltechnologische Kontrolle der Infektionsketten und Impfungen bekämpft werden könne. Insgesamt bewährte sich so eine Public–Private Partnership, und während viele Bürger in ihren Wohnungen gebunden waren, liefen die Geschäfte der Medienindustrie, des Onlinehandels und der Digitalindustrie auf Hochtouren.

Einer Kritik an dieser inszenierten Seuchenpolitik werden die leidvollen Einzelschicksale tatsächlich sterbender Somewheres entgegengehalten. Grundsätzlichen Widerspruch bekämpfen die Systemmedien mit sozialer Verstoßung. ›Leugner‹ ist ein Begriff, der schon aus der immanenten Religion des ›Klimawandels‹ bekannt ist; Gegenargumente werden als ›Verschwörungstheorien‹ abgewiesen.

Beides ist zweifellos zu schlicht: zum einen, bei jeder Kritik an der ›Pandemie‹ die Annahme eines simplen Mechanismus der Verschwörung zu unterstellen, und zum anderen, zu behaupten, das nationale und globale Geschehen während der Ausbreitung einer Corona-Variante sei durch eine Verschwörung ausgelöst worden. Die Annahme einer konspirativen Zusammenarbeit von gleichgesinnten Personen, gesellschaftlichen Gruppen oder gar Nationen mit dem Ziel, eine Viruspandemie zu erzeugen, ist sicher zu einfach und daher abwegig – leider, denn solch eine Konspiration wäre als gesellschaftspathologischer Prozeß deutlich zu erkennen und zu therapieren. Die Quelle solcher Phänomene liegt vielmehr in der Tiefe der globalen ideologischen Gleichschaltung unserer Zeit und tritt als Symptom einer undurchsichtigen Allianz von politischem Kulturmarxismus und globalen Industriemonopolen zutage, die beide von gemeinsamen Interesse geleitet sind. Wie in einem Vogelschwarm hat jeder einzelne dieses Systems das gleiche mitreagierende Empfängerorgan, das dafür sorgt, daß sich alle nach dominierenden Signalen ausrichten. Die Vorgänge der globalen Krise finden in einem politisch-privaten Netzwerk gemeinsamer Überzeugungen und

Interessen statt. Ein riesiges Heer erfahrener Gefolgsleute in Deep-State-Organisationen und der Kommunikationsindustrie stand für dieses Bubenstück eines strukturellen Komplotts zur Verfügung – die einfachen Regeln einer Verschwörung wurden da nicht benötigt.

Überaus lehr- und aufschlußreich war die große Ähnlichkeit der staatlichen Dramaturgien, die den weltweiten Aufführungen während der Corona-Krise zugrunde lagen. Mit Hilfe der Ausbreitung eines molekulargenetisch definierten Virus von geringer Virulenz inszenierten politische Eliten ein surreales Schaustück, in dem die verheerenden Seuchenzüge von Pocken, Pest und Cholera nachgezeichnet wurden und einige der Sterbenden als einsame Statisten mit der Aufschrift ›Corona-Tote‹ benutzt wurden.

Die Symbiose von Marx und Kapital

Wie ist es zu erklären, daß dieses Drama in den unterschiedlichsten Staaten derart ähnlich aufgeführt wurde? Hierzu bedurfte es einer internationalen Anpassung der Mehrheit der Menschen an die eine, gemeinsame dramaturgische Idee. Wie wurde diese Übereinstimmung erreicht?

Bei gesellschaftlicher Betrachtung war die Corona-Krise zugleich eine Dokumentation über die globale Ausbreitung des untoten Bolschewiki-Marxismus, den viele Menschen des Westens unter der Erde wähnen, der aber seine weit fortgeschrittene Herrschaft im Gewand des globalen Kulturmarxismus demonstrierte. Anders als bei der Stalinschen Variante des Marxismus erfolgt nun die Infiltration der marxistischen Weltanschauung in nationale und internationale Institutionen verdeckt mittels eines ›Framings‹ von Wortwahl und Diktion, wobei dieser Vorgang zugleich vehement bestritten wird. Auch die Ausschaltung von Widerständen ist subtiler geworden. Sanktionen bedeuten nicht mehr Gefängnis oder Tod, sondern soziale Ausgrenzung: Ausschluß der ›Corona-Leugner‹ aus dem kontrollierten Diskurs sowie Behinderung und Verlust der Berufsausübung. Die Inbesitznahme der Corona-Krise durch ideologische Gesinnungen tritt in dieser politischen Trennung von Kritikern und Befürwortern der Maßnahmen klar zutage.

In der westlichen Welt führt der politische Kulturmarxismus Regie. Die Erzeugung von Angst ist dabei ein zentrales Instrument. Angst macht gefügig für Reglementierung und Kontrolle. In der ›Corona-Krise‹ wurde dieser Mechanismus beispielhaft vorgeführt. Außerdem wurde eine fundamentale Methode moderner Kommunikation benutzt, die »scientific dictatorship by soft compliance«: Das männliche Geschlecht tritt in Ton und Bild staatlicher Medien nur noch in Gestalt ausgesuchter Ärzte oder Wissenschaftler auf, während der Corona-Krise häufig in Gestalt eitler Rasputins der medizinischen Scheinwissenschaft oder im Gewand des rettenden Führers. Ansonsten beherrscht die weibliche Empathie die mediale Darstellung der Wirklichkeit. In der suizidalen Phase der deutschen Nation blühen die Illustrationen weiblicher Dominanz. Nicht nur weibliche Politiker, sondern auch attraktive Fernsehpuppen verhelfen mit permanentem Lächeln der politischen Macht zur Sicherung ihrer Gefolgschaft.

Die gesellschaftliche Reaktion auf die Epidemie bildet den Stoff für eine Parabel über die globale Herrschaft in der One World. In diesem Stück stellt die physische Aufklärung die modernen Instrumente des ›Globalismus‹, etwa die Logistik sowie die Digital-, Internet- und Medientechnik. Diese funktionierten während der Corona-Epidemie glänzend und agierten stets im Vordergrund. Allerdings wurde der tiefere Sinn erst im Laufe des Geschehens sichtbar. Ein erprobter Darsteller aus dem 20. Jahrhundert empfahl eine marxistische Transformation des gesellschaftlichen Zusammenlebens, um solch ein Geschehen in der Zukunft zu verhindern.

Anders als im 20. Jahrhundert sind nun die technologischen Voraussetzungen geschaffen, um eine beliebige Zahl von Menschen als einzelne Individuen zu kontrollieren. Mit dem süßen Mittel der digitalen Domestizierung wird das Individuum zu einem bequemen, ersehnten Leben geführt. Dabei werden seine Vorlieben, Schwächen und Wünsche registriert, vor allem aber sein ›sozial gerechtes‹ Verhalten und seine weltanschauliche Gesinnung. Die deutsche Regierung in Gestalt des Umweltministeriums stellte 2017 deutlich dar, wie eine digitale Transformation in den Kommunen nachhaltig gestaltet werden kann. Die Zukunftsaussicht sei eine »Post-Ownership Society«, in der aufgrund der allgemeinen Verfügbarkeit von Waren deren Besitz somit wenig Sinn habe, Privateigentum zum Luxus und Daten das Geld als Währung ersetzen würden. Zudem sei in einer digital transformierten Welt das Wissen der Gesellschaft über Wünsche und Willen der Menschen genauer, so daß der Bedarf nach Wahlen geringer sei. In dieser »Post-Voting Society« könnten »verhaltensbezogene Daten die Demokratie als das gesellschaftliche Feedbacksystem ersetzen«.

Diese digitale Transformation einer Demokratie steht im Widerspruch zur amerikanisch-europäischen Demokratie als spezifischer Staatsform mit unwiderruflichen Merkmalen. In der Chinesischen Volksrepublik ist sie schon am weitesten ausgeprägt. Dort bildet das demokratische Herzstück ein digitales »System der Konsensbildung«, wie es 2021 in einer Werbeanzeige der KPCh in der *Frankfurter Allgemeinen Zeitung* hieß, allein auf der Basis des metaphysischen Materialismus. Die ›Corona-Pandemie‹ offenbart, daß sich diese Form von Konsensbildung global weit verbreitet hat und daß die von China ausgegangenen Signale in den westlichen Staatsbürokratien auf spezifische Rezeptoren getroffen sind. Womöglich wird diese Pandemie im historischen Rückblick eher als gesellschaftliche Seuche wahrgenommen werden denn als eine Episode, in der positive Ergebnisse aus Massentestungen lediglich dazu dienten, das eigentliche Geschehen zu kaschieren.

Das missionarische Projekt der gesellschaftlichen Transformation hält also eine Einschränkung der individuellen Freiheit und Freizügigkeit für notwendig, um eine bessere Zukunft zum Wohle des Kollektivs zu gestalten. Die deutsche Geschichte kennt viele große und kleine Vorhaben dieser Art: In der DDR wurden die Bürger wie in einem Gefängnis in ihrem Staat eingeschlossen, um sie vor dem Klassenfeind zu schützen. Im 21. Jahrhundert werden von der Politik Autos mit Batterien gefordert, um durch eine Einschränkung des Individualverkehrs zugunsten des öffentlichen Kollektivverkehrs das Klima zu schützen. Auch während der Corona-Epidemie haben die Bürger das Prinzip dieser Methode erfahren: In trügerischer Absicht wurden tiefe Eingriffe in die persönliche Freiheit bis hin zur Regelung des Zusammenlebens mit den nächsten Angehörigen für unabdingbar erklärt, damit die Menschen nicht schuldhaft den Tod anderer verursachten.

Für eine Verstetigung dieser gesellschaftlichen Formatierung ist in Deutschland die Voraussetzung gegeben. Die gesetzlichen Grundlagen zur Einschränkung der bürgerlichen Grundrechte, die während der Corona-Krise rasch geschaffen wurden, sind nicht befristet. Auch stehen viele Viren und deren Mutanten mit einer vergleichbaren Virulenz zur Verfügung, um ein ›Bevölkerungsschutzgesetz‹ anwenden zu können.

Schon zu Beginn des Jahres 2021 wurde ein weiterer Akt aufgeführt, nachdem Mutationen des Virus festgestellt worden waren – eigentlich ein erwartungsgemäß eingetretenes Phänomen, das in der Regel keineswegs bewirkt, daß sich die Grundvirulenz des Erregertyps erhöht, sondern daß sie sich vielmehr zumeist verringert. Das Auftreten von Mutationen ist der erste Schritt eines Selektionsmechanismus für die Optimierung der Anpassung des Erregers. Die meisten Virusmutanten führen zu keiner Verbesserung der parasitären Anpassung und überleben nicht. Auch bedeuten Mutationsvarianten mit einer erhöhten Virulenz keineswegs einen Selektionsvorteil für den Parasiten. Eine parasitäre Optimierung ist dann gegeben, wenn der subklinisch infizierte Wirt überlebt und lange als Überträger fungiert – sichtbar an der raschen Ausbreitung des Virus in der

Population bei Massentestung symptomloser Menschen. Einer politisch-ideologischen Instrumentalisierung des Phänomens bietet das Auftreten neuer Virusvarianten jedoch eine zusätzliche Begründung für gesellschaftliche Restriktionen.

Darüber hinaus eröffnete der Verlauf der Corona-Krise den handelnden Politikern die günstige Gelegenheit, den Ausgang nationaler Wahlen zu beeinflussen. Bei der Wahl des Präsidenten der USA im Jahre 2020 geschah dies erfolgreich. Auch in Deutschland wurde vor der Wahl des Parlaments eine Lockerung der eingeschränkten Grundrechte von den regierenden Parteien hinausgezögert – in dem Wissen, daß von der Mehrheit der verängstigten Population eine autoritäre Seuchenbekämpfung belohnt wird. Zugleich wurde den gehorsamen Bürgern die Rückgabe von Grundrechten, die ihnen zuvor genommen worden waren, als Privilegien versprochen. Allerdings ließ die amtierende Bundeskanzlerin verlauten: »Solange es nach wie vor so ist, daß nur ein kleiner Teil der Menschen geimpft ist, wird es keine neuen Freiheiten geben.«

Der alte marxistische Bekannte betrat also ohne parasitäre Maske die westlichen Bühnen, sagte seine scheinwissenschaftlichen Texte auf und drohte mit Konsequenzen, falls seine Vorschriften nicht befolgt würden. Aufschlußreich war die Bemerkung eines sozialistischen Gesundheitsexperten im Jahre 2020, der den deutschen Zeitgeist dieser Jahre repräsentiert: »Somit benötigen wir Maßnahmen zur Bewältigung des Klimawandels, die analog zu den Einschränkungen der persönlichen Freiheit in der Pandemiebekämpfung sind.«

Für die Verwirklichung einer solchen Transformation der Gesellschaft ist die moderne Technologie ein entscheidender und unentbehrlicher Partner. Ein UN-Generalsekretär im Jahr 2021: »Die Welt braucht Impfstoff – für Covid und für den überhitzten Planeten.« In einer Allianz zwischen kulturmarxistischen Bürokratien und globalen Monopolen entsteht so die Zukunft des One-World-Government, und die europäische Aufklärung mit ihren souveränen Nationen, der unkontrollierten Meinungsfreiheit und Freizügigkeit der Bürger wird Vergangenheit. Die kulturmarxistische Macht der One World wächst unaufhörlich. Sie war während der Corona-Krise im Jahre 2020 nicht nur in der Lage, durch Briefwahl eine US-Wahl zu lenken, sondern auch den amtierenden Präsidenten der USA durch Sperrung des Zugangs zu den monopolisierten Kommunikationsmedien der Digitaltechnologie stillzustellen. Die Legitimation politischer Macht durch Wahlen der Somewheres auf dem Boden einer demokratischen Verfassung wird so fortschreitend bedeutungslos und durch eine technologische Macht der Anywheres mit ihren bürokratischen Helfern ersetzt.

Der Weg des Bolschewiki-Marxismus zur Weltherrschaft könnte ohne die Existenz der Digitaltechnologie nicht beschritten werden. Nur mit Hilfe dieser Technik ist die verdeckte Infiltration der Ideen in alle gesellschaftlichen Bereiche möglich. Diese existentielle Abhängigkeit gibt aber zugleich eine banale Achillesferse der weltweiten Verbreitung der Ideologie zu erkennen: die Verfügbarkeit des elektrischen Stroms. Denn ohne die physikalische Erscheinung des elektrischen Stroms kann der Computer als notwendiger technischer Rahmen nicht betrieben werden. Allerdings gilt der elektrische Strom in der ökologischen Variante des Marxismus als ›saubere Energieform‹, die durch Ausnutzung von Sonne und Wind hergestellt werden soll. So entsteht das Risiko einer unzureichenden Verfügbarkeit des elektrischen Stroms, da dieser kaum gespeichert werden kann. Durch einen flächendeckenden und länger dauernden Ausfall des elektrischen Stroms wird jedoch ein unzivilisierter Zustand erreicht, der nach Ursachen und Erklärungen sucht und zugleich Ausgang für ein revolutionäres Verlangen nach gesellschaftlichen Änderungen sein kann.

Symptom der Zeit

Bundesministerium für Umwelt, Naturschutz, Bau und Reaktorsicherheit: Smart City Charta. Digitale Transformation in den Kommunen nachhaltig gestalten, Troisdorf 2017.

Guterres, António, Ursula von der Leyen, Emmanuel Macron, Angela Merkel, Charles Michel und Macky Sall: Mit multilateraler Kooperation die Krisen überwinden, *Frankfurter Allgemeine Zeitung*, 3.2.2021.

Habermas, Jürgen: *Theorie des kommunikativen Handelns*, Frankfurt am Main 1981.

Leopoldina Nationale Akademie der Wissenschaften: Coronavirus-Pandemie: Die Feiertage und den Jahreswechsel für einen harten Lockdown nutzen, 7. Ad-hoc-Stellungnahme, Halle (Saale), 8.12.2020.

Schwab, Klaus: *Die Zukunft der Vierten Industriellen Revolution. Wie wir den digitalen Wandel gemeinsam gestalten*, München 2019.

Schwab, Klaus, und Thierry Malleret: *COVID-19: The Great Reset*, Cologny und Genf 2020.

Analyse der Zeit

Ball, Molly: The Secret History of the Shadow Campaign That Saved the 2020 Election, Time.com, 4.2.2021.

Bendavid, Eran, Christopher Oh, Jay Bhattacharya und John P. A. Ioannidis: Assessing Mandatory Stay-at-Home and Business Closure Effects on the Spread of COVID-19, *European Journal of Clinical Investigation* 51(4) 2021, Art. e13484.

Esfeld, Michael: Wissenschaft und Aufklärung in der Corona-Krise, LibInst.ch, Dez. 2020.

Furedi, Frank: *How Fear Works. Culture of Fear in the Twenty-First Century*, London u. a. 2018.

Gill, Bernhard: Keine Übersterblichkeit trotz Covid, Telepolis 2021, https://heise.de/-5001962

Goodhart, David: *The Road to Somewhere. The Populist Revolt and the Future of Politics*, London 2017.

Kowall, Bernd; Standl, Fabian; Oesterlin, Florian; Brune, Bastian; Brinkmann, Marcus; Dudda, Marcel; Pflaumer, Peter; Jöckel, Karl-Heinz; Stang, Andreas: Excess mortality due to Covod-19? A comparison of total mortality in 2020 with total mortality in 2016 to 2019 in Germany, Sweden and Spain, *PLoS one* 16(8), 2021

Kuhbandner, Christof, und Stefan Homburg: Commentary. Estimating the Effects of Non-Pharmaceutical Interventions on COVID-19 in Europe, *Frontiers in Medicine*, 7:580361.

Lübbe, Hermann: *»Ich entschuldige mich«. Das neue politische Bußritual*, Berlin 2001.

Matussek, Matthias: *White Rabbit oder Der Abschied vom gesunden Menschenverstand*, München 2018.

Nelde, Annika, et. al.: SARS-CoV-2-Derived Peptides Define Heterologous and COVID-19-Induced T Cell Recognition, *Nature Immunology* 22 (2021).

Reiss, Karina, und Sucharit Bhakdi: *Corona Fehlalarm? Zahlen, Daten und Hintergründe*, Berlin und Wien 2020.

Statistisches Bundesamt (Destatis) 2021: Durchschnittliches Sterbealter: Deutschland, Jahre, Geschlecht

Welzer, Harald: *Die smarte Diktatur. Der Angriff auf unsere Freiheit,* Frankfurt am Main 2016.
Ziegler, Jochen: Corona-Stellungnahme. Der Lieferservice der Leopoldina, AchGut.com, 12.12.2020.

VII.
DIE DEUTSCHE WIEDERVEREINIGUNG ALS KULTURMARXISTISCHER BESCHLEUNIGER DER NATIONALEN AUTOLYSE

Das Design der zukünftigen religiösen und ethnischen Bevölkerung

Da in religionswissenschaftlichen Darstellungen biologische Mechanismen regelmäßig außer acht gelassen werden, ist ihr Verständnis der Gesellschaft von einschlägigen klerikalen Legenden und gutgläubigen Überzeugungen geprägt. Um allerdings die Entwicklung einer Religion in der Vergangenheit und ihr zukünftiges Potential zu verstehen, sind Kenntnisse über ihre Wechselwirkung mit der Biologie des Menschen unabdingbar. So ist für eine Religion vor allem ihr karitatives Gebot des Achtens, Hütens und Bewahrens menschlichen Lebens fundamental. Der Schutz des Lebens – vor und nach der Geburt – hat entscheidenden Einfluß auf ihre Verbreitung und die Dauer ihrer historischen Existenz.

Die Ausbreitung einer Religion nimmt also den biologischen Weg über die Kinder. Kinderreiche Familien der Gläubigen sind der Motor dieses Prozesses. Auch die Tatsache, daß die Religion des Abendlandes nach der römischen Antike die christliche wurde, hat ihre tatsächliche Ursache in dieser humanbiologischen Gesetzmäßigkeit. Die Menschen christlichen Glaubens konnten sich rascher vermehren, da ihre Kinder besser vor Geburtenkontrolle geschützt waren als die Kinder römisch-antiker Familien – zunächst in der jüdischen Gesellschaft und nach der missionarischen Ausdehnung durch den Apostel Paulus im gesamten Römischen Reich. Dagegen war die Geburtenkontrolle der römisch-antiken Religion vergleichsweise liberal, und sie vollzog sich aufgrund fehlender Medizintechnologie weniger durch vorgeburtliche Tötung, sondern in der Regel nach der Geburt. Sie erfolgte wie in der Legende von Romulus und Remus vor allem durch Aussetzen des Neugeborenen, und zwar meist vor den Stadtmauern Roms. Zahlreich sind die Berichte von Einreisenden über das Wimmern der ausgesetzten Kinder.

Drei bis vier Jahrhunderte vergingen im Römischen Reich, bis die christliche Religion im Jahre 380 nach Christi Geburt als Mehrheitsreligion per Dekret des Kaisers Theodosius I. zur Staatsreligion wurde. Der umgekehrte Weg wird schneller begangen, wenn auch mit nationalen Unterschieden: die Regression der christlichen Religion zu einer europäischen Minderheitsreligion im 21. Jahrhundert.

Die biologischen Gründe für das beschleunigte Zurückweichen des Christentums und die Schrumpfung zu einer Minderheit im Europa unserer Zeit liegen primär in effektiveren Maßnahmen der Geburtenkontrolle und in der Destruktion christlicher Familien unter der Hoheit eines immanent-religiösen Glaubens, der auch tief in die christlich-klerikalen Strukturen eingedrungen ist und deren Glauben in einen hybriden verwandelt hat. Zugleich wird versucht, die Folgen des Bevölkerungsschwunds, der vornehmlich durch vorgeburtliche Tötungen indigener Menschen bedingt ist, ökonomisch zu neutralisieren. Unter der kulturmarxistischen Maxime einer von Ethnie und Kultur unabhängigen Verwendbarkeit aller Menschen auch für gewerbliche Zwecke werden die Außengrenzen des Landes geöffnet und Menschen aus bevölkerungsreichen Regionen der Erde in Deutschland angesiedelt.

Kulturmarxistische ›Thinktanks‹ legen Berechnungen vor, nach denen Deutschland bis zur Mitte des 21. Jahrhunderts jährlich eine Zuwanderung von vier- bis sechshunderttausend Neusiedlern benötige, um den Mangel an ungeborenen indigenen Menschen auszugleichen und die demographischen Bedingungen zumindest für den Erhalt des erreichten Lebensstandards zu gewährleisten. Diese von vorwiegend ökonomischen Interessen geleiteten Berechnungen ziehen eine Ursachenbekämpfung der pathologischen Demographie Deutschlands nicht in Betracht und lassen auch die Unterschiede ethnisch-intellektueller Leistungsfähigkeit der Menschen als naturgesetzliche Wirklichkeit außer acht. Insbesondere die Vereinten Nationen, deren Bevölkerungspolitik von einer Mehrheit nichtwestlicher Staaten dominiert wird, verwenden solche scheinwissenschaftlichen Argumente bezüglich der Notwendigkeit demographischer Veränderungen, um die ›Replacement Migration‹ in europäische Staaten zum Nutzen ärmerer Staaten zu begründen.

Der pathogenetische Mechanismus des genealogischen Engineering der Menschen auf deutschem Territorium vollzieht sich in zwei größeren Schritten. Der erste ist die Erschaffung eines permanenten Emanzipationsprogramms für das weibliche Geschlecht auf einer gemeinsamen Basis aufgeklärter Metaphysik und wirtschaftlicher Interessen. Dabei ist ein erfolgreicher Ausgang dieses Prozesses nicht das eigentliche Ziel. Er ist auch ohnehin nicht erreichbar, weil das kulturmarxistische Verständnis von Emanzipation nicht die geschlechtsspezifische Entwicklung zu einer unabhängigen weiblichen Freiheit umfaßt, sondern die soziale Imitation des biologisch männlichen Daseins auch für die weibliche Hälfte der Menschen vorsieht. So entsteht in ewigem Wettbewerb ein marxistisch offensives Potential bürgerlicher Destruktion, dessen Symptome vor allem in der Auflösung familiärer Bindungen und spärlichen Geburten manifest werden.

Allein schon dieser Schritt ist durch das Erlöschen der vitalen Funktion einer Population – das heißt der Unfähigkeit, fortschreitend eine notwendige Zahl von Nachkommen zu generieren – letal und zeigt die Symptome eines Sterbeprozesses. Allerdings erfährt der Verlauf des Sterbens der Population eine Beschleunigung und Beschwernis durch den nachfolgenden Schritt der Grenzöffnung für eine Masseneinwanderung vorwiegend junger Männer, die aufgrund ihrer ethnisch-kulturellen Differenz jedoch nicht wie gewünscht die Krankheit der bestehenden Population heilen, sondern Keime für eigene neue Populationen bilden und die alte auf deutschem Boden verdrängen. Die Frage, ob dieser zweite Schritt eine unvermeidliche Folge des ersten ist, wird eindeutig beantwortet durch die konträre Politik anderer Staaten (Japan, Australien, mittel- und osteuropäische Staaten), die zwar eine ähnliche Populationskinetik wie die Deutschen aufweisen, aber dennoch ihre jeweiligen nationalen Grenzen sichern. Somit wird deutlich, daß kein direkter kausaler Zusammenhang zwischen den genannten Schritten besteht, aber daß beide – geringe Geburtenrate und Öffnung der Außengrenzen für Neusiedler – Symptome derselben Erkrankung sind und einander ergänzende Teile der nutznießenden kulturmarxistischen Strategie offenbaren.

Die Realisierung kulturmarxistischer Ideen in Form konkreter politischer Maßnahmen zeigt einen vorwiegend konspirativen Verlauf. So findet im Plenum des Parlaments zwischen den Vertretern politischer Parteien keine meinungsvielfältige Aussprache über die Masseneinwanderung statt, und in den Veröffentlichungen der Systemmedien und Parteien wird schon die Benennung des Offensichtlichen aggressiv als ›rechte Verschwörungstheorie‹ abgetan. Nur im Internet wird das Geschehen medial abgebildet, begleitet von vielen Versuchen der Regierungsmacht, hier Kontrolle auszuüben. Insofern verwirklicht sich diese Politik als praktisches Ergebnis eines interagierenden Systems ideologisch gleichgesinnter Organisationen und Funktionsträger. Aber in Parteiprogrammen, Parteitagsbeschlüssen oder Regierungserklärungen gibt es keine Darstellung des Population Change als gewünschter Zielsetzung der Politik.

Die suizidale Fremdenliebe der Deutschen

Um die Zustimmung der deutschen Ureinwohner zur Massenansiedlung ethnisch und kulturell fremder Menschen auf ihrem Territorium zu erhöhen, wird an das Innerste der christlichen Ethik appelliert: die bedingungslose Nächstenliebe – allerdings in kulturmarxistischer Umdeutung. Die christliche Nächstenliebe ist in der Bibel beispielhaft an den Handlungen von Jesus Christus und den Samaritern dokumentiert: Es ist die selbstlose Liebe des einzelnen Menschen unter Einsatz nur seiner eigenen physischen und psychischen Ressourcen sowie seiner eigenen materiellen Güter. Seinen Nächsten zu lieben wie sich selbst ist eine Abmachung des Christenmenschen allein mit seinem Gott. Der metaphysische Materialismus dagegen deutet Liebe gegenüber Fremden als moralische Anweisung, als Forderung an alle Gläubigen des kulturmarxistischen Kollektivs. Sie ist aber ohne Verpflichtung für den einzelnen, denn der praktische Vollzug der moralischen Forderung erfolgt durch den Staat. Dieser steht für die Liebe des Gutmenschen ein.

Obwohl die Perversion der christlichen Nächstenliebe in kollektive Fremdenliebe offensichtlich ist, findet diese bigotte Methode auch bei höchsten kirchlichen Amtsträgern Unterstützung. So lassen Bischöfe bei der Besichtigung einer Moschee das christliche Brustkreuz in der Hosentasche verschwinden, oder sie verstoßen gegen das christlich-jüdische Gebot: »Du sollst neben mir keine anderen Götter haben«, indem sie muslimischen Gebeten ein kirchliches Forum bieten. Damit befinden sie sich im Einklang mit der kulturmarxistischen Ordnung einer universellen transzendenten Welt gleichberechtigter Götter und lassen erkennen, daß ihr klerikales Glaubensbekenntnis hybrider Anpassung die eigentliche Ursache für die Unterwerfung und schwache Verteidigung des christlichen Glaubens ist.

Der psychiatrische Schub der Willkommenskultur

Von der großen Zahl geistiger Mitläufer in Deutschland wurde als Folge der Masseneinwanderung in den Jahren seit 2015 eine Gesinnungsethik aktiviert, die in ihrer hysterisierten Form als Symptom eines kollektiven psychischen Defektes in Erscheinung trat und bei anderen europäischen Nationen kaum denkbar ist. Das Eindringen der überwiegend jungen Männer durch unkontrollierte Außengrenzen wurde von der deutschen Regierung und den gleichgesinnten Systemmedien juristisch als Aufnahme von asylbedürftigen Flüchtlingen definiert und willkommenstrunken begrüßt, obwohl damit ein eklatanter Verstoß der exekutiven Gewalt gegen Recht und Ordnung vorlag. Dennoch erfolgte die Billigung dieses Verfassungsbruchs durch ein deutsches Verfassungsgericht, das aufgrund tiefer Vernetzung mit dem Parteienstaat seine Aufgabe nicht erfüllte: die Wahrung der verfassungsrechtlichen Ordnung. Auch das Parlament nahm seine verfassungsrechtliche Kontrolle nicht wahr: Eine Aussprache der gewählten Abgeordneten fand nicht statt.

Von dem akuten Schub des kollektivpsychotischen Syndroms sind Bilder dokumentiert, auf denen junge deutsche Frauen den Immigranten Schilder mit Willkommensgrüßen entgegenhalten. Die Begrüßten, zumeist junge Männer muslimischen Glaubens, mußten weibliche Erscheinungsbilder dieser Art eher als sexuelle Angebote deuten. Aber auch die regierende Bundeskanzlerin mischte sich unter die Ankömmlinge, hielt ihr Gesicht neben das der Männer und ließ Fotos erstellen, die aller Welt zeigen sollten, daß die Deutschen die Fremden lieben und daß sie Sühne leisten für die Schuld, die sie in der imperialen Phase deutscher Geschichte auf sich geladen haben. Das Oberhaupt der deutschen Regierung machte auch deutlich, daß die Deutschen ihre Grenzen vorbildhaft für die ganze Welt öffnen, damit diese sich ebenso verhalte.

Die unmittelbaren Konsequenzen aus dieser tragikomischen Episode und die Reaktionen darauf sind im In- und Ausland verschieden. Gewiß haben die lockenden Versprechen der deutschen Regierung den Migrantenstrom verstärkt. Ausländische Staaten und internationale Organisationen wie die UN und die EU erkennen die realpolitischen Möglichkeiten, Menschen aus weniger entwickelten und übervölkerten Ländern in Deutschland anzusiedeln, oder Migranten, die in benachbarte Staatsgebiete eingedrungen sind, nach Deutschland weiterzuleiten. Aber vor allem in angelsächsischen Ländern überwiegt – hinter diplomatischem Erstaunen – eine Furcht vor dem psychiatrisch auffälligen Verhalten eines Volkes, das in seiner neuerlich bezeugten Unstetigkeit gefährlich unberechenbar ist. Der Austritt Großbritanniens aus der Europäischen Union ist wesentlich darauf zurückzuführen.

Die empathische Eruption in Deutschland wuchs aus festem kulturmarxistischen Boden und wurde in der politisch-medialen Öffentlichkeit nach einem gesinnungsethischen Drehbuch inszeniert. Hunderttausende arabische und afrikanische Menschen wurden zu ›Schutzsuchenden‹ erklärt und unkontrolliert ins Land gelassen, ohne die verantwortungsethische Frage nach den Folgen nicht nur für Deutschland, sondern auch für andere europäische Staaten zu stellen. Im Vordergrund stand das affektive Handeln eines in der moralischen Stimmung des Augenblicks gefangenen Kollektivs. Menschen, die in sittlicher Verantwortung mahnten, wurden beschimpft und ausgegrenzt. Wie bei vielen deutschen Massenveranstaltungen war eine Menge romantischer

Kitsch zu erkennen, aber auch ein Fehlen jeglicher individuellen und staatlichen Würde.

Der deutsche Willkommensgruß an die Neusiedler mag bei oberflächlicher Betrachtung spontan und emotional erscheinen, aber ein genauerer Blick offenbart ein tiefes, unbewußtes Verlangen der indigenen Population: die Sehnsucht, sich von der schuldbeladenen nationalen Identität zu befreien und sich grenzenlos mit Europa oder der ganzen Welt zu vereinigen. Diese suizidale Fiktion suchte und fand ihre Gelegenheit, ebenso wie der politische Wunsch des kulturmarxistisch aktiven Teils der deutschen Gesellschaft, einen Population Change zu erreichen.

Demnach ist die Auflösung der Nation keineswegs die schicksalhafte Folge einer Heimsuchung von außen durch einen international in UN und EU verbreiteten immanent-religiösen Materialismus, mit Deutschland wieder mal als Opfer äußerer Feinde. Vielmehr erkennt die kranke Seele des deutschen Volkes in dieser immanenten Religion ein geeignetes Instrument, das ihren Wunsch nach nationalem Tod erfüllt. Nur mit einer dissoziativen Wahrnehmung des Offensichtlichen auf Basis einer kollektiven Psychose ist zu erklären, weshalb die Masseneinwanderung arabischer und afrikanischer Menschen in das Keimsegment der Population zu keiner unmittelbaren Abwehrreaktion führt und die Rechtsbrüche sowie deren Kommentierung durch eine marxistische Bundeskanzlerin hingenommen werden: »Nun sind sie halt da.«

Postimperiale Umpolung vom Nazi zum Izan

Das episodische Symptom der ›Willkommenskultur‹ zeigt in seinem extremen Verlauf auch eindrucksvoll die Bipolarität der deutschen Kollektivpsychose. Es ist der suizidale Gegenpol zum kriegerischen Überschreiten der Grenzen anderer Nationen und der verbrecherischen Ausdehnung von Gewaltherrschaft in der imperialen Phase der Erkrankung.

Der Akteur in der imperialen Phase wird ›Nazi‹ genannt. Die postimperiale Umpolung hat einen deutschen Typus geschaffen, für den die rückwärts buchstabierte Kurzbezeichnung ›Izan‹ geeignet ist. Der *Izan* steht auf demselben psychiatrisch kontaminierten Fundament wie der *Nazi*. Er benötigt dieses Fundament für seine intellektuelle und meist auch für seine berufliche Existenz. Als ideologisches Phänomen repräsentiert er zwar den Antipoden des *Nazi*, er verfügt aber über politische Instrumente aus demselben Arsenal und verwendet sie. Der *Izan* wächst nach dem Dritten Reich auf dem Boden des roten Sozialismus, gedeiht aber auch im braunen Sozialismus sehr gut; freilich als *Nazi*.

Im gesamten Westen herrschen nach dem Untergang des Stalinschen Kommunismus Kulturbedingungen, die das Wachstum menschlicher Charaktereigenschaften aus der Familie der *Nazi-Izans* fördern. In Kanada wurden 2019 laut einem Bericht von Radio Canada in klassischer Nazi-Tradition an dreißig Schulen fünftausend Bücher verbrannt, weil diese von Weißen verfaßt wurden und angeblich rassistisch und diskriminierend waren. Die Asche dieser Bücher wurde als Dünger für gepflanzte

Bäume verwendet, um sie in tiefer *Izan*-Überzeugung »vom Negativen ins Positive« zu verändern.

Izans schwächen das eigene Militär so weit, daß es nicht mehr hinreichend verwendbar ist, um effektiv an Konflikten außerhalb des Landes teilzunehmen. Dennoch beteiligen sich *Izans* weltweit an gesellschaftlichen und politischen Spannungen, jedoch auf anderen Wegen. Da ein militärischer Eingriff mit eigener Armee keine Option ist, benutzen sie für ihren Einmarsch in andere Länder moralische und finanzielle Waffen. Wie die *Nazis* beachten die *Izans* nicht das völkerrechtliche Gebot der Nichteinmischung in die inneren Angelegenheiten eines anderen Staates und schüren grenzenlos politische Kontroversen. Sie unterstützen genehme Kriegsparteien und Söldner in asymmetrischen Kriegen und finanzieren unmandatierte Nichtregierungsorganisationen (NGO) sowie nationale und internationale Agitation.

Izans stellen das moralische Gebot für andere Nationen und maßregeln andere Staaten. So stimmte das deutsche Parlament mit einer Mehrheit von *Izans* darüber ab, ob auch andere Nationen, etwa die Türkei, einen Völkermord begangen haben.

Izans verhindern die grundgesetzlich verpflichtende Sicherung deutscher Außengrenzen, erwarten jedoch, daß deutsche und europäische Staaten in den Ursprungsländern arabischer und afrikanischer Menschen zivilisatorische Lebensbedingungen herstellen, damit deren Masseneinwanderung in Deutschland nicht notwendig sei. *Izans* glauben auch, daß Deutschland und andere westliche Industrienationen schuldhaft das globale Klima verändern, dadurch Migrationsströme erzeugen und deshalb moralisch verpflichtet seien, die Migranten in ihren Ländern aufzunehmen. Das schriftsprachliche Parteiabzeichen des *Izan* ist in neuerer Zeit das Gendersternchen.

Auch in der suizidalen Phase der gesellschaftlichen Psychose sind also Grundmechanismen zu erkennen, die in ihrer typisch deutschen Mischung aus Moralität und Irrationalität Übereinstimmungen mit denen der imperialen Phase zeigen. Ihre spezifische Malignität ist somit phasenunabhängig, und sie ist deswegen so wirksam, weil die deutsche Population für alle Dazugehörigen eine gemeinsame politisch-moralische Überzeugung verlangt und die Abweichenden mit Feindschaft bedroht. So entsteht ein aggressives Gebot der Gleichgesinntheit, das seit der Wiedervereinigung eine treibende Kraft für die wachsende Verschmelzung von Regierungspolitik und medialer Öffentlichkeit geworden und in den emotionalen Massenveranstaltungen der Nation (Reichsparteitage, Fußballweltmeisterschaft 1954) typisch in Erscheinung getreten ist.

Jede Nation hat die Staatsform, die ihrem gesellschaftlichen Charakter entspricht. Die meisten indigenen Deutschen begrüßen eine stabile politische Macht, die in wenigen Figuren oder einem Alleinherrscher repräsentiert ist. Dieser ewige Wunsch hat seine Wurzel in der jahrhundertelangen Existenz unter der Herrschaft eines partikulären Feudalismus und ist gewissermaßen genetisch fixiert. Insofern war die Richtung des Übergangs in eine andere Staatsform nach dem Niedergang des Feudalismus zum Ende des Ersten Weltkriegs vorgegeben. Eine Staatsform, welche die permanente Herrschaft einer einzigen politischen Gesinnung gewährleistet, bot der Sozialismus. Er verfügt über die Fassade einer aufgeklärten europäischen Demokratie, aber hinter dieser ermöglicht er die politische Macht gleichgesinnter Parteien.

Die Demokratie begreifen die indigenen Deutschen ohnehin nicht primär als eine Staatsform, die den Wechsel von Macht und Personen gegensätzlicher politischer Überzeugungen ermöglicht, sondern als politisch-moralische Gesinnung, die Gleichheit für immer und alle herstellen soll. ›Soziale Gerechtigkeit‹ durch Gleichheit zu erreichen ist daher Auftrag und Zielsetzung der politischen Parteien, die somit ideologisch und strukturell zusammenwachsen und nur noch als verschiedene Marken gleichen Inhalts unterscheidbar sind.

Das Unvermögen der deutschen Population, politische Vorhaben von maligner Irrationalität aufzuhalten, war und ist ebenfalls staatsprägend. Symptome dieser Schwäche sind in beiden psychiatrischen Phasen der Geschichte nachweisbar. Sie beruhen keineswegs nur auf der mehrheitlich falschen Beurteilung pathologischer Vorhaben durch die Bürger des Staates, sondern vor allem auch auf dem Ausfall einer couragierten Verweigerung mit Hilfe negativer Rückkopplung innerhalb eines pragmatischen gesellschaftlichen Regelkreises (siehe S. 96 ff.: »Machtlose Gegenkopplung gesellschaftlicher Regelkreise in Deutschland«). Beispielhaft wird dies in der imperialen Phase während des Zweiten Weltkriegs deutlich, als die meisten Deutschen nach der militärischen Besetzung großer Teile Europas und dem Einmarsch in Rußland erkannten, daß der Krieg nicht zu gewinnen war, aber dennoch keinen erfolgreichen Widerstand gegen Krieg und Verbrechen formierten, so daß ihr Führer bis zuletzt Befehle erteilte, die sodann von der Wehrmacht auch befolgt wurden. Heute, in der suizidalen Phase, besitzt das alternde und dekadente Volk ebenfalls nicht die Kraft zur Gegenwehr, obwohl es langsam begreift, daß seine politischen Vertreter nun in postimperialer Umpolung die Auflösung der monoethnischen und monokulturellen deutschen Nation betreiben, um sie durch eine multiethnische und multikulturelle Bevölkerung zu ersetzen.

Sozialistische Lenkung der Gewalten

Die Verfassung des deutschen Staates ist ein gesellschaftliches Produkt, das die politische Ideologie und den religiösen Glauben des Volkes widerspiegelt. So zeugen viele Artikel des Grundgesetzes vom besonderen Verlangen der deutschen Seele nach sozialer Gleichheit. Die Väter der Weimarer Verfassung und des späteren Grundgesetzes hatten zwar das Ziel, einen demokratischen Staat zu errichten, aber weniger dadurch, daß die Verfassung die Grundlage für eine organisatorische Gestaltung einer entsprechenden Staatsform bildet, die dies optimal gewährleistet, sondern vornehmlich durch vielfache Bekenntnisse zu einer demokratischen Gesinnung (siehe S. 77 ff.: »Die politische Kulisse der deutschen Gesellschaft«). Vorbild hätte die Verfassung der Vereinigten Staaten sein können, mit ihrer tatsächlichen Gewaltenteilung, der Befristung der Amtszeit von Mandatsträgern, der Wahl vorrangig von Personen statt von Parteien sowie dem Rechtsstaat als primärem Gebot. Doch dies widerstrebte der deutschen Natur.

Als nach Jahrhunderten multistaatlicher Feudalherrschaft und verlorenem Ersten Weltkrieg eine Verfassung der Republik ausgearbeitet wurde, war die sozialistische Prägung dominierend. Denn eine sozialistische Herrschaft hat mit der alten feudalen vor allem eines gemeinsam: Sie erkennt grundsätzlich nicht den Verlust politischer Macht an.

Schon die Weimarer Verfassung ebnete zwei fatalen politischen Prozessen den Weg: der Herrschaft von Parteien und dem Primat des Sozialstaates vor dem Rechtsstaat. Dieser prägende Geist wurde in die Verfassung der Bundesrepublik übernommen und entfaltete seine volle Stärke nach der Wiedererlangung der staatlichen Souveränität des wiedervereinigten Landes sowie dem Wegfall des kontrollierenden angelsächsischen Einflusses.

Ein ›Sozialstaatsgebot‹ wird von der deutschen Politik aus Bekenntnissen und Erläuterungen des Grundgesetzes abgeleitet, etwa zur Unantastbarkeit der Würde des Menschen (Art. 1), dem Gebrauch des Eigentums zum Wohle der Allgemeinheit (Art. 14) sowie der Bezeichnung der Bundesrepublik als »sozialer Bundesstaat« (Art. 20) und »sozialer Rechtsstaat« (Art. 28). Daraus ergibt sich zwar kein einklagbares Recht, aber ein Postulat für das parteipolitisch vernetzte Bundesverfassungsgericht bei der Auslegung der Gesetze.

Im Rahmen des kulturmarxistischen Zeitgeistes ist das Sozialstaatsgebot zur treibenden Kraft der Gesetzgebung geworden. Staatsziel ist der sozialistische Staat. Auf dem Weg dahin wird das Rechtsstaatsgebot des Grundgesetzes zurückgedrängt und die Freiheit des Individuums eingeschränkt, während der ›sozialen‹ Hilfe und der

Herstellung genehmer Kollektive der Vorrang gegeben wird. Auch die nutznießende Teilhabe von Millionen nichtdeutscher und nichteuropäischer Menschen am deutschen Sozialsystem wird freizügig gewährt.

Ursächlich für die Verschiebung des verfassungsrechtlichen Gleichgewichtes zwischen Rechtsstaats- und Sozialstaatsgebot zum Nachteil des Rechtsstaates sind allerdings weniger einzelne Positionen in diesem oder jenem Artikel des Grundgesetzes, sondern es ist die funktionelle Architektur des gesamten Verfassungsgebäudes. Dieses wurde konzipiert als Heimstatt für lebenslange Berufspolitiker, die politischen Parteien angehören. Ihr Zugang zu staatspolitischen Ämtern wird durch die Konstruktion des Grundgesetzes geebnet, und ihre Amtszeit wird in der Regel nicht befristet. Parteiunabhängige Politiker, die zuvor in anderen Berufen erfolgreich tätig waren, finden dagegen im Grundgesetz keinen Raum.

Somit ist der Weg zur politischen Macht durch die Verfassung vorgegeben, und er führt faktisch nur über die jahrelange Mitgliedschaft in einer Partei. Die Politiker werden über Parteilisten in die Parlamente gewählt, aus denen die Parteipolitik die Exekutive rekrutiert. Die Exekutive wird nur durch Parteipolitiker repräsentiert. Sie ist mit dem Parlament verschmolzen. Obwohl die gewählten Abgeordneten des Deutschen Bundestages »an Aufträge und Weisungen nicht gebunden und nur ihrem Gewissen unterworfen« sind (Art. 38 GG), entscheiden Parteivorstände über die Zusammensetzung der Exekutive, häufig nach einer rückversichernden Wahl durch die Parteimitglieder. Das Verfassungsgericht bestätigt diesen Vorgang als verfassungskonform, und die politisch-mediale Öffentlichkeit begrüßt ihn gar als ›basisdemokratisch‹.

Fehlende Gewaltenteilung und unbefristete Amtszeiten sind die Grundübel der deutschen Republik. Sie begünstigen die Parteienherrschaft und haben bestimmenden Einfluß auf die intellektuellen und beruflichen Grundvoraussetzungen der Politiker. Die deutsche Verfassung ebnet den Weg zur Kakistokratie: In den parteipolitischen Aufzug zur Macht steigen überproportional Menschen ein, die nur auf diese Weise gesellschaftlich aufsteigen können.

Ein Vergleich der Mitglieder deutscher und US-amerikanischer Kabinette verdeutlicht dies: In der deutschen Regierung befinden sich nur Parteimitglieder von zumeist durchschnittlicher bis unterdurchschnittlicher fachlicher Qualifikation, ausgewählt vor allem nach ideologischen Kriterien der Parteien, in der US-amerikanischen dagegen überwiegend solche mit hoher Qualifikation, die sie außerhalb der Politik erworben haben. Aufgrund ihrer Verfassung wählen also deutsche Bürger politische Parteien, US-amerikanische vor allem politische Individuen.

So verhindert die parteipolitische Vernetzung der Gewalten, die auch die kontrollierende Funktion des Bundesverfassungsgerichtes umfaßt, eine Korrektur der exekutiven Rechtsbrüche. Diese staatspolitische Realität offenbarte sich besonders extrem im Jahre 2015, als die Nichtanwendung des Asylgesetzes (§ 18 Abs. 2, 3 und 5) zur Masseneinwanderung von arabischen und afrikanischen Menschen führte. Die Regierungsentscheidung erfolgte nach dem Muster eines sozialistischen Politbüros, nämlich weitgehend durch mündliche Ministeranordnung. Obwohl Asylbewerber, die aus sicheren Drittländern einreisten, nach geltendem Recht an der deutschen Grenze hätten zurückgewiesen werden müssen und obwohl staatliche Organe auch Vorkehrungen dazu getroffen hatten, wurde die Rechtsvorschrift durch Ministeranordnung außer Kraft gesetzt und der Rechtsbruch von deutschen Beamten umgesetzt. So wurde der Regelfall der Außerkraftsetzung durch Ministeranordnung (§ 18 Abs. 4), der in begründeten Einzelfällen möglich ist, auf Millionen formale Asylbewerber ausgedehnt und in den Folgejahren permanent angewandt.

Der ideologische Hintergrund dieses illegalen Vorgehens ist die Sympathie der herrschenden Elite für einen populationsbiologischen Ausgleich des deutschen Bevölkerungsschwundes durch Migration. Es besteht ein politisches und ökonomisches Interesse, auf diesem Weg jährlich über 200 000 Menschen in Deutschland anzusiedeln.

Die Einebnung der Gewaltenteilung durch ein Netzwerk kulturmarxistischer Parteien ist an dem Rollenspiel zwischen Bundesverfassungsgericht und Deutschem Bundestag erkennbar. Das Bundesverfassungsgericht hielt es nicht für notwendig, über die fehlende Rechtsgrundlage des Vorgehens und die Mißachtung des von der Legislative beschlossenen Zurückweisungsgebotes durch die Exekutive zu urteilen, aber es stellte fest, daß es dem Parlament obliege, ob und auf welchen Anteil der Gesamtbevölkerung die Zuwanderung von Ausländern begrenzt werde.

Außerdem ist der Bundestag aufgrund der ›Wesentlichkeitsrechtsprechung‹ des Bundesverfassungsgerichts verpflichtet, in grundlegenden normativen Bereichen die wesentlichen Entscheidungen selbst zu treffen. Das heißt, der Bundestag hätte tätig werden müssen, um das geltende Recht durchzusetzen. Aber dies unterblieb wegen der verfassungssystematischen Verschmelzung von Exekutive und Legislative in der Bundesrepublik Deutschland.

In einem Urteil des Oberlandesgerichts Koblenz aus dem Jahr 2017 (Az. 13 UF 32/17) wird daher bemerkt: »Die rechtsstaatliche Ordnung in der Bundesrepublik ist in diesem Bereich [dem Aufenthaltsgesetz] jedoch seit rund eineinhalb Jahren außer Kraft gesetzt, und die illegale Einreise ins Bundesgebiet wird momentan de facto nicht mehr strafrechtlich verfolgt.« Auch mehrere Verfassungsrichter im Ruhestand, etwa Hans-Jürgen Papier und Udo Di Fabio, konstatierten hier 2016/17 ohne richterliche Zurückhaltung ein Versagen der Politik.

Es ist somit offenbar, daß die permanente Öffnung deutscher Außengrenzen eindeutig die Merkmale eines elitären Staatsstreiches trägt. Dennoch fällt diese Charakterisierung schwer, weil die Politik der verantwortlichen Parteien zwei Jahre später von der Mehrheit der deutschen Wähler bestätigt wurde. Auch dieses historisch einmalige Ereignis fand in Deutschland eine Mehrheit politischer Mitläufer.

Als die Erinnerung an die nationalsozialistische Herrschaft noch frisch war, wurde zwar ins Grundgesetz geschrieben, daß alle Deutschen das Recht zum Widerstand hätten – gegen jeden, der die verfassungsgemäße

Ordnung beseitigen will –, jedoch mit dem einschränkenden Zusatz: »wenn andere Abhilfe nicht möglich ist« (Art. 20 Abs. 4 GG). Aber auch dieses Freiheitsrecht bleibt nur ein vorbildhaftes Bekenntnis, weil die Väter des Grundgesetzes nicht in Betracht gezogen haben, daß aufgrund der charakterlichen Eigenschaften der indigenen Deutschen und der psychiatrischen Störung der Nation die Anwendung dieser Option entfällt.

Die Schaffung universeller Gleichheit vor dem Tod: Wuchernde Sozialindustrie am Flußbett der Steuerzahler

In feudaler Vergangenheit mußte der Zehnte an die Obrigkeit entrichtet werden, lange Zeit in Naturalien. Die Begründung für diese Abgabe war nicht die eines Sozialstaates unserer Zeit, der seine steuerlichen Forderungen mit Umverteilung an andere legitimiert, denn der Zehnte wurde allein von der Feudalherrschaft selbst genutzt. Obwohl er im Vergleich zu den heutigen Abgaben niedrig war, kam es während der Bauernkriege aus purer Not zu Aufständen.

Erst nach der physischen Aufklärung und der gewaltigen Vermögensvermehrung aufgrund der Entwicklung der exakten Naturwissenschaft und Technik war die Voraussetzung gegeben, höhere Abgaben zu erheben. Aber noch nie in der deutschen Geschichte hat der Staat so viel vom Bürger verlangt wie heute unter der Herrschaft des sozialen Kollektivismus, und die Mehrheit der Deutschen ist bereit zu zahlen – nicht nur ohne Gegenwehr, sondern häufig mit der Forderung nach noch mehr. Um dies zu verstehen, ist es notwendig, den Ursprung und den Weg der steuerlichen Einnahmen innerhalb des Staates zu verfolgen. Dabei wird deutlich, daß die Zahl der Bürger, die Steuern zahlen, kleiner ist als die Zahl derer, die davon einen Vorteil haben, daß also ein gesellschaftsparasitärer Zustand erreicht ist.

Die Ursache für die Willigkeit des Untertanen, Steuern zu zahlen, ist also nicht deren absolute Höhe, sondern die extreme Ungleichheit der Belastung. So müssen zwar einige den größten Teil ihres Einkommens an den Staat abtreten, aber zugleich zahlt fast die Hälfte der steuerpflichtigen Bürger wenig oder nichts. Die andere Hälfte muß fast das gesamte Steueraufkommen des Staates erwirtschaften, aus dem dann die gering Belasteten teilweise oder vollständig alimentiert werden. Folglich votiert eine Mehrheit der deutschen Bürger für die sozialpolitische Forderung nach hohen Abgaben für den Staat, weil sie selbst davon profitiert – zu Lasten anderer.

Die extreme Ungleichheit der steuerlichen Belastung wird moralisch begründet: Starke Schultern müssen mehr tragen als schwache. Auf dieser bigotten Grundlage gerinnt der Zeitgeist der deutschen Zivilgesellschaft zu einer ›sozial gerechten‹ Politik, und aus männlichen Migranten werden schutz- und hilfsbedürftige Flüchtlinge, damit sie an den Tafeln der indigenen Untertanen Platz nehmen können.

Der Zeitgeist kontrolliert also das Leben der Bürger und begrenzt ihre Beteiligung an der Politik vorwiegend auf sozialpolitische und kulturelle Anliegen. Themen, die das tägliche Leben des Bürgers unmittelbar betreffen, werden nach kulturmarxistischen Vorgaben diskutiert und mit entsprechenden politischen Forderungen beantwortet. An fundamentalen Weichenstellungen die Zukunft des Volkes betreffend ist die deutsche Zivilgesellschaft nicht mehr beteiligt und auch wenig interessiert. Solche Entscheidungen werden außerhalb der Nation gefällt, freilich mit Zustimmung der nationalen Parteienherrschaft. Ein übernationales Zentralkomitee, das dem deutschen Bürger nicht verantwortlich ist, übernimmt Schritt für Schritt die Vormundschaft des Souveräns. Die deutsche Zivilgesellschaft verbleibt lediglich als suizidales Reservat einer zerfallenden Nation.

Der metaphysische Materialismus, der sich politisch in den Varianten des Bolschewiki-Marxismus manifestiert, bildet den Humus, aus dem die handelnden Organisationen und Personen wachsen. Im 20. und 21. Jahrhundert gewinnt diese immanente Religion die Hoheit über die Weltanschauungen des deutschen Urvolkes und bewegt sich auch ungehindert in den Gotteshäusern der Christen. Die Schaffung universeller Gleichheit ist das missionarische Ziel, und das Vertrauen in dessen Erreichbarkeit ist groß. »Wir schaffen das!« war 2015 der Ausspruch einer deutschen Bundeskanzlerin nach dem Einstrom von Millionen männlicher Neusiedler.

Die religiöse Mission der Gleichheit beruht nicht auf einem transzendenten Glauben wie dem eines Christenmenschen an die Gleichheit aller vor einem Gott im Jenseits, sondern sie soll im Diesseits mit Hilfe eines vergöttlichten staatlichen Kollektivs erfüllt werden und begründet die Ansprüche der Menschen zu Lebzeiten. Somit entsteht ein soziales Verlangen, dem jedoch die naturgesetzliche Wirklichkeit universeller Ungleichheit entgegensteht. Diese ist essentiell für die Entwicklung des Lebens, der Kunst, der Kultur und der Wissenschaft sowie der dialektischen Funktionen des menschlichen Gehirns. Das Böse begreift der Mensch nur, wenn er das Gute kennt.

Der Gleichheitsanspruch des Marxismus ist also ein religiöser und damit Argumenten der Wirklichkeit kaum zugänglich. Er bietet aber ein weites Feld nicht nur für moralische Gebote und Kontrollen, sondern auch für ökonomische Nutzung. Mit seinem Anspruch, weltweit gleiche Gesellschaftsordnungen herzustellen, wurde der Marxismus zum strategischen Partner des internationalen Kapitalismus, der sich mittlerweile einer globalen Planwirtschaft des Finanzwesens bedienen kann.

Die politischen Parteien haben das marxistische Geschäftsfeld erkannt. Die ökonomische Bewirtschaftung des Gleichheitsverlangens umfaßt daher den bei weitem größten Teil der deutschen Politik. Über 70 Prozent der Steuern werden dafür benutzt. So entwickelte sich eine Sozialindustrie, die hinter einer moralischen Kulisse auch den Migrationssog nach Deutschland erzeugt.

Die Sozialindustrie bildet ein riesiges Geflecht, das in alle öffentlichen und privaten Bereiche der Gesellschaft hineinwächst und kaum noch durchschaubar ist. Um das Sozialsystem in seiner Gesamtheit zu bewerten, ist es notwendig, die großen Geldflüsse des Systems zu betrachten, vor allem ihre Quellen und ihre Nutznießung. Das Geld für den Betrieb entstammt überwiegend den Fiskal- und Sozialabgaben der Bürger. Es fließt zu beträchtlichen Teilen in das verwaltende System selbst, vor allem als Personalkosten, sowie in die Hände der anerkannt Berechtigten und wirklich Bedürftigen. Daher wird die Höhe des Geldflusses zum einen von der Zahl der alimentierten Sozialempfänger bestimmt, zum anderen durch das verwaltende System, dessen ökonomisches Eigeninteresse darin besteht, die Zahl der Empfänger sozialer Leistungen zu vergrößern, um den Geldfluß zu erhöhen.

Diese Kooperation offenbart hinter humanitären Argumenten einen kalkulierten Beweggrund und erklärt, warum Wohlfahrtsverbände und Kirchen die Öffnung der deutschen Grenzen für Migranten befürworten, jedoch eine medizinische Altersfeststellung ablehnen – obwohl eine Mehrzahl der Männer ohne Paß die Grenze überschreitet und viele Volljährige sich in Kenntnis des deutschen Sozialstaates als Minderjährige ausgeben, um rechtliche und finanzielle Vorteile zu erlangen. Auch die Sozialindustrie zieht daraus einen Gewinn, da soziale und medizinische Leistungen für minderjährige Migranten höher vergütet werden.

Die kulturmarxistische Kontamination der evangelischen und katholischen Kirchen tritt besonders in der Auffassung zutage, es sei die religiöse Pflicht eines Christen, die Millionen muslimischer Männer in die deutsche Gesellschaft aufzunehmen. Auf diese Weise wird die christliche Kirche mitverantwortlich für die Resettlement-Politik der deutschen Eliten.

Diese ist aus zwei Gründen zwielichtig. Zum einen besteht die große Mehrheit der auf deutsches Territorium eindringenden jungen Männer, die meist ohne Begleitung sind, weder aus Flüchtlingen noch aus politisch Verfolgten. Nach nationalem und auch europäischem Recht besitzen sie diesen Status nicht. Wie Udo Di Fabio 2016, Hans-Jürgen Papier 2017 und Rupert Scholz 2018 festgestellt haben, basiert die Gewährung dieses Status durch die deutsche Regierung allein auf dem Bruch nationalen Rechts. Die Neusiedler auf deutschem Territorium zählen zudem nicht zu den Elenden dieser Welt, sondern sind in der Regel Privilegierte, die als Vorhut ihrer Clans die Mittel für die von Schlepperkommandos gebahnte Reise nach Deutschland aufbringen können.

Zum anderen ist die Forderung nach Öffnung nationaler Grenzen und Aufnahme der Einwanderer aus christlicher Nächstenliebe eine Perversion der Gebote dieses Glaubens. Hier wird lediglich das Gebot der Nächstenliebe mit dem kulturmarxistischen Gebot der kollektiven Fremdenliebe gleichgesetzt und somit die gesinnungskonforme Hilfe zu Lasten anderer unterstützt. Ein persönliches Einstehen des nächstenliebenden einzelnen für die Folgen seines Tuns wird hier nicht erwartet. Die Zeche zahlen auch nicht die Institutionen der Kirchen mit ihrem Vermögen – das beträchtlich ist –, sondern die steuerzahlenden Bürger, die den Schaden erleiden.

Somit offenbart sich der Klerus des christlichen Abendlandes einschließlich des Oberhirten der katholischen Kirche als wehrloser Mitläufer des westlichen Zeitgeistes, obwohl die Unterdrückung christlichen Lebens in den Gesellschaften mit muslimischer Mehrheit wohlbekannt ist. Dieses Verhalten mag mit naivem Denken erklärt werden, das auf die ethische Gesinnung des Augenblicks beschränkt ist, oder mit theologischem Desinteresse und wissenschaftlicher Ignoranz bezüglich demographischer Entwicklungen, aber seine tiefere Ursache liegt in der weitgehenden Verdrängung des christlichen Glaubens durch die immanente Religion des metaphysischen Materialismus. So werden aus den Bastionen des Christentums sympathisierende Brückenköpfe des Kulturmarxismus und Steigbügelhalter des Islams.

Die globale Monopolwirtschaft als Wirt des Kulturmarxismus

Die Erschöpfung nach dem Zweiten Weltkrieg bildete im westlichen Teil Europas das emotionale Fundament für das Verlangen nach wirtschaftlicher und politischer Kooperation der Nationen. Politisches Leitbild war ein »Europa der Vaterländer«. Es wurde von dem angelsächsischen Bewußtsein geprägt, daß die Staatsform einer aufgeklärten Demokratie nur innerhalb des Rahmens einer nationalen Identität bestehen kann.

Zudem war es ein strategisches Ziel der siegreichen westlichen Alliierten, den nichtsouveränen Teil Deutschlands innerhalb ihres Einflußbereiches durch Verträge und Bündnisse mit den westlichen Staaten des europäischen Kontinents politisch so zu verflechten, daß er ökonomisch nutzbar wurde und die Teilung Deutschlands historisch stabilisiert werden konnte. Die Siegermächte fanden im Compliance-Charakter der Deutschen untertänige Mithilfe. Im abgetrennten Ostteil des ehemaligen Deutschen Reiches wiederum waren analoge Statthalter erfolgreich für die Sowjetunion tätig.

Die beiden Teile Deutschlands wurden später vereinigt, aber nicht durch das deutsche Volk selbst und nicht als Akt der Befreiung von Fremdherrschaft im Verlangen nach nationaler Identität und Souveränität. Im Gegenteil, die Mehrheit des deutschen Volkes hatte sich in einem ewigen Zustand der Teilung eingerichtet und ihn bejaht. Vornehmlich die deutschen Sozialisten im Ost- und Westteil wehrten sich vehement gegen eine Vereinigung der beiden Teile, auch in Komplizenschaft mit internationalen Gegnern, und die bei der Vereinigung in vielen Bildern gezeigte Begeisterung der Menschen im Ostteil beruhte vor allem auf der Aussicht, am höheren Lebensstandard im Westteil teilnehmen zu können. Mit anderen Worten, die Vereinigung der beiden Teile ist dem deutschen Volk ohne sein Zutun und zum Teil sogar gegen seinen Widerstand in den Schoß gefallen.

Die treibende Kraft, die zur Vereinigung der beiden deutschen Teilstaaten führte, hatte ihren Ursprung in der historischen Tatsache, daß mit dem Marxismus Stalinscher Prägung nicht länger als etwa siebzig Jahre ein Staat zu machen ist. Diese Zeitspanne wurde zwar durch den Krieg der braunen Sekte des Sozialismus verlängert, war aber zu Beginn des digitalen Zeitalters abgelaufen. Zum Zeitpunkt des wirtschaftlichen und kulturellen Zusammenbruchs regierte im Westteil Deutschlands der Bundeskanzler Helmut Kohl. Er nutze meisterlich die historische Gelegenheit, um die Vereinigung Deutschlands mit wohlwollender Unterstützung des amerikanischen Präsidenten George H. W. Bush herbeizuführen.

Es war eine irrige Annahme nach dem Zusammenbruch des sowjetischen Ostblocks, daß mit dem Zerfall der staatlichen Bolschewiki-Strukturen auch die immanente Religion des metaphysischen Materialismus an ihr historisches Ende gelangt sei. Zwar wurde endgültig sichtbar, daß durch das marxistische Ausschalten des wirtschaftlichen und wissenschaftlichen Wettbewerbs eine menschliche Gesellschaft auf Dauer nicht entwicklungs- und überlebensfähig ist. Da aber die Gläubigen ihre Überzeugungen in aller Regel nicht durch Ereignisse der wirklichen Welt verlieren, gelangte der Marxismus unter dem Eisernen Vorhang hindurch in die westlich-demokratische Gesellschaft und vermehrte hier die ohnehin große Zahl seiner Anhänger.

Freilich ist auch den meisten Gefolgsleuten marxistischer Ideen klar geworden, daß die Stalinsche Episode beendet ist. Sie sind dennoch nicht vom Glauben abgefallen und laufen weiter auf dem marxistischen Weg, der nunmehr mit den Ideen des Trotzkischen Marxismus zementiert ist.

Eine Gemeinschaft bunter Vielfalt ist aufgebrochen, um dieses Ziel zu erreichen. Immer dabei sind die gesellschaftlichen Nutznießer, die mit parasitärem Gespür wahrnehmen, wie sie aus der Leistung der Starken ein besseres Leben gewinnen können. Einen großen Anteil bilden die ideologischen Mitläufer und die politisch-medialen Trommler des kulturmarxistischen Zeitgeistes. Außerdem dabei sind die smarten Manager im grauen Anzug, deren Gewinne in globalen Geschäften ohne nationale Grenzen gesteigert werden. Kaum mehr zu sehen ist jedoch der schwer arbeitende Industriearbeiter der marxistischen Vergangenheit. Das Ziel der Pilger ist ein vereinigtes Reich aller Völker, das von einem Zentralkomitee sozialistischer Nomenklatura regiert wird.

Die fundamentalen Veränderungen der Gesellschaft unter kulturmarxistischer Hoheit betreffen auch die Strukturen der industriellen Produktion und Dienstleistung. Anders als im Stalinschen Marxismus sind nicht mehr die Enteignung privaten Vermögens und die Verstaatlichung der Produktionsmittel das primäre politische Ziel. Vielmehr wird sogar die Anhäufung kapitalistischer Gewinne in wenigen Händen der Privatwirtschaft möglich gemacht. Die Nutznießung der Lohnarbeit wird in kapitalistisch-effizienter Organisation optimiert. Dazu gehört vor allem die Erschließung weiblicher Arbeitskräfte und deren Einsatz und Bewertung nach männlichen Maßstäben.

Durch die gewinnbringende Kooperation mit globalen Unternehmen gewinnt die kulturmarxistische Mission einen kräftigen Motor für das Erreichen des gemeinsamen Ziels einer One-World-Gesellschaft, in der Industrie-, Dienstleistungs- und Medienkonzerne grenzenlos ihren Geschäften nachgehen können. Auf diese Weise ist eine mächtige internationale Ökonomie entstanden, die in demokratischen Staatsformen unabhängiger Nationen einen geschäftlichen Gegner sieht und in der Kulturmarxismus und marxistischer Monopolkapitalismus ein gemeinsames Ziel verfolgen. Diese Globalisierung der ideologisch-ökonomischen Art ist einer nationalen und demokratischen Kontrolle weitgehend entzogen. Aggressive Hilfstruppen werden von demokratisch nicht legitimierten Stiftungen und privaten Nichtregierungsorganisationen (NGO) gestellt, die aus den Mitteln des globalen Industrie- und Finanzgeflechts sowie aus den Steuereinnahmen der Regierung finanziert werden und deren ideologische Mißachtung der Grenzen des nationalen Rechts in Deutschland weitgehend toleriert wird.

Die ideologisch-ökonomische Globalisierung bewegt sich im Schatten der globalen Verbreitung moderner Technologie, von der sie historisch unterschieden werden muß, mit der sie allerdings in der deutschen politisch-medialen Öffentlichkeit verwechselt wird und deren Instrumente sie benutzt. Internationale Institutionen wie die Europäische Union, der Internationale Währungsfonds (IWF) und die Vereinten Nationen sind mächtige Bastionen des Interessenbündnisses aus Kulturmarxismus und global agierenden Unternehmen. Resettlement ist eine wichtige Strategie dieser Institutionen, um nationale Entgrenzungen voranzutreiben und die Errichtung einer globalen Einheit für Politik und Wirtschaft zu beschleunigen.

Besonders in der UN stellen nichtdemokratische und verarmte Staaten die Mehrheit. Ihr erklärtes Ziel ist es, die attraktiven europäischen Nationalstaaten mit hoher Zivilisation zu Siedlungsgebieten für Menschen aus Afrika und Asien zu machen. Die europäische Zivilisation hat auf diesen Kontinenten ein starkes Bevölkerungswachstum bewirkt und auf die dort lebenden Menschen einen hohen Migrationsdruck erzeugt. Population Change und ethnisch-territoriale Verdrängung sind daher im Kern biologische Prozesse und betreffen vor allem die Zukunft von Nationen, die ihre Grenzen öffnen und nicht bereit sind, ihre Zivilisation zu verteidigen. Diese Nationen werden die historische Bühne verlassen.

Das deutsche Trugbild der Vereinigten Staaten von Europa

In Europa verläuft der Weg zu einer politischen Staatenunion anders, als er aus der Geschichte Nordamerikas bekannt ist. Während die Staaten der USA einen gemeinsamen kolonialen Ursprung hatten und als junge Gesellschaften zusammengewachsen sind, besteht zwischen den Staaten Europas eine über viele Jahrhunderte geprägte sprachliche und kulturelle Differenz.

Um dennoch dauerhaft einen gemeinsamen Staat zu errichten, wurden in der europäischen Geschichte zwei Wege zumeist gleichzeitig beschritten: zum einen der Einsatz militärischer Gewalt, zum anderen die Kollektivierung und Missionierung innerhalb einer Religions- und Ideologiegemeinschaft. Ersterer wurde zur Bildung des Vielvölkerstaates Sowjetunion benutzt und war über Jahrzehnte erfolgreich. Vergleichbare Versuche sind auch aus anderen Zeiten West- und Mitteleuropas bekannt und sind blutig gescheitert. Allerdings ist die Schaffung einer Zentralarmee innerhalb der entstehenden Europäischen Union als unabdingbares Ziel erkannt worden.

Der Aufbau einer Union aus verschiedenen Nationen im Europa unserer Zeit ist nur auf der Grundlage einer verbindenden Weltanschauung vorstellbar. Die europäischen Eliten benutzten diesen Weg. Der metaphysische Materialismus hat im 20. und 21. Jahrhundert in vielen nationalen und übernationalen Institutionen die Hoheit erlangt und bildet die weltanschauliche Substanz des Fundaments. Immanent-religiöse Ideen aus dieser Quelle dominieren den Dauerdiskurs in der politisch-medialen Öffentlichkeit. Die im Vordergrund stehenden Narrative fordern eine Europäische Union vor allem mit zwei Argumenten: um die nationalen Kriege der europäischen Vergangenheit zu bannen und um eine starke politisch-ökonomische Macht zu schaffen, die mit den nationalen Großmächten konkurrieren kann.

Im folgenden soll erläutert werden, daß diese Ziele als ideologische Traumbilder nicht erreichbar sind und daß strategische Operationen mit dem Ziel, sie zu erreichen, sogar eine gegenteilige Wirkung haben, nämlich die Erhöhung des Risikos kriegerischer Gewalt und die Verringerung des wissenschaftlich-technischen Potentials der Nationen Europas.

Die These, nur ein europäischer Vielvölkerstaat könne den Kontinent dauerhaft befrieden, ist fatal, weil sie die Ursachen der beiden großen Kriege im 20. Jahrhundert verkennt und mißachtet. Außerdem nimmt sie die veränderten Ursachen für die vielen Kriege nach dem Zweiten Weltkrieg nicht wahr und leugnet die neu entstandenen Voraussetzungen für kriegerische Konflikte sowie für den deutschen Beitrag daran nach der Wiedervereinigung im Jahre 1989.

Noch in der ersten Hälfte des 20. Jahrhunderts ließen die Kriege in Europa die Einhaltung formaler Regeln erkennen, zum Beispiel die Kriegserklärung und den Friedensvertrag am Ende des Krieges, außerdem eine gewisse Rücksichtnahme auf vereinbarte Konventionen, wie sie für die Kabinettskriege zwischen den europäischen Nationen kennzeichnend waren. Diese Abläufe lassen nicht den Schluß zu, daß die neuzeitliche Ausbildung von Nationen in Europa die treibende Kraft für die verheerenden und schrankenlosen Kriege des 20. Jahrhunderts war.

Einen entscheidenden Einfluß auf die Art der Kriegsführung hatte die Ausbreitung des metaphysischen Materialismus und seiner verschiedenen Konfessionen im 19. Jahrhundert bis heute. Er war die metaphysische Antwort auf die europäisch-westliche Entwicklung der physischen Aufklärung. In der so entstandenen diesseitigen Religion wurden Kollektive zu göttlichen Instanzen, und die nationalen Kabinettskriege veränderten sich zu immanenten Religionskriegen. Die Religionskrieger des zunächst völkischen Nationalismus und später vor allem des roten und des braunen Sozialismus halten sich nicht an die Regeln der Kriegsführung, die in den Jahrhunderten nach dem Dreißigjährigen Krieg entwickelt worden sind. Den bisherigen Höhepunkt des immanent-religiösen Kampfes dieser Konfessionen bildete der Weltkrieg des 20. Jahrhunderts, aus dem als Sieger der rote Sozialismus hervorgegangen ist. Er besteht weiter und dominiert bis heute die Politik des wiedervereinigten Deutschland und des Politbüros der Europäischen Union. Da er für die Kriege sozialistischer Sekten die europäischen Nationen verantwortlich macht, strebt er deren Eliminierung an.

Betrachtet man ferner die Kriege, die nach dem Zweiten Weltkrieg global stattgefunden haben, überwiegen auch hier als Motive bei weitem die religiösen Missionen, ob transzendent oder immanent. Konflikte, deren Motiv vorwiegend die Erhaltung oder Ausweitung der nationalen Identität ist, sind kaum noch erkennbar, allenfalls im Falklandkrieg oder in den Kriegen, in die Israel einbezogen ist. In der Regel sind übernationale Organisationen ideologisch-religiöser Bewegungen die strategischen Befehlszentralen, und typischerweise kämpfen Nichtkombattanten ohne Bindung an nationale Grenzen meist gegen staatliches Militär oder die Zivilbevölkerung. Aufgrund militärtechnischer Unterlegenheit der Nichtkombattanten wird die alte Strategie der asymmetrischen Kriegsführung benutzt, das heißt, die offene Feldschlacht wird vermieden und es wird in Form punktueller militärischer und terroristischer Überfälle agiert. Der Vordere Orient und Afrika sind globale Hotspots für diese Art der Kriegsführung.

In demselben Maße, wie Millionen junger Männer im kriegsfähigen Alter aus diesem Teil der meist islamischen Welt deutsches und europäisches Territorium besiedeln, steigt auch hier die Gefahr solcher asymmetrischen Kriege. Ein erstes Wetterleuchten eines kriegerischen Unwetters wurden am Horizont des 21. Jahrhunderts sichtbar, als 2015 muslimische Männer mit automatischen Waffen durch Paris zogen und an verschiedenen Orten auf der Straße, in Restaurants und im Theater gezielt einhundertdreißig jüdisch-christliche Menschen töteten und über sechshundert verletzten. Die politisch-mediale Öffentlichkeit Europas bezeichnete solche Gewalttaten noch als Terrorismus. Es ist aber abzusehen, daß die Auswirkungen nicht kontrollierter Staatsgrenzen und nationaler Auflösung in Zukunft deutlicher sichtbar und Taten dieser Art als kriegerische Invasion Europas wahrgenommen werden.

Wichtige Triebwerke bei der Ausweitung asymmetrischer Konflikte in den europäischen Staaten sind die internationalen Organisationen der Vereinten Nationen und der Europäischen Union. In der Europäischen Union hat die fortschreitende Destruktion nationaler Souveränität und Identität auch den fatalen Verlust eines natürlichen Widerstands gegen den Zustrom von Menschenmassen fremder Ethnie und Religion zur Folge. Darüber hinaus betreiben die Vereinten Nationen, die in großer Mehrheit aus verarmten und nichtdemokratischen Staaten bestehen, eine offiziell dokumentierte Strategie der ›Replacement Migration‹, die das Ziel hat, insbesondere die westlichen Nationen mit Menschen aus anderen Kontinenten zu besiedeln. Die deutschen Regierungen des 21. Jahrhunderts bekunden ihre ideologische Sympathie mit diesem politischen Vorhaben und unterstützen die Pläne eines ›Demographic Engineering‹. Wie Suizidgefährdete auf der Suche nach einem geeigneten Instrument der Selbsttötung hoffen sie auf Erlösung von der Schuld ihrer imperialen Vergangenheit.

Eine Vielvölkerunion steigert also nicht nur die Gefahr asymmetrischer Kriege auf europäischem Territorium, sie verfehlt auch den Anspruch, auf diesem Wege das wirtschaftliche und wissenschaftlich-technische Potential zu erhöhen. Der Rückstand Europas gegenüber den Weltmächten USA und China ist vor allem in der Digitaltechnologie sichtbar. Die Entwicklung dieser Technologie offenbart beispielhaft die globalen Mechanismen ihrer Entstehung und Verbreitung. Die Quelle der Technologie befindet sich in den Köpfen weniger, die über die angeborene kognitive Fähigkeit verfügen, wissenschaftlich-technische Zusammenhänge zu verstehen und neue hervorzubringen. Die Verteilung dieser

Fähigkeit ist keineswegs homogen, weder innerhalb einer menschlichen Population noch zwischen den Populationen. Menschen mit kognitiver Höchstleistung sind an wenigen Punkten in wenigen Ländern konzentriert; die Anwendung der Konsumprodukte moderner Zivilisation dagegen erfolgt weltweit überall. Auch die grenzüberschreitenden Neusiedler in Deutschland besitzen häufig keinen Paß, aber fast immer ein Smartphone.

Die deutschen Regierungen des 21. Jahrhunderts und die Europäische Union besiedeln also ihre Territorien mit Menschen aus Regionen, in denen europäische Aufklärung nicht stattgefunden hat und deren Teilnahme an der wissenschaftlich-technischen Zivilisation des Westens auf die Konsumentenrolle beschränkt ist. Noch in diesem Jahrhundert werden die Neusiedler auf dem deutschen und vielen europäischen Territorien in der Mehrzahl sein, und die Lebensbedingungen werden sich denen der Herkunftsländer angleichen. Europa als ein Zentrum globaler Zivilisation ist dann Geschichte.

Für die meisten der noch verbliebenen indigenen Deutschen finden die vielen kleinen Schritte nationaler Autolyse außerhalb ihrer bewußten Wahrnehmung statt. Wie naive Kinder glauben sie, beides haben zu können: nationale Identität und die ›Vereinigten Staaten von Europa‹, so wie sie es von den USA kennen – einem Land, das man nachahmend bewundert und zugleich kritisiert. Dieses Verhalten ist vergleichbar mit dem einer Dienerschaft gegenüber ihrer Herrschaft. Überdies kommen die meisten Deutschen mit dem Zustrom ethnisch und kulturell fremder Menschen nur sehr langsam in Berührung, und sie glauben, diese Menschen würden auf Dauer so deutsch werden, wie sie selbst es sind, aber eigentlich nicht sein wollen. Der ›Rassismus‹ ihres Verlangens, daß eine zukünftige Mehrheit afrikanischer und orientalischer Menschen nach deutscher Kultur und Religion leben soll, wird ihnen nicht bewußt.

Nach den Regeln historischer Rationalität sind ›Vereinigte Staaten von Europa‹ als ein Nationalstaat mit einer demokratischen Staatsform vergleichbar derjenigen der USA nicht erreichbar – wegen der sprachlichen und kulturellen Differenzen der europäischen Völker. Daher ist das verdeckte, aber folgerichtige Ziel der deutschen und europäischen Eliten die Errichtung eines Herrschaftskonstrukts ähnlich jenem Gebilde, das die Geschichte aus der Union der Sowjetrepubliken kennt. ›Demokratie‹ ist hier die dauerhafte bürokratische Macht der Eliten. Als ideologische Instanz achtet sie mit moralischer Zensur und Sanktionen auf die Einhaltung der richtigen, für alle Völker verbindlichen Gesinnung und kämpft gegen einen Wechsel politischer Machtausübung durch unterschiedliche Gesinnungen.

Nun hat das Ausbleiben eines solchen Wechsels die Mehrheit der deutschen Population nie beunruhigt oder erzürnt, weder in feudaler noch in sozialistischer Zeit. Die richtige Gesinnung der Zeit ist maßgebend. Dieses Bewußtsein wurde deutlich im Jahre 2018 in der Rede eines deutschen Bundespräsidenten, gehalten in den USA. Als lebenslanger Berufspolitiker war er zwei Jahre zuvor auf einer parteioligarchischen Versammlung in das höchste Amt gewählt worden. Er bereiste die USA, ohne vom amerikanischen Präsidenten in dessen Amtssitz eingeladen zu sein, und bescheinigte in seiner Rede im Staate

Kalifornien dem Dichter Thomas Mann eine demokratische Gesinnung, weil dieser sich im amerikanischen Exil von einem Vernunftdemokraten zu einem Herzensdemokraten gewandelt habe, obwohl er kein geborener Demokrat gewesen sei. Man kann mit Recht annehmen, daß dieser deutsche Bundespräsident dem 45. Präsidenten der USA, den er früher als »Haßprediger« bezeichnet hatte, eine solche Läuterung zum Herzensdemokraten nicht zutraute. Besonders aufschlußreich war aber sein Verständnis der Demokratie nicht als Staatsform, sondern als richtige politisch-moralische Gesinnung. So war die Rede Ausdruck einer Seele, die sehr sozialistisch und zutiefst deutsch ist.

Alles hat seine Zeit und alle geschichtlichen Vorhaben unter dem Himmel haben ihre Stunde. Aber eine Zeit für ›Vereinigte Staaten von Europa‹ als demokratischen Nationalstaat hat es nie gegeben und wird es auch nie geben. Die Sehnsucht vieler Europäer nach Vereinigten Staaten hat sich schon in der Vergangenheit erfüllt – freilich mußten sie dafür ihr Land verlassen und sich auf den Weg zu einem anderen Kontinent begeben. Der Ersatzweg des Kulturmarxismus, den die zurückgebliebenen deutschen Untertanen nun im 21. Jahrhundert beschreiten wollen, führt allerdings in eine andere Richtung.

Literatur

Symptom der Zeit

Bahners, Patrick: *Die Panikmacher. Die deutsche Angst vor dem Islam. Eine Streitschrift,* München 2011.

Bündnis 90/Die Grünen: Wir gestalten unser Einwanderungsland/Wir schützen Flüchtlinge und machen eine Politik gegen Fluchtgründe. Grundsatzprogramm, Berlin 2020.

Evangelische Kirche in Deutschland: Demokratie, Bildung und Religion. Gesellschaftliche Veränderungen in Freiheit mitgestalten. Impulse für die demokratiebezogene Bildungsarbeit in kirchlichen Handlungsfeldern, Hannover 2020.

Kollbrunner, Jürg: *Willkommenskultur in rechtspopulistischen Zeiten. Nur wer Wutbürger versteht, kann deren Einfluß begrenzen,* Berlin 2020.

Presse- und Informationsamt der Bundesregierung: Maßnahmenkatalog des Kabinettausschusses zur Bekämpfung von Rechtsextremismus und Rassismus, Berlin, 25.11.2020.

Steinmeier, Frank-Walter: 150. Jahrestag der Gründung des Deutschen Reiches, Rede am 13. Januar 2021.

Analyse der Zeit

Broder, Henryk M.: *Kritik der reinen Toleranz,* München 2009.

Hazony, Yoram: *The Virtue of Nationalism,* New York 2018.

Herles, Wolfgang: *Die neurotische Nation. Die Bundesrepublik vom Wirtschaftswunder bis zur Willkommenskultur,* München 2018.

Kissler, Alexander: *Die infantile Gesellschaft. Wege aus der selbstverschuldeten Unreife,* Hamburg 2020.
Muray, Philippe: *Das Reich des Guten,* Berlin 2020.
Sarrazin, Thilo: *Deutschland schafft sich ab. Wie wir unser Land aufs Spiel setzen,* München 2010.
Schreiber, Constantin: *Die Kandidatin.* Roman, Hamburg 2021.

VIII.
DIE EIGENTLICHE TODESURSACHE: DAS HISTORISCHE RESETTLEMENT

... Wäre es da
Nicht doch einfacher, die Regierung
Löste das Volk auf und
Wählte ein anderes?
Bertolt Brecht, »Die Lösung«

Regime Change oder Population Change: Ideologische Gesinnung prägt politische Gewalt

Der Dramatiker und Lyriker Bertolt Brecht schlug nach einem deutschen Volksaufstand, der sich im Jahr 1953 gegen die sowjetische Besatzung und deren deutschen stalinistischen Statthalter richtete, in einem Gedicht vor, die Regierung solle doch das Volk auflösen. Als Bolschewiki-Marxist war Brecht von der Notwendigkeit einer kommunistischen Herrschaft überzeugt. Insofern wird das Gedicht zwar mit Recht als große Kunst paradoxer Ironie wahrgenommen, aber sein künstlerischer Gedanke, der womöglich einen Freudschen Ursprung erkennen läßt, ist folgerichtig. Denn wenn die politische Macht allzeit unverändert bestehen soll und das Volk störrisch ist, dann ist es geboten, das Volk zu verändern, damit die Macht den gewünschten Zuspruch erhält.

Der westliche religiöse Materialismus hat sich im 20. Jahrhundert in den Sekten des marxistischen und des nationalistischen Sozialismus manifestiert, die sich im Zweiten Weltkrieg blutig bekämpft haben. Als Sieger ging der marxistische Sozialismus hervor. Er fordert nun im 21. Jahrhundert die Übereinstimmung mit seinem Weltbild, das er als ›demokratisch‹ deutet. Die marxistische Gesinnungsdemokratie hat sich in verschiedenen europäischen Nationen ausgebreitet. Diese werden nach der Übertragung nationaler Souveränitätsrechte auf eine europäische Politbüroherrschaft von konformen politischen Parteien regiert. Ein politischer Machtwechsel, also ein geordneter Regime Change nach den Regeln demokratischer Staatsformen, ist in dieser Vielvölkerunion systembedingt ausgeschlossen und wird abgelehnt. Auch gegen die Sezession eines Volkes der Europäischen Union wird Widerstand geleistet, der jedoch erschwert ist, da bisher eine Zentralarmee und ein zentraler Geheimdienst fehlen und der Einsatz militärischer Macht gegenüber nationalen Großmächten, etwa der Atommacht Großbritannien, begrenzt ist.

Folglich bildet sich in Europa ein Staatswesen, in dem Spannungen zwischen politischer Macht und Volk oder Völkern nicht durch Regime Change gelöst werden können, sondern nur durch Population Change, also durch genealogische Veränderung der Bevölkerung. Es soll eine Bevölkerung hergestellt werden, die mit der politischen Macht im Einklang steht. Hinter diesem kulturmarxistischen Akt steht die Strategie, eine als ›völkisch‹ denunzierte Politik zu bekämpfen, den wirksamen Widerstand der nativen Bevölkerung gegen den schrittweisen Abbau ihrer nationalen Identität zu verhindern und somit die gesinnungsdemokratische Herrschaft über einen ideologisch homogenen Staat zu ermöglichen.

Anders sind die politischen Regeln nationaler westlicher Demokratien. Hier konkurrieren unterschiedliche politische Gesinnungen um die Macht, und der Einsatz der politischen Machtinstrumente ist auf einen möglichen Machtwechsel ausgerichtet und begrenzt. Regime Change ist daher das für eine nationale Demokratie kennzeichnende Merkmal, und Karl Popper zufolge ist ein wichtiges Unterscheidungsmerkmal für die Qualität einer Demokratie, ob und in welchem Umfang politische Gewalt erforderlich ist, um einen Wechsel unterschiedlicher politischer Gesinnungen zu gewährleisten. Die Verfassung der USA hat eine demokratische Struktur ermöglicht und hervorgebracht, die mit hoher nationaler Identität dem Ideal einer demokratischen Staatsform am nächsten kommt. Auch in zwischenstaatlichen Kriegen ist das militärische Ziel nationaler Demokratien ein Regime Change auf seiten des Gegners.

Dagegen ist Population Change ein systemimmanentes Instrument der sozialistischen Gesellschaften. Im 20. Jahrhundert gab es in diesen eine Vielzahl von Ereignissen, bei denen schonungslose staatliche Gewalt ausgeübt wurde, um eine ideologisch angepaßte Bevölkerungsstruktur herzustellen. Einige dieser Ereignisse sind unter folgenden Begriffen bekannt: als *Holocaust* an jüdischen Bürgern durch den braunen Sozialismus; als *Holodomor*, eine marxistisch inszenierte Hungersnot in der Ukraine, um deren nationale Identität zu brechen; als *Stalinsche Säuberungen* oder *Kulakenoperation* des NKWD in der Sowjetunion sowie als *Genozid* durch die Roten Khmer in Kambodscha. In der Sowjetunion bildete der Stalinsche Bolschewiki-Marxismus die Basis dieser unerbittlichen Vorgänge. Er trat unverhohlen als Täter in Erscheinung und war in allen Verästelungen der Gesellschaft als dominierende geistige und politische Macht der demonstrative Maßstab. Gegenwehr wurde mit Gefängnis oder Tod geahndet.

Der metaphysische Materialismus beherrscht auch souverän das Denken des europäischen Westens. Aus der kommunistischen Partei Sozialistische Einheitspartei Deutschlands wurde Die Linke. Von der Mehrheit unbemerkt werden die Institutionen in kleinen Schritten verändert. Auch die Kult- und Haßfiguren sind neue geworden: Die mittellosen Proletarier und die Fabrik- und Grundbesitzer des Stalinismus werden ausgetauscht gegen den sympathischen Fremden und die Figur des schuldigen, ewig gestrigen Weißen. Zugleich vollzieht sich an den Rändern eine marxistische Perversion der Marktwirtschaft durch Planwirtschaft der Finanzen und Anhäufung von materiellem Reichtum in einer marxistischen Monopolwirtschaft. Eigentümer globaler Unternehmen haben den wirtschaftlichen Vorteil einer marxistischen One World erkannt und sind zum Bündnis bereit. So entsteht ein Hybrid aus Kulturmarxismus und marktfreiem Kapitalismus, in dem sich die wuchernde Sozialindustrie einschließlich der christlichen Kirchen Deutschlands und die globalisierten Konzerne parasitär einrichten.

Auch die Werkzeuge des Population Change haben sich geändert. Die völkermörderische Waffe eines kurzen militärischen Prozesses wird abgelöst durch längerfristiges Demographic Engineering der Population. Dabei handelt es sich um eine vergleichsweise sanfte Waffe der Gegenwart, jedoch mit irreversiblen Folgen für die Zukunft. So begreift die native Bevölkerung die historische Bedeutung ihrer ethnisch-kulturellen Transformation erst, wenn sie weitgehend verdrängt worden und eine Änderung nicht mehr möglich ist.

Wichtig für das Verständnis der Folgen eines Population Change ist die Unterscheidung von zwei einfachen biologischen Entwicklungsmechanismen: Verschmelzung von Populationen (Melting-Pot-These) und Verdrängung von parallel existierenden Populationen. Beide Mechanismen laufen gleichzeitig ab, aber ihre jeweilige Prävalenz ist entscheidend von der ethnischen Differenz einer Population abhängig: Je geringer die ethnische Differenz, desto schneller und weitgehender die Verschmelzung, und je größer die Differenz, desto maßgebender die Verdrängung.

Schon beim Zusammentreffen von Neandertaler und *Homo sapiens* gab es, wie neuere genetische Untersuchungen zeigen, einen geringen Genfluß, das heißt eine Verschmelzung ihrer beider Populationen. Aber entscheidend für das Aussterben der Neandertaler war die biologische Verdrängung. Die Geschichte Nordamerikas zeugt ebenfalls von dem Mechanismus der Verdrängung: Dort ist die native Bevölkerung durch die einwandernden Europäer in die Bedeutungslosigkeit verdrängt worden. Auch die Afroamerikaner kämpfen gegen ihre gesellschaftliche Abgrenzung von der Mehrheit der Amerikaner europäischer Abstammung, obwohl sie schon seit Jahrhunderten in Nordamerika leben. Erst der Verdrängungseffekt durch eine Zunahme ihres Anteils an der Bevölkerung wird ihnen mehr Anerkennung und politische Macht verschaffen.

Die parallele Existenz von ethnisch und kulturell unterschiedlichen Populationen auf einem Territorium gehorcht dem Gesetzbuch der Natur. Sie ist ohne Repression des Schwächeren nur möglich, solange der

Stärkere nicht die Macht der Überlegenheit erreicht hat. Solch ein Gleichgewichtszustand besteht aber in der Regel nur kurz. Sobald eine Teilpopulation eine signifikant höhere Bevölkerungszahl erreicht, hat die politische, kulturelle und religiöse Gleichberechtigung keinen Bestand. Das gebieten auch die Regeln der Demokratie. Zahlreiche historische Beispiele belegen, daß die gesellschaftspolitische Wirklichkeit asymmetrischer multikultureller Staaten in der Dominanz einer Kultur und der Unterordnung der anderen besteht. Die Bildung einer multikulturellen Gesellschaft, wie sie in Deutschland von kulturmarxistischen Parteien angestrebt wird, gründet daher nicht auf naturgesetzlicher Wirklichkeit, sondern auf dem religiösen Dogma des metaphysischen Materialismus und trägt den Keim dauerhafter religiöser Konflikte in sich.

Im 21. Jahrhundert ist in Deutschland und Europa der Vorgang der biologischen Verdrängung vorherrschend. Er zeigt eine gewisse Ähnlichkeit mit der Besiedlung Amerikas durch die Europäer, aber er hat eine völlig andere zivilisatorische Ursache. Neu ist, daß die Vermehrung der Verdrängenden auf der zivilisatorischen Kraft der Verdrängtwerdenden basiert, das heißt auf deren Erfindung der modernen Naturwissenschaft, Medizin und Technik. Diese Art der Verdrängung ist nur möglich, weil gewisse psychiatrisch relevante Eigenschaften der Verdrängtwerdenden ihren lebenserhaltenden Widerstand verhindern. Somit beobachten wir zwei Ursachen des Verdrängungsprozesses: eine biologische und eine psychiatrische. Beide sind notwendig, um den historischen Abläufen die beobachtete Richtung zu geben.

Der Vorgang der Neubesiedlung ihres Territoriums wird von vielen Deutschen mit dem Glauben verknüpft, daß die Neusiedler dann so werden, wie sie es selbst sind. Auf diese Weise ersetzt und kaschiert das hoffnungsvolle Bemühen um ›Integration‹ den Widerstand der suizidalen Deutschen gegen die Strategie ihrer kulturmarxistischen Elite.

Demographic Engineering durch Population Change: Die genealogische Verdrängung der Deutschen

Population Change ist also eine politische Strategie, die eine Veränderung der Bevölkerungsstruktur eines Nationalstaates und die Herstellung neuer, genehmer Bevölkerungsmehrheiten zum Ziel hat. Ihr Ausgangspunkt ist entweder die Regierung des Nationalstaates selbst oder die politische Macht einer übernationalen Organisation. Population Change im hier dargestellten Sinn ist die genealogische Folge der ideologischen Aktivitäten eines Systems staatlicher und nichtstaatlicher Organisationen ohne demokratische Legitimation durch das indigene Volk. Sie bedeutet also nicht die aus der Geschichte bekannte Kolonisierung anderer Völker, sondern Demographic Engineering am eigenen Volk.

Diese Strategie hat ihren Ursprung in den Köpfen einer politischen Funktionärselite. Es handelt sich nicht um eine politische Forderung aus der Masse der Volksgemeinschaft, die von der politischen Führung aufgegriffen und in aktive Politik verwandelt wird. Formale politische Beschlüsse dazu werden in der Regel nicht bekannt, zumal wenn die Zielpopulation der für notwendig gehaltenen Veränderungen die eigene ist. Denn die Umbildung der genealogischen Struktur ist ein tiefer, auf Dauer tödlicher Eingriff in die Lebensfähigkeit und Identität einer Nation und führt zu gesellschaftlichen Komplikationen, deren Ausmaß von der religiösen, ethnischen und kulturellen Differenz der Menschen abhängig ist, die auf dem demselben Territorium angesiedelt werden.

Eine solche Politik bestreitet daher auf Nachfrage ihre Intention, bezeichnet kritische Analysen als ›verschwörungstheoretisch‹ und unterstellt den Kritikern ein vereinbartes Komplott. Zugleich beschuldigt sie Kritiker mit Kampfbegriffen aus dem diffamierenden Repertoire des Kulturmarxismus. Diese verschleiernde Bigotterie ist erforderlich, um eine duldende Akzeptanz seitens der Bevölkerung zu erreichen, denn bei einem rasanten Verlauf des Population Change ist es unvermeidlich, daß ein zunehmender Anteil des autochthonen Volkes mit diesem unmittelbar in Berührung kommt.

Unabdingbar für das Erreichen des imperialen Ziels ist die Existenz kulturmarxistischer Eliten, die davon überzeugt sind, den Erhalt ihrer staatlichen Macht in einer Gesellschaft kollektiver Diversität mit ethnisch, religiös und zivilisatorisch differenten Menschen sicherstellen zu können, sowie einer globalen Wirtschaft, die am Verschwinden des national-demokratischen Einflusses interessiert ist. Politische Verschmelzung von Politik und Medien und mangelnder biologischer Überlebensinstinkt einer gealterten und untertänigen Urbevölkerung sind ebenfalls hilfreich. Alle der genannten Voraussetzungen sind im deutschen Staat des 21. Jahrhunderts gegeben.

Daß die Maßnahmen des Population Change eine lange historische Wirkung haben, zeigt sich am ukrainischen Staat des 21. Jahrhunderts. Dessen Bevölkerungsstruktur entstand durch Einfügen eines russischen Bevölkerungsanteils im Jahre 1954 zur Schwächung der nationalen Identität dieses Teils der Sowjetunion. Die so erzeugte nationale Instabilität zeitigt noch heute, lange nach dem Verschwinden der Sowjetunion, ihre verheerende Wirkung und wird skrupellos von einer internationalen Interessenpolitik genutzt. In Deutschland bewirkte der Coup der Jahre 2015 ff. eine rapide Veränderung der biologischen Population. Letztlich kann dieses irreversible Vorgehen nur durch den Glauben der politisch und rechtlich Handelnden an eine übernationale und übergesetzliche Instanz erklärt werden. Dieser Glaube wirkt missionarisch auf die Akteure und verdrängt deren Verantwortung für den Erhalt der Kultur und Zivilisation der deutschen Nation.

Sofern politisches Handeln auf weltanschaulichen Überzeugungen beruht, stehen hierfür vier Kandidaten bereit: die transzendenten Religionen des Christentums und des Islams sowie die immanenten Religionen des Kulturmarxismus und des Nationalsozialismus. Aus den Glaubensbausteinen dieser Religionen entstehen die vielfältigen Glaubensmosaike der deutschen Individuen, jedoch überwiegt ein hybrider Glaube, der vornehmlich aus Kulturmarxismus und Christentum gebildet wird. Er ist die Antriebskraft für die Neubesiedlung des deutschen Territoriums.

Die Epikrise: Deutsche Sehnsucht nach dem nationalen Tod

Mit den Worten »Tief ist der Brunnen der Vergangenheit« beschreibt Thomas Mann die unendliche Vielfalt historischer Geschehnisse, die in Geschichten überliefert werden, eingebunden in ein Gespinst von Legenden. Das Wissen um die Unbestimmtheit historischer Wahrnehmung entmutigt auch bei der Vorhersage der politischen Zukunft. Eine solche Vorhersage – etwa über die Entwicklung einer Nation – ist nur zulässig, wenn die tiefe Ebene disponierender Ursachen nicht verlassen wird.

Für die Auflösung der deutschen Nation liefert der metaphysische Materialismus die politische Basis und die ideologischen Argumente. Diese immanente Religion fand in den öffentlichen und privaten Institutionen Deutschlands günstige Bedingungen für eine parasitäre Ansiedlung. Auf den Bolschewiki-Marxismus zurückgehende bürokratische Ideen erschufen auch das paranationale Konstrukt der Europäischen Union, das seine politische Macht immer weiter verstärkt – ohne Verfassung, ohne den nationalen Organismus einer demokratischen Staatsform, ohne nationale Rechtsstruktur. Die von Frankreich geprägte Europäische Kommission ist im 21. Jahrhundert das höchste gesetzbildende Organ Deutschlands.

Diese Verlagerung des politischen Machtzentrums nach außerhalb bedeutet jedoch keine Einschränkung politischer Aktionen innerhalb Deutschlands. Im Gegenteil, die Mitgliederzahlen in den Parlamenten der Nation sind gewachsen, und in den täglichen Berichten der Mainstream-Medien nehmen die politischen Akteure deutscher Bürokratien einen großen Raum ein. Gegenstand ihrer politischen Machtausübung ist vor allem das indigene deutsche Individuum, während die Durchsetzung staatlicher Maßnahmen in multikulturellen Parallelgesellschaften zunehmend auf Grenzen stößt.

Die Veränderungen in der Wirtschaft und der Kultur der deutschen Gesellschaft schreiten rasch voran. Allerdings ist die kulturmarxistische Umgestaltung der Ökonomie prinzipiell reversibler Natur. Denn der Vermögenstransfer von der Bevölkerung Deutschlands zu den schwächeren Nationen findet irgendwann sein natürliches Ende: in der Schwäche der einstmals leistungsfähigeren Nation. Auch der Sturm auf die Denkmäler der abendländischen Kultur ist zeitlich begrenzt, vergleichbar mit der Jakobinerherrschaft während der Französischen Revolution oder der Tyrannei der Roten Garden in China.

Die besondere historische Malignität des deutschen Kulturmarxismus liegt in seiner Wirkung auf das vitale Keimzentrum der Population: der Destruktion der genealogischen Wurzeln des indigenen Volkes und der Aussaat neuer Triebe orientalischer und afrikanischer Gesellschaften auf deutschem Territorium. Dieser Prozeß ist nicht reversibel und führt im 21. Jahrhundert zum erwünschten Tod der Nation. Er enthüllt die biologischen Folgen eines immanent-religiösen Wahns der indigenen Population, zeigt aber auch tragikomische Merkmale: Die Deutschen sollen Buße tun für Sünden, die ihre Vorfahren an der Menschheit begangen haben und die sie aufgrund ihrer Rasse und Kultur auch immer weiter begehen werden. Die weltweiten Opfer dieser Taten, die sich dank der Nutzung der Zivilisation des Täters gewaltig vermehren, stehen nun vor den Grenzen und machen ihren Anspruch geltend, auf dem Territorium der Täternation angesiedelt und alimentiert zu werden. Jahr für Jahr fließen die vorwiegend männlichen Opfer in die moralischen Tabuzonen der deutschen Bevölkerung. Dort werden die naturgesetzlichen Kräfte der biologischen Demographie wirksam und verdrängen die Ureinwohner zu einer Minderheit.

Wie stirbt eine Nation, und wann? Sicher ist nur, daß ihr kein Totenschein ausgestellt wird. Denn über die Todesursache wird ideologische Uneinigkeit herrschen, und der genaue Todeszeitpunkt kann daher nicht festgestellt werden. Erst im historischen Abstand wird der Konsens über die Todesursache immer größer. Historiker definieren dann markante Ereignisse als Zeichen des Todes einer Nation oder eines Imperiums. Nationale Populationen erleben ihren Tod selbst nicht, da sie als menschliche Kollektive kein Bewußtsein haben. Individuen sprechen für die Nation. Die Summe der Äußerungen von Individuen, deren Urteile teils übereinstimmen, teils grundverschieden sind, müssen daher als nationales Bewußtsein gedeutet werden.

Folglich besitzt eine Nation auch keine soziale Empathie. Soziale Empathien, die vor allem das Zusammenleben zwischen den Individuen regeln, können sich jedoch auch zwischen Individuen und ihrer jeweiligen Nation entwickeln und werden dann entweder als Patriotismus oder als nationaler Selbsthaß sichtbar. Fehlender Patriotismus oder gar Haß auf das eigene Volk kennzeichnen einen nationalen Sterbeprozeß. Die Empathie, die Bürger für ihre Nation empfinden, kommt auch in der Achtung der eigenen Soldaten, die ihr Leben für die Nation einsetzen, zum Ausdruck. Die Soldaten der Vereinigten Staaten werden von ihren meist patriotischen Bürgern hochgeachtet, während sterbende Nationen ihre Soldaten geringschätzen. So wurde in Deutschland den Soldaten empfohlen, die Kaserne nicht in Uniform zu verlassen.

Während Bürger also gegenüber ihrer eigenen Nation soziale Empathie zeigen können, ist diese Emotion zwischen verschiedenen Nationen grundsätzlich nicht vorhanden. Allenfalls Staaten mit großer nationaler Verwandtschaft zeigen gegenseitige Sympathien. Die ideologische Übertragung eigener ethisch-moralischer Vorstellungen auf andere Nationalstaaten, wie sie für Deutschland typisch ist, darf dagegen nicht als soziale Empathie gedeutet werden. Sie ist vielmehr das Bild einer Seite der imperial-suizidalen Medaille, deren andere Seite die militärische Intervention darstellt.

Die Beziehungen zwischen Nationalstaaten werden naturhaft von den Interessen der Realpolitik beherrscht, die im günstigen Falle berechenbar und gewinnbringend sind. Der Sterbeprozeß einer europäischen Nation wird daher von einer anderen nicht wahrgenommen. An ihrem Grab stehen keine trauernden Nationen. Eher werden ihre letzten Schwächezustände von den anderen Nationen bedenkenlos ausgenutzt.

Auch die Bevölkerung eines Staates erlebt den Sterbeprozeß der nationalen Umgebung unterschiedlich. Die deutschen Neusiedler aus Arabien und Afrika begrüßen den Vorgang zumeist und erkennen ihn als eine vorteilhafte Veränderung für die Erweiterung ihrer eigenen Kultur und Nation auf neuem Territorium. Unter den Ureinwohnern beklagen einige wenige den Prozeß oder versuchen ihn zu verhindern, mit dem hohen Risiko der beruflichen und sozialen Ausgrenzung durch die politische Macht.

Die Mehrheit der Ureinwohner bestreitet in Übereinstimmung mit der politischen Macht, daß es überhaupt einen Sterbeprozeß gibt. Selbst deutliche Symptome werden nicht erkannt. Historisch markant war der Willkommensgruß durch deutsche Frauen an einwandernde junge Männer, die die Zahl 1453 auf ihrem T-Shirt trugen – die Jahreszahl der Eroberung des christlichen Konstantinopel durch die muslimischen Osmanen. Selbst wenn der Hauch des nationalen Todes am deutschen Ureinwohner vorbeistreicht, nimmt dieser sein Ende nicht wahr.

Die Zuwenigen des deutschen Widerstands sind ohne Beistand. Die Hoheit bilden die geistigen Mitläufer der Macht. Dazu gehören auch die Ängstlichen und Mutlosen sowie die schweigende Masse der Ahnungslosen, die sich in jedem Zeitgeist wie in einem Fischschwarm bewegen. Ihnen wurde in einer Parabel des Schriftstellers David Foster Wallace ein Denkmal gesetzt, hier aktualisiert für das Deutschland des 21. Jahrhunderts:

Zwei junge bunte Fische schwimmen im Wasser des Sees. Es kommt ihnen ein alter weißer Fisch entgegen und sagt: »Schöner Tag heute. Wie ist denn das Wasser?« Die jungen Fische schwimmen weiter. Der eine fragt den anderen: »Was redet der? Was ist Wasser?«

Symptom der Zeit

Bundeskanzleramt (Hrsg.): Bericht der Fachkommission der Bundesregierung zu den Rahmenbedingungen der Integrationsfähigkeit. Gemeinsam die Einwanderungsgesellschaft gestalten, Berlin 2020.

Europäische Kommission: Empfehlung der Kommission vom 23.9.2020 zu legalen Schutzwegen in die EU. Förderung der Neuansiedlung, der Aufnahme aus humanitären Gründen und anderer komplementärer Zugangswege, Brüssel.

Münkler, Herfried, und Marina Münkler: *Die neuen Deutschen. Ein Land vor seiner Zukunft*, Berlin 2016.

UNHCR: Projected Global Resettlement Needs 2017, Genf 2016.

UNHCR Deutschland: Resettlement. Neuanfang in einem Drittland, Bonn 2020.

Vereinte Nationen: Globaler Pakt für Flüchtlinge, Teil II, Bericht des Hohen Flüchtlingskommissars, Offizielles Protokoll der Generalversammlung, New York 2018.

Analyse der Zeit

Goldstone, Jack A.: The New Population Bomb. The Four Megatrends That Will Change the World, *Foreign Affairs* 1/2 (2010).

Greenhill, Kelly M.: *Weapons of Mass Migration. Forced Displacement, Coercion and Foreign Policy*, Ithaca 2016.

Harper, Sarah: *How Population Change Will Transform Our World*, Oxford 2016.

Klonovsky, Michael: *Acta diurna. Reaktionäres vom Tage*, Bde. 2012–14, 2015, 2016, 2017, 2018, 2019, 2020–21, Berlin, Lüdinghausen und Neuruppin 2015–22.

Morland, Paul: *Demographic Engineering. Population Strategies in Ethnic Conflict*, London und New York 2014.

DETAILLIERTES INHALTSVERZEICHNIS

I. VORBEMERKUNGEN UND BEGRIFFE – 7

IV.
INTELLEKT UND ERZIEHUNG

V.
VIRALE SCHEINWISSENSCHAFT ALS DOGMA DES METAPHYSISCHEN MATERIALISMUS

Edition Sonderwege

Lektorat: Stefan Till Schneider

ISBN 978-3-948075-47-7
www.manuscriptum.de